Les guerres de religion
Tome 1

PIERRE MIQUEL

Les guerres de religion

Tome 1

marabout

collection
marabout université

© Librairie Arthème Fayard, 1980.

Toute reproduction d'un extrait quelconque de ce livre par quelque procédé que ce soit, et notamment par photocopie ou microfilm est interdite sans autorisation écrite de l'éditeur.

Les collections **marabout** sont éditées par la S.A. Les Nouvelles Éditions Marabout, 65, rue de Limbourg, B-4800 Verviers (Belgique). — Le label **marabout**, les titres des collections et la présentation des volumes sont déposés conformément à la loi. — Distributeurs en **France** : HACHETTE s.a., Avenue Gutenberg. Z.A. de Coignières-Maurepas, 78310 Maurepas, B.P. 154 — pour le **Canada** et les **États-Unis** : A.D.P. Inc. 955, rue Amherst, Montréal 132, P.Q. Canada — en **Suisse** : Office du Livre, 101, route de Villars, 1701 Fribourg.

INTRODUCTION

INTRODUCTION

Trois siècles de violence

François Ier régnant, un certain Jean Vallière est brûlé place de Grève pour faits de religion. C'est, le 8 août 1523, la première victime de la persécution.

Le 31 mars 1771, jour de Pâques, Louis XV régnant, le pasteur Charmuzy, de Nanteuil, est arrêté en chaire. Il est garrotté, fouetté publiquement. On le jette en prison à Meaux où il meurt au bout de neuf jours, des suites des coups reçus. Il est considéré comme le dernier des pasteurs martyrs.

Il faut attendre 1788 pour que les protestants soient admis comme Français à part presque entière. L'«édit de tolérance», enregistré par le Parlement de Paris, toutes chambres réunies, le 29 janvier, signé du roi Louis XVI et contresigné du garde des Sceaux, leur accordait le droit de vivre en France et d'y travailler sans être inquiétés. Ils pouvaient se marier légalement devant un officier de justice et déclarer la naissance de leurs enfants. Ils avaient le droit d'avoir une sépulture décente.

S'ils avaient désormais une identité dans le royaume,

ils n'étaient que «tolérés». Le roi n'avait pas renoncé à les convertir. Seuls, les catholiques pouvaient exercer publiquement leur culte. Les protestants n'avaient pas le droit de prier et de chanter dans la rue, par exemple pour accompagner le convoi d'un mort de leur religion. Ils ne pouvaient être ni professeurs ni magistrats. Pour qu'ils soient vraiment des Français comme les autres, il faudrait attendre la Révolution de 1789 et la définition civile de l'Etat.

Jusqu'alors, la base de la société d'Ancien Régime, et non seulement du pouvoir royal, est théocratique. «*Omnes potestas a Deo*», dit le vieil adage du droit romain. C'est au nom de Dieu que se rend la justice, celle du roi, mais aussi celle des seigneurs ecclésiastiques ou laïques. En son nom, se font les lois, inspirées par sa justice, et que le roi n'a pas à soumettre, comme son cousin d'Angleterre, à l'approbation de ses sujets ou de ses parlementaires. En son nom, se dressent les bûchers, les gibets, les fourches patibulaires. Le roi, sacré à Reims, est Dieu sur terre, inviolable. On se met en état de péché mortel quand on ne suit pas ses ordonnances. Sa justice, comme celle de Dieu, est terrible, exemplaire. La dernière image qu'emporte le supplicié est celle de la croix.

Dieu donne à la souveraineté du roi son pouvoir sans limites, *sans liens* : absolu. Mais il garantit aussi la division hiérarchisée des ordres, qui fonde l'ordre social. Dieu a voulu que le clergé fût le premier d'entre eux : il a mission d'assurer la cohésion des autres, quitte à en extirper, s'il est nécessaire, les germes corrupteurs. C'est au nom des ordres voulus par Dieu qu'on «branche» les jacques et qu'on tue, à Paris, les marchands en révolte. L'Eglise dénonce et condamne le noble qui «déroge» et le manant qui «déguerpit». Qui veut changer la société offense Dieu.

Les gens d'Eglise sont eux-mêmes bénéficiaires de ce système privilégial. Leur ordre leur distribue les bénéfices, qui sont des droits sur les terres et les hommes. Il les met à l'abri d'un certain nombre d'obligations sociales que les autres assument : ils ne doivent tirer l'épée ni payer les tailles... En revanche, ils assument des services essentiels, qui leur donnent, *de jure*, le pouvoir de régner sur les consciences : ils soignent et enseignent, ils sont les seuls à témoigner de la vie et de la mort, à reconnaître les identités. Ils peuvent rejeter des cimetières ceux qui ne leur paraissent pas dignes de la terre chrétienne. Ils ont le terrible pouvoir d'envoyer en enfer ceux qu'ils excommunient. Ils peuvent chasser des hôpitaux et de l'Assistance publique — entièrement entre leurs mains — ceux qu'ils estiment indésirables. La formation des consciences est leur affaire : ils ouvrent seuls les écoles, dirigent les collèges et les universités. Ils ont le devoir de dresser la liste des mauvais livres, que le bourreau doit brûler. Ils ont charge d'âmes, et ont comme tels censeurs et inquisiteurs, un pouvoir que même le roi ne songe à leur contester.

Comment le pourrait-il, alors que son propre pouvoir est cautionné, en quelque sorte, par les gens d'Eglise ? Ils sacrent le roi, ils l'enterrent. Devant eux, se prêtent les serments, se signent les traités, se font et défont les unions. On ne peut vivre, se marier ni mourir sans eux. Admettre un autre pouvoir spirituel, c'est diviser non seulement le royaume, mais le principe du pouvoir royal ; c'est, en somme, se contredire.

Pendant trois siècles, l'Etat monarchique refuse obstinément ce germe de division, même si les rois sont parfois enclins à admettre l'existence des sujets qui ne sont pas de leur confession. Les deux actes publics majeurs qui conditionnent la vie des protestants en France s'inspirent de ce souci fondamental, et d'abord l'édit de Nantes.

Si Henri IV, en mai 1598, accorde aux protestants des «places de sûreté» et des lieux de culte, il s'attache à préciser que le catholicisme est la religion de l'Etat, la seule publique, et que tous doivent respecter, parce qu'elle est celle du roi. Même les protestants doivent payer les dîmes, impôts d'Eglise, et «garder et observer» les fêtes de l'Eglise catholique. Le culte protestant est toléré à condition qu'il ne mette en question ni la nature de l'Etat ni le système privilégial.

Quand Louis XIV, par l'édit de Fontainebleau du 17 octobre 1685, révoque l'édit de Nantes, il fait en sorte que la mesure apparaisse comme la sanction d'une politique voulue par Henri IV et poursuivie par ses successeurs : les considérants de l'édit affirment que l'édit de Nantes a perdu de son utilité parce que «la meilleure et la plus grande partie de ses sujets» ont rejoint la foi catholique. Quant à ceux qui persisteraient dans la religion réformée, «en attendant qu'il plaise à Dieu de les éclairer comme les autres», le roi tolère qu'ils restent en territoire français, à condition «de ne point faire d'exercice ni de s'assembler, sous prétexte de prière ou de culte de ladite religion». Du point de vue du roi, l'édit de Fontainebleau n'est pas une déclaration de guerre, c'est une liquidation. A quoi bon donner aux protestants un statut particulier dans le royaume, puisqu'il n'y a plus de protestants ? L'Etat n'a jamais cessé d'être catholique. Toute autre interprétation est soufflée par le diable.

Du simple fait qu'ils osent exister, les protestants mettent en question l'autorité du roi et le principe du privilège, puisqu'ils s'attaquent au premier ordre privilégié : l'Eglise de France. Il n'est pas étonnant que le roi et la société privilégiale leur déclarent la guerre. A leur période conquérante, vers 1560, les protestants ne sont pas plus de 2 millions, dans un royaume de 16 millions d'habitants. Ils sont alors persécutés depuis quarante ans.

Les hostilités commencent très tôt, bien avant le début des fameuses «guerres de Religion». L'appareil répressif de l'Etat se met en place dès les années 1520 et, quand éclate l'«affaire des placards», en 1534, qui marque le début de la persécution organisée, les bûchers ont déjà brûlé nombre d'hérétiques, et les villes-refuges de l'Est ont accueilli des centaines d'exilés.

La violence commence à Meaux, où les évangélistes, doux et humbles de cœur, provoquent les foudres de la

Sorbonne et l'hostilité croissante des parlementaires, en expliquant aux paysans qu'ils doivent apprendre à lire, pour lire l'Evangile, et qu'on peut réciter le *Credo* en Français. Les évangélistes de Meaux aiment le roi, qui leur rend leur affection. A maintes reprises, il intervient pour les protéger. Cela n'empêche pas le Parlement d'attaquer l'évêque de Meaux, et de faire arrêter tous les membres du groupe qui n'ont pas trouvé refuge à l'étranger.

Les doux évangélistes, il est vrai, sont devenus, avec la persécution, de furieux iconoclastes. Farel, les frères Leclerc, Caroli luttent contre le culte de la Vierge et des saints. Le mouvement de Lefèvre d'Etaples et de Briçonnet est débordé par les violents. Les gens de Meaux passent bientôt pour des luthériens, même s'ils n'ont que peu de contacts avec la Réforme allemande. Sont assimilés aux «Luthériens» tous ceux que l'on soupçonne d'hérésie, car l'hérésie est aux portes du royaume. Elle est peut-être le fait de moines inspirés comme Jean Vitrier, le franciscain des Flandres qui jette le doute dans le cœur des bourgeois de Tournai ou de Saint-Omer dès le début du siècle. La Sorbonne a gravement formulé une condamnation en seize propositions contre le moine qui attaque avec violence les abus du clergé et le culte des saints. N'a-t-il pas dénoncé comme «simoniaque» la vente des indulgences par les agents du pape? «Ce qui possédait cet homme, disait Erasme, c'était comme une flamme brûlante, vraiment incroyable, pour amener les mortels à l'authentique philosophie du Christ... Il aspirait à la gloire du martyr.» Après Jean Vitrier, les Flandres ne sont pas sûres.

L'Alsace, qui n'appartient pas alors au roi de France, est en révolution. Elle est en contact, par Strasbourg, avec les idées séditieuses de l'augustin Martin Luther, de Wittenberg. Wittenberg est beaucoup moins loin de Strasbourg, ville d'Empire, que de Paris. Dès 1521, Matthieu Zell y répand les idées de Luther, qui a commencé dès la Toussaint de 1517 en affichant ses 95 «thèses», ce que le pape Léon X, idole des humanistes, appelle une «querelle de moines». Zell explique que, selon Luther, l'homme ne peut compter sur ses œuvres ni sur ses mérites pour obtenir la miséricorde de Dieu. Il ne peut négocier son salut, il ne doit l'attendre que de la foi. La seule autorité vient de Dieu, et non du pape et des conciles. La rupture avec Rome est un fait accompli dès 1519. En 1521, une bulle du pape prononce l'anathème contre Luther. Après la diète de Worms, où il refuse de se rétracter, Luther est « au ban de l'Empire ». Ceux qui diffusent ses écrits, à Strasbourg, bravent le pape et l'empereur.

Ils n'en ont cure : dès 1523, le magistrat de la ville passe à la Réforme, interdit la messe et ferme les couvents. Une sorte de république réformée se constitue au bord du Rhin, plus sensible aux idées du Suisse Ulrich Zwingli qu'à celles de Luther : ancien curé de Glaris, Zwingli a installé à Zurich un culte qui n'a plus rien à voir avec la messe papale, mais qui refuse, contrairement à Luther, toute participation réelle du Christ dans la Cène, devenue simple commémoration symbolique. Berne, Bâle, Saint-Gall rejoignent Zwingli. Il est tué au combat quand ses amis affrontent en armes les catholiques, mais les villes de Berne, Bâle et Zurich demeurent protestantes, comme Strasbourg. A Bâle, où prêche le pasteur Œcolampade, l'évêque doit quitter la ville.

Si les Français qui trouvent un accueil fraternel dans ces villes échappent à la Sorbonne et aux tribunaux du roi, ils n'échappent pas à la violence. Les réformés se déchirent entre eux. Zwingli ne voulait aucune réconciliation avec Luther, pas plus qu'Œcolampade, et le Strasbourgeois Bucer prêchait en vain la concorde. Ils ne s'entendaient que dans leur haine des anabaptistes, doux illuminés venus de Moravie, qui ne voulaient ni d'Eglise ni d'Etat, qui prêchaient la communauté des biens entre chrétiens. Zwingli les avait fait noyer à Zurich.

Autres ennemis communs, les paysans. Ils avaient suivi, en 1523, le fameux « Homme du Christ », le chevalier de Sickingen, quand il leur avait dit de marcher sur Trèves pour obtenir toutes les libertés. Ils avaient pillé et brûlé les châteaux des seigneurs, ces «loups pervers», comme le disait l'anabaptiste Thomas Munzer, en Alsace, dans toute la vallée du Rhin, en Saxe et jusqu'en Autriche... Ils en avaient appelé à Luther. Mais ce dernier, en 1525, avait écrit «contre les bandes meurtrières et pillardes des paysans», où il appelait la répression : «Chers seigneurs, délivrez-nous, sauvez-nous, secourez-nous, sabrez, frappez tant que vous pourrez.»

Cent mille morts en 1525. Luther approuvait avec force : «Le peuple allemand est si turbulent et si féroce qu'il est bon et juste de le traiter plus rudement qu'un autre... Le pouvoir a le droit d'imposer et d'instituer tous les châtiments qu'il veut.» Vive l'Etat répressif, pourvu qu'il protège la vraie foi!

Voilà le protestantisme, à peine né, engagé dans la voie de la violence. Les princes allemands, désormais, protègent Luther et se rallient à ses doctrines, contre l'empereur Charles Quint. Ils fondent la ligue de Smalkade en 1531. Il y a deux Allemagnes : celle des princes, qui exécute les anabaptistes et prend les terres d'Eglise, et celle de l'empereur, qui ne cherche plus à imposer le culte catholique dans les régions qui l'ont rejeté. Dans les villes allemandes comme dans les villes suisses, les nouveaux Etats garantissent aux réfugiés français une totale sécurité.

C'est ainsi que Jean Calvin, le Picard, peut rencontrer Bucer à Strasbourg, puis Erasme à Fribourg, et les amis de Zwingli à Bâle. Mais c'est à Genève qu'il trouve le meilleur accueil. Son compatriote Guillaume Farel, un ancien du groupe de Meaux, vient de décider la municipalité à «vivre selon l'Evangile». Il demande à Calvin, réformateur français originaire de Picardie, qui a déjà publié son *Institution de la religion chrétienne*, de construire avec lui une Eglise nouvelle, qui ne soit pas soumise au pouvoir politique, qui ne serve pas, comme en Allemagne, les intérêts des princes, qui ne soit pas, comme en Angleterre ou en Scandinavie, une religion d'Etat, mais qui soit vraiment une société nouvelle, qui n'ait que Dieu pour maître.

Les bourgeois de Genève ont une autre conception des rapports du pouvoir civil et de l'autorité religieuse. Calvin et Farel se heurtent à leur opposition. Ils doivent la briser pour faire de Genève la «nouvelle Rome» où le pouvoir religieux domine au point d'imposer des supplices : Michel Servet est brûlé vif en 1553, l'humaniste Castellion et le pasteur Bolsec sont exilés. Calvin ne badine pas avec l'orthodoxie.

De Genève, à partir de 1540, les idées de Calvin se répandent très vite dans le vieux sillon lotharingien, des Flandres à la Méditerranée. Les hommes sont formés par Théodore de Bèze et son «académie». La persécution organisée par le roi de France et le roi d'Espagne fait le reste : dans les Flandres, Tournai se dresse dès 1543 avec Pierre Brully. Par sa *Lettre aux Nicomédites*, Calvin encourage les Français et les Flamands à rompre avec Rome. A Lille, en 1556, Guy de Brès fonde la première église calviniste. D'autres églises s'organisent à Anvers et dans les Flandres, et le mouvement gagne la Hollande, puis la Zélande.

La diffusion du livre était, pour Calvin, une alliée inestimable. Ses ouvrages, de Genève, touchaient Lyon, importante place d'imprimerie à cette époque. Lyon devenait la capitale clandestine de la Réforme en France. Colporteurs et prédicateurs gagnaient au nord, par la Bourgogne, la Franche-Comté où la répression du duc d'Albe provoquait, comme aux Pays-Bas, une «révolte des gueux». Au sud, le foyer lyonnais rayonnait sur les montagnes du Dauphiné et du Vivarais, descendait la vallée du Rhône, retrouvait, à l'est, les feux mal éteints des Vaudois réfugiés en Provence, dans les montagnes du Lubéron, et, à l'ouest, les villages agités des Cévennes, avant de déboucher sur le Languedoc cathare. De là, les calvinistes suivaient à rebours le grand arc-en-ciel cathare qui les conduisait, par les pays de la Garonne, jusqu'en Albret et en Béarn vers le sud, puis, vers le nord, par Agen et Montauban, vers le Périgord et le Poitou-Charentes. Les idées d'indépendance de l'Eglise calviniste correspondaient aussi bien à la mentalité des villes flamandes qu'aux anciennes traditions des municipalités de langue d'oc.

Comme au Pays-Bas le roi d'Espagne, le roi de France veut défendre l'orthodoxie. Après 1540, il devient le complice de la volonté de répression qui s'est affirmée solennellement à Rome. Le cardinal Carafa, conseiller du pape Paul III, a rétabli en 1542 l'Inquisition romaine, confiée aux premiers adversaires de Luther, les dominicains. En 1540, est aussi créé l'ordre des Jésuites, dont le général, Ignace de Loyola, demande à ses recrues un serment spécial d'obéissance au pape. La même année, le roi de France prie le Parlement de créer une chambre particulière pour la répression de l'hérésie. Henri II aggrave les peines qui frappent les protestants, confisque leurs biens, interdit l'émigration et surveille de près l'imprimerie.

La répression n'empêche pas les églises de se multiplier. Dès 1559, il en existe 34 en France, toutes soumises à la foi calviniste. Le premier synode réformé se tient cette année-là en plein Paris, alors que le roi vient de décider de purger les provinces de l'hérésie. De Paris, où les calvinistes clandestins sont nombreux, la foi nouvelle a gagné la Normandie, la vallée de la Loire, le Poitou enfin où elle rejoint le grand mouvement des révoltés de langue d'oc. Le royaume va-t-il suivre l'exemple allemand, et tolérer l'existence, en son sein, d'une minorité non catholique ?

L'Allemagne n'avait pas, à cette époque, d'unité à défendre ; elle était restée à l'état féodal. La France, comme l'Angleterre, s'était constituée, autour du roi, en nation moderne. Elle ne pouvait tolérer la division. D'autant que les grands seigneurs, en assez grand nombre, avaient rejoint les rangs des calvinistes. De 1562 à 1598, pendant trente-six ans, la France subit la guerre civile des partis organisés, sans que le souverain puisse imposer un arbitrage acceptable ni détruire le parti factieux. Pendant trente-six ans, le parti protestant, maître d'une partie des provinces et de nombreuses villes fortes du royaume, tient tête au roi et affronte les ligues catholiques, organisées elles aussi par des grands seigneurs. Aucun des deux partis ne répugne à en appeler à l'étranger : les protestants demandent l'aide des Allemands et des Anglais. Ils proposent spontanément leur appui aux révoltés des Flandres. Quant aux ligueurs catholiques, ils n'hésitent pas à conclure des traités en forme avec le roi d'Espagne.

Le pouvoir monarchique, longtemps entre les mains de la régente Catherine de Médicis, tente de louvoyer entre les deux partis, approuvant ou provoquant les violences, comme la Saint-Barthélemy de 1572. Il finit par être contesté, moins par les protestants qui affectent d'en respecter le principe, que par les catholiques qui veulent à la tête de l'Etat un souverain non suspect de compromission avec l'hérésie. Ce parti va jusqu'à mettre en question le principe monarchique et même, dans les moments extrêmes, à justifier le tyrannicide.

Ainsi, le développement du calvinisme en France réussit à mettre en question l'institution, en développant chez les catholiques une intransigeance sacrilège. Si l'on peut, comme le suggèrent certains, tuer le roi, ne peut-on aussi, comme le pensent les municipalités du Midi, se passer du roi ? Le royaume n'est pas seulement, du fait de la guerre, à l'encan, il se trouve soudain, aux pires moments de la crise, mis en cause dans son fondement. Où trouver un souverain légitime ?

Henri IV tranche par le glaive un problème que, dans leur immense majorité, les Français de l'époque ne voulaient pas se poser : le roi légitime est le roi de Navarre, puisqu'il peut rétablir l'unité du royaume. Est-ce parce qu'il est protestant ? Lui seul pouvait sans doute, au nom d'un intérêt national qui s'affirme déjà avec force, faire admettre à ses amis huguenots qu'il n'était pas question de diviser le trône, ou de l'affaiblir dans son principe. Il avait besoin, pour être sacré, d'un évêque catholique.

Ainsi, l'heureux vainqueur des guerres de Religion put-il renier sa foi et faire taire ses amis pour obtenir le ralliement des catholiques. Le prince protestant gagnait la couronne, et ses amis protestants perdaient leur victoire : ils étaient obligés d'admettre, ces rudes vainqueurs, la légitimité d'un chef apostat. C'est tout juste s'ils obtenaient, pour leur religion, les garanties qu'ils demandaient. On leur marchandait, au plus juste, lieux de culte et villes fortes. Le nouveau pouvoir ne sacrifiait rien au principe : Henri, comme Charlemagne, était roi par la grâce du Dieu du pape.

C'est la fin des troubles, et le début de la chicane. Le pouvoir a admis, au temporel, ce qu'il refuse, au spirituel. Le culte a ses lieux réservés, ses biens réservés, mais comme plus tard les Indiens d'Amérique, à ceci près qu'il dispose également des places fortes, ce que le pouvoir ne peut tolérer longtemps. Il n'est pas un «Etat dans l'Etat» puisqu'il n'a ni autorité ni justice, ni même état civil qui ne lui soit concédé par la seule autorité réelle, celle de l'Etat catholique. Il n'y a pas eu partage, comme en Allemagne, mais compromis et concession. Le pouvoir peut reprendre demain ce qu'il a concédé hier ; il n'a rien lâché sur l'essentiel. Il ne connaît officiellement qu'une religion, et cette religion reste son fondement.

Henri IV dosait les concessions, et maintenait le compromis par une politique habile. Sous Louis XIII, la guerre reprend. Le protestantisme est contenu en Europe. Il devient une religion de princes. Le roi de France n'admet pas plus que le roi d'Angleterre l'existence d'une minorité religieuse organisée. Richelieu, son ministre, interprète l'édit de Nantes dans un sens de plus en plus restrictif, jusqu'à le vider de sa substance, et, s'il est l'ami des protestants allemands, il devient l'ennemi implacable des protestants français. L'armée royale paraît à maintes reprises en Languedoc, désarmant les places fortes, et va jusqu'à La Rochelle faire le siège de la ville, soutenue par les Anglais. Le cardinal affecte de ne voir dans la résistance des protestants qu'un des aspects de la rébellion des seigneurs contre le pouvoir royal. Extirper les protestants n'est pas œuvre pie, mais calcul politique : tout doit être au roi.

En trente-cinq ans, le parti protestant est méthodiquement démantelé. Les Rohan, les Sully, les Bouillon, les Lesdiguières, les Châtillon se rallient ou disparaissent. Une première campagne, en 1620, met le Béarn à genoux. Le catholicisme est rétabli sans difficulté dans la vieille possession des Albret. Soubise résiste dans l'Ouest, et Rohan en Languedoc de 1620 à 1629. Les rares grands seigneurs huguenots, qui continuent le combat, ne peuvent éviter de consentir à la soumission. L'édit « de grâce » d'Alès n'abolit pas l'édit de Nantes, mais prive définitivement les protestants de places fortes et interdit leurs « assemblées ». Le « Parti » est abattu. Force reste à l'Etat.

Paradoxalement, la victoire de Richelieu encourage la résistance des populations : si lasses fussent-elles de suivre les princes dans leurs guerres, elles ne voulaient pas renoncer à leur foi. Aux violences guerrières, succèdent désormais, sous Richelieu, puis sous Mazarin et Louis XIV, les violences policières. Le pouvoir, qui s'appuie sur l'Eglise, tente de liquider le fait protestant, d'abord en empêchant la propagation de la foi, puis en tentant d'obtenir par tous les moyens la conversion des huguenots. Ils sont encore nombreux en France à refuser d'aller à la messe, surtout au sud de la Loire : 90 000 en Poitou, 100 000 dans les Charentes, autant en Guyenne, près de 250 000 en Languedoc et dans les Cévennes, 70 000 en Vivarais. Ils sont tout de même une centaine de mille au nord de la Loire, au total 850 000, 4 % de la population. C'est une rude partie pour les jésuites.

Ils se mettent au travail, avec les moyens dont ils disposent. Jusqu'en 1680, ils ne jouissent pas de toute l'aide qu'ils auraient pu attendre de la monarchie : les protestants sont restés calmes pendant les troubles de la Fronde, et Mazarin n'a pas voulu les provoquer.

Quand la persécution reprend, en 1681, le roi s'engage et mène la danse par l'intermédiaire de son intendant Marillac, l'inventeur des « dragonnades ». Elles se multiplient dans les régions méridionales, et les dragons du roi, évangélistes d'un nouveau genre, envoient aux galères tous ceux qui peuvent ramer. Avant la révocation de l'édit de Nantes, la violence est déjà dans les faits : il faut se convertir ou disparaître.

La révocation n'arrange rien : il y a, certes, des départs nombreux pour l'étranger, mais ceux qui restent ne renoncent pas pour autant à leur foi, qui devient violente, mystique et populaire dans les Cévennes. A partir de 1702, la dernière «guerre» de Religion — qui est en réalité une guérilla — oppose les «camisards» aux troupes réglées. Le parti protestant a changé de nature : ni princes ni assemblées, des chefs inspirés, illuminés, et des troupes prêtes à tous les sacrifices pour tenir.

Tant de haines déployées créent des liens profonds et durables. De génération en génération, les protestants se transmettent les mots d'ordre de résistance. Cela explique le climat de chicanerie administrative, policière, judiciaire qui continue de traquer les huguenots pratiquement jusqu'à la Révolution.

Si, depuis les origines, la doctrine des juristes royaux n'a pas changé au sujet de la religion réformée, si le royaume de France est resté constamment fidèle au principe de l'unité de l'Eglise et de la foi, la politique du roi a connu des fluctuations, qui tiennent à la nature de ses rapports avec le pape, les princes allemands et les grandes nations voisines, l'Angleterre, la Hollande et l'Espagne. Si les rois ont longtemps admis les réformés, s'ils les ont même accueillis dans leurs conseils, c'est pour des raisons de calcul ou de dosage politique, et non de tolérance religieuse. Quand ils ont décidé de lancer des persécutions, c'était pour les mêmes motifs. La «conversion» de Louis XIV n'est pas plus innocente que la décision de Catherine de Médicis de donner le signal aux massacreurs de la Saint-Barthélemy.

Il est vrai que les protestants du dernier édit de Fontainebleau n'ont pas grand-chose à voir avec les premiers réformés du groupe de Meaux. Des origines de la Réforme à l'édit de tolérance, il y a place pour une dizaine de générations de huguenots. Les mœurs et les mentalités ont changé. Même s'ils gardent la foi des premiers martyrs, les réformés du XVIIIe siècle sont installés dans l'opposition «de société». Ils subissent les mêmes brimades que les philosophes, les encyclopédistes, les «libertins», les «frimassons» et tous ceux qui, au nom du progrès, veulent en finir avec l'Ancien Régime. Ceux que le pouvoir tenait soigneusement en marge des institutions et des privilèges se retouvent en communion de pensée avec ses nouveaux ennemis. Le banquier protestant Necker passe pour un libéral et sert le roi de son mieux, en lisant Montesquieu et Rousseau. Si le roi ne peut le nommer officiellement ministre, du fait de sa religion, il ne peut se passer de ses services, parce que la monarchie est malade. Les exclus de 1685 trouvent une amère revanche : ils sont appelés au chevet du régime qui va disparaître, entraînant avec lui le monopole de l'Eglise sur les consciences. Mais qui croyait à l'exercice de ce monopole ? Qui gardait la foi catholique ? «Il serait bon, disait Louis XVI, que l'archevêque de Paris crût en Dieu.»

Au reste, ces grands bourgeois huguenots ont laissé écraser, au début du siècle, les camisards d'un cœur léger. Qu'avaient-ils à voir avec les paysans cévenols, avec les prédicateurs du désert ? Ils étaient des protestants de bon ton comme on l'est à Genève, installés dans la nouvelle société de l'argent. La révolte des pauvres et le refus de la dîme n'étaient pas leur affaire. Ils étaient protestants comme on est banquier, de père en fils. La religion avait fini par faire partie de la raison sociale. Les survivants de l'ancien «parti» protestant, nobles de cour et bourgeois de robe, avaient gardé leurs rites et traditions, et les plus heureux s'étaient convertis dans les affaires où ils avaient constitué, à défaut de parti, une sorte de clan toléré par le pouvoir et même utilisé par lui. Le maintien d'une politique du mariage protestant dans les familles renforçait la cohésion de ce clan. Le calvinisme les avait libérés, s'il en était besoin, de tout scrupule religieux dans le commerce de l'argent. Ils étaient de ceux qui considéraient comme un devoir de l'investir au lieu de l'épargner, de lui permettre de créer de l'activité au lieu de le laisser dormir dans les coffres. Cette conception des affaires les conduisait naturellement au sommet, puisqu'ils étaient poussés par le mouvement de fond du capitalisme marchand et manufacturier.

Ceux-là étaient l'heureuse minorité : le plus grand nombre des exclus continuait à vivre en marge et à subir les brimades des prévôts, des baillis, des intendants et des curés de paroisse. Des régions entières, comme le Poitou, le Languedoc, les Cévennes, gardaient leur foi malgré les persécutions successives, même si ce n'était plus tout à fait la foi des origines. Les petites sociétés protestantes se maintenaient, parce qu'elles avaient été organisées sur les principes solides, pratiques, de Jean Calvin. Constituées jadis, au cours des années 1640, dans la clandestinité, elles savaient y revenir quand la situation l'exigeait, et survivre dans l'ombre par la pratique de l'entraide. Elles n'ont jamais été démantelées.

Cette solidité a des causes profondes : même si le protestantisme a pu être entraîné, en France, dans des guerres où dominaient les intérêts de caste des grands seigneurs, il n'était pas, comme en Allemagne, conditionné dans son développement par les conversions ou les abjurations des princes. Le tissu huguenot était plus serré : il tirait sa force de l'adhésion volontaire, passionnée, des adeptes qui entraient en religion sans autre considération que la foi, sans autre modèle que les martyrs. On a cherché bien des causes aux origines de la Réforme. Causes économiques ? Certes, à la fin du XVIe siècle, le pays traverse une crise. Comment en serait-il autrement alors qu'il n'a pratiquement pas connu de période de paix en cent ans, et que l'arrivée massive de l'or et de l'argent du Nouveau Monde augmente sans cesse le prix des denrées de première nécessité ? C'est vrai, la France a connu les difficultés de la croissance : sa population, après la fin de la guerre de Cent Ans, a fait un bond en avant. L'agriculture, au moins jusqu'en 1540, améliore toutes ses productions et fournit à l'industrie textile les produits de base dont elle a besoin. Les bourgeois riches des villes ont acheté les terres, ils s'entendent à les rentabiliser. On voit se constituer dans les campagnes des domaines prospères, aux mains de fermiers entrepreneurs. Il y a davantage de blé, pour une population en plein essor qui a les moyens monétaires de consommer.

Ils ne sont pas davantage en difficulté les sayetteurs d'Amiens, les soyeux de Lyon, les drapiers de Meaux ou de Sedan. L'industrie textile s'est modernisée, elle tourne à plein rendement, tout comme les forges ou la verrerie, ou l'imprimerie... Les armateurs sont assez riches pour lancer des expéditions vers le Nouveau Monde, et les banquiers pour financer les guerres d'Italie. La Réforme ne trouve pas un terrain favorable dans une crise de l'économie. Tout au plus pourrait-on penser que les conflits sociaux, conséquence de la croissance, ont encouragé le ralliement aux idées séditieuses du *popolo minuto* contre les bourgeois des municipalités : par exemple à Lyon, où les ouvriers imprimeurs déclenchent la première grève de l'histoire en 1539. Mais les compagnons lyonnais avaient rejoint, pour la plupart, le mouvement réformateur bien avant d'apparaître comme des précurseurs de la guerre sociale. Les plus touchés par la crise étaient les paysans, déjà victimes du regroupement des terres par les gros propriétaires des villes. Mais on remarque, précisément, la lenteur de la pénétration de la Réforme dans les campagnes. N'était-elle pas souvent prêchée justement par les bourgeois riches des villes ?

Au reste, qui sont les profiteurs de la crise ? Ceux qui avaient les moyens de capitaliser pour spéculer : les gros fermiers, les bourgeois, les grandes familles de l'aristocratie. Qu'ils fussent catholiques comme les Guise ou protestants comme les Condé et les Sully, ils tenaient leur puissance de leurs terres ; leur entrée en religion n'était rien d'autre qu'un des aspects de la lutte pour le pouvoir. S'il est vrai que les grands seigneurs catholiques ont pu tirer avantage de leur position à la cour pour obtenir pour eux-mêmes et leurs alliés pensions et bénéfices, il est vrai aussi que les protestants riches des villes du Languedoc ont profité de la crise religieuse pour s'emparer des biens du clergé et les exploiter à leur profit. Pourtant, cette exploitation n'était pas dans l'intérêt de la Réforme, elle leur aliénait les campagnes. L'affrontement des intérêts a certes joué un rôle dans les rapports de force qui se sont établis en France entre le pouvoir et les réformés, mais il ne peut fournir une explication d'ensemble au grand mouvement du XVIe siècle qui a dressé, dans toutes les provinces, les hommes de la nouvelle religion contre l'institution ecclésiastique et monarchique.

Les rapports sociaux ne peuvent se décrire uniformément, globalement, dans un pays où il n'existe pas plus de «condition ouvrière» que de condition paysanne. Payer la dîme en Languedoc est une dure contrainte, surtout dans les années de disette. Dans les plaines riches de la région parisienne, l'impôt du clergé est beaucoup plus facilement perçu. Les métayers du Sud-Ouest n'ont aucun rapport avec les journaliers des plaines de Brie, ni les jacques du Beauvaisis avec les camisards des Cévennes. Il est probablement excessif d'affirmer que le milieu rural était rebelle à la diffusion des idées réformatrices. Les paysans de Meaux se sont laissé vite gagner par les prédicateurs de Guillaume Farel, et ceux de Strasbourg ont tout de suite rejoint Bucer. Très souvent, d'ailleurs, les paysans étaient en même temps artisans et travaillaient une partie du temps à la ville, comme les cardeurs de laine briards. Si les villes sont plus ouvertes aux idées des réformateurs, c'est peut-être tout simplement parce qu'elles sont les premières touchées par le livre et par le contact des voyageurs. Si les campagnes ont été moins facilement atteintes, c'est pour les mêmes causes physiques : comment se rallier à la religion de l'Evangile quand on vit dans les paroisses isolées, où le curé lui-même sait à peine lire ? Installer des églises réformées dans les villes était dangereux, mais facile. Les habitants d'un même quartier pouvaient se trouver brusquement solidaires a. même culte, et déserter massivement l'église, ou la racheter comme on le voit faire dans le quartier du marché à Meaux, très légalement, devant notaire, pour en faire un temple. Maintenir dans les hameaux et les paroisses des contacts réguliers avec des nouveaux adeptes était un problème que les missionnaires catholiques avaient jadis mesuré dans son ampleur. Il se compliquait du fait que les paysans du XVIe siècle étaient soumis à trop de pressions — du seigneur local, des agents du roi, des agents du clergé — pour qu'ils puissent se sentir en sécurité en dehors du culte officiel de l'Etat.

La propagation des idées de la Réforme est conditionnée par ces réticences, ces résistances, ces brusques embrasements de régions entières. La suivre à la trace conduit à faire un singulier «tour de France» et à découvrir d'une province à l'autre, parfois d'un village à l'autre, des différences parfois inexplicables. Est-ce un hasard si la Réforme a ses premiers foyers dans les villes proches de l'Est du Royaume : Strasbourg, Metz ? Si, à partir de Meaux, elle se diffuse dans les régions périphériques, les plus récemment rattachées à l'Etat central ? Les notables, les citadins des villes de ces provinces ont-ils trouvé, dans la Réforme, l'occasion de reprendre leurs distances avec un pouvoir qui venait de faire, au début du règne de François Ier, de nouveaux progrès dans la centralisation administrative ? Il est vrai que le Languedoc, le Dauphiné, la Provence et la Bourgogne, la Normandie et la Guyenne ont mieux accueilli les amis de Calvin que l'Auvergne ou le Berry. Mais la Bretagne, restée dans sa grande majorité catholique ? Les pays de la Loire, très souvent acquis aux réformés ? Les dates, et les chroniques locales sont ici le seul instrument d'analyse. Elles ont gardé les traces de la violence et permettent de dresser, province par province, la carte de la révolte et de la répression.

Les mentalités du XVIe siècle sont, certes, accoutumées à la violence : elle fait partie de la vie quotidienne. Pas une élection d'évêque dans les grandes villes qui ne s'accompagne de troubles et de rixes à la fin du XVe siècle. On prend des monastères d'assaut, les chanoines font le coup de poing contre les provocateurs payés par les agents du roi. Les supplices pour délits de droit commun donnent lieu à d'étonnants spectacles. Les carnavals tragiques sont nombreux, en Bourgogne comme en Languedoc. Les entrées de troupes réglées dans les villes s'accompagnent toujours de pillages, de viols, d'incendies. On punit une région entière en brûlant ses récoltes sur pied, en empoisonnant les points d'eau, en coupant les arbres fruitiers. Des bandes de brigands circulent sur les routes, et il n'y a pas de police pour les contenir. Vagabonds, errants, «chemineaux» constituent dans les villes une plèbe remuante, mal nourrie, qui vit d'assistance ou de vols. Les municipalités ne peuvent la contrôler qu'en l'enfermant dans les hôpitaux ou en la chassant à l'extérieur des portes. Car les villes ont gardé leurs remparts, et les églises de village sont comme des châteaux forts.

Certaines régions se souvenaient des persécutions religieuses : le Languedoc, par exemple, qui avait vécu cent ans et plus l'hérésie cathare. Dans les villes, et même dans la capitale, certains groupes étrangers s'étaient accoutumés à l'insécurité, et redoutaient à la fois la cupidité du roi et l'agressivité populaire : les Juifs des ghettos avaient trouvé, dans le Midi, refuge dans les Etats du pape, et les vaudois dans les montagnes de Mérindol. Mais jamais la violence n'avait dressé tant de Français les uns contre les autres ni transformé l'appareil répressif de l'Etat en «chasse aux sorcières» à l'échelle du pays tout entier.

Car la religion nouvelle touchait toutes les classes, toutes les catégories de Français : elle avait ses adeptes chez les clercs, les moines, les curés, et jusqu'à certains dignitaires de l'Eglise ; dans la noblesse, grande et petite, parisienne ou locale ; chez les bourgeois des grandes villes, mais aussi des bourgades, elle atteignait, notamment dans les pays de langue d'oc, le peuple des campagnes, elle entraînait les plèbes urbaines de Lyon et de Nîmes, de Bordeaux et de Metz. Les pasteurs de Calvin pouvaient soutenir à bon droit qu'ils étaient «le peuple de Dieu». Leur religion pouvait dresser le frère contre le frère et le mari contre sa femme. Chaque Français devenait en puissance gibier de violence, pendu ou pendeur, martyr ou assassin, victime ou bourreau.

L'intensité de la foi n'expliquait pas tous les excès, car il y avait de l'esprit de système dans la volonté répressive et des calculs qui n'avaient pas de rapport avec les motivations religieuses. Mais la foi attisait la haine, en exigeant du châtiment qu'il ne fût pas seulement exemplaire mais inhumain, comme si rien ne pouvait sauver ceux qui, provoquant Dieu, avaient perdu figure humaine. L'expérience évangélique de Meaux permet de suivre assez bien le cheminement de l'idéalisme prêcheur à l'iconoclastie militante. La destruction des statues de la Vierge était dans la logique de la prédication. Elle était, en elle-même, un acte de violence qui dressait les «idolâtres», avec force, contre les provocateurs. Les premiers bûchers qui embrasent les places principales de Paris, lors de la grande procession suivie par le roi François Ier et ses trois fils, n'ont pas d'autre cause que la destruction d'une petite statue de la Vierge, révérée par la plèbe.

Rien ne déchaîne la violence comme la peur. Le culte de la Vierge et des saints se pratique dans tout l'Occident à la fin du Moyen Age. Il est rassurant, immédiatement consolateur, et si les saints guérisseurs figurent au panthéon populaire, c'est qu'ils apportent des réponses précises et définitives aux calamités que l'on croit alors voulues par Dieu pour le châtiment des hommes. Briser leurs statues, c'est déchaîner la peur et s'exposer à la répression. Le fanatisme populaire, dans le Paris de la Ligue, n'a pas d'autre cause.

Mais la foi nouvelle se répand aussi dans les milieux populaires, car elle apporte également des réponses à d'autres angoisses; elle montre que le paradis n'est pas gagné par les indulgences et que les moines prêcheurs ne sont pas les interprètes de Dieu. Il n'a pas besoin d'interprètes. Il a parlé lui-même une fois pour toutes. Il suffit de retrouver sa parole et d'attendre sa grâce. Dieu n'est pas à craindre, mais ses clercs sont dangereux : ils conduisent le «peuple de Dieu» dans le désert glacé où l'on ne peut l'entendre.

La guerre des Religions n'est pas une guerre civile, comme celle des Armagnacs et des Bourguignons. Elle est inexorable, elle dresse l'homme contre l'homme. Elle n'a pas pour but de dominer l'adversaire, mais de le détruire, de le réduire — comme le font les inquisiteurs — en cendres.

LIVRE PREMIER

La peur et la haine

Lucien Fèbvre l'a dit et redit : la Réforme n'est pas de France, d'Alsace, d'Allemagne ou de Suisse, mais de toute l'Europe de l'Ouest. Dans les années 1500-1520, l'exigence de liberté intellectuelle s'exprime dans tous les milieux lettrés, aussi bien italiens ou flamands, et tend à briser les cadres, à défier les censeurs. C'est, dit Fèbvre, un «effort désespéré pour fonder... sur la ruine [des églises] l'infinie variété de libres religions».

Ce qui choque Luther dans Rome, en 1511, ce n'est pas la conduite de tel ou tel pape, mais bien l'ensemble de la hiérarchie religieuse, dont la majesté institutionnelle cache une mystification. Le pape n'est qu'un pécheur comme les autres : pourquoi ce faste et cette puissance déployée? Entre Dieu et les fidèles, beaucoup de croyants de ce début du siècle ne supportent plus d'intermédiaires : contre les docteurs en théologie, qui affirment doctement, après saint Thomas, que Dieu est inconnaissable, les mystiques tentent d'«imiter Jésus-Christ». Après le Maître Eckhart et Jean Tauler, la *devotio moderna* rejette les formes traditionnelles du culte et recherche le salut dans l'effort personnel, la piété individuelle. Les «frères de la Vie commune» recrutent dans les couvents de toute l'Europe, à Deventer où se forme le jeune Erasme comme à Magdebourg où le moine Martin Luther est initié aux humanités. Si l'on peut trouver son salut dans la méditation, en dehors des rites romains, à quoi bon l'Eglise et le pape?

Mais le peuple? Encombré de superstitions, anesthésié par les prêtres qui trouvent une réponse souvent sordide (les «indulgences») à sa crainte de l'au-delà, il n'a que faire des recettes intellectuelles et des recommandations des humanistes, qui cherchent Dieu dans Platon. Pourtant les «humanistes» ont, depuis le siècle précédent, planté le décor d'une vie nouvelle, qui interroge en particulier les habitants des villes riches d'Italie, des Flandres, bientôt d'Espagne et de France: le *David* de Michel Ange est un athlète qui n'a pas peur du diable, et le Dieu de la Sixtine, peint pour le pape Jules II dans les années 1510, ne doit pas être très attentif aux prières des théologiens. Il brasse la création de ses bras de centaure et regarde l'homme dans les yeux. Il est nu comme un lutteur grec, barbu comme un capitaine. Il ne suggère pas, comme jadis les dieux de mosaïque, les «pantocrator» de Byzance, l'ordre immuable, mais la vie, la tempête, l'action et l'émotion. A son image, les papes revêtent, comme Jules II, la cuirasse, et les rois montent à cheval pour rechercher, à coups d'épée, le meilleur moyen de gagner le ciel.

Car le roi humaniste, le protecteur des hellénistes et des hébraïsants, le fondateur du Collège royal et le constructeur de Chambord, François Ier, ne cesse pratiquement pas de faire la guerre. Il a un sérieux adversaire: Charles d'Espagne, héritier à la fois des Rois Catholiques par sa mère et des Habsbourg par son père, élu en 1519 empereur d'Allemagne contre la coquette somme de deux tonnes d'or fin, payée par les banquiers allemands et italiens. Charles Quint est maître de la plus grande partie de l'Europe: le sud de l'Italie, les «Pays-Bas» et la Franche-Comté... Il hérite de l'immense empire d'Amérique, que vont encore accroître les *conquistadores*, et qui va fournir au marché européen des quantités croissantes d'or et d'argent : ces réserves lui permettent de porter la guerre où il veut.

Les célèbres *tercios* du roi d'Espagne (des unités composées de piquiers, d'arquebusiers et de cavaliers) sont une armée permanente de volontaires soldés, commandée par des capitaines de la classe d'un Gonzalve de Cordoue. 40 000 hommes en moyenne : la force la plus importante en Europe. En face d'elle, l'armée française est la seule qui puisse lui tenir tête, avec son artillerie bien organisée, ses bandes d'infanterie levées dans les provinces (Picardie et Gascogne notamment) ou à l'étranger, ses compagnies de «chevau-légers» (arquebusiers et pistoliers, souvent recrutés en Allemagne). La France attaque d'abord l'immense empire en Italie, selon une tradition bien établie depuis Charles VIII : François Ier part en guerre, bat les Suisses à Marignan, s'empare de Milan et du Piémont.

Charles Quint ne peut évidemment pas souffrir une incursion qui met en danger les communications entre les deux régions de son empire : l'Espagne et l'Allemagne. Une guerre de quarante ans s'engage entre les deux maisons de France et d'Autriche. De 1519 à 1559, les affrontements sont sanglants, coûteux, dévastateurs. Pendant dix ans, François Ier est presque constamment malheureux : il perd Milan et devient prisonnier de l'empereur après la bataille de Pavie (1525). Libéré l'année d'après, il doit payer deux millions d'écus d'or pour racheter ses enfants envoyés comme otages à Madrid. A la paix de Cambrai, en 1529, la France renonçait à revendiquer le Milanais.

Sept ans plus tard, l'armée française envahit les Etats du duc de Savoie. Les troupes de Charles Quint répliquent en ravageant la Provence et la Picardie. Pour la première fois, les «Impériaux» attaquent la frontière du Nord. Le pape, qui a subi en 1527 le siège de Rome par les mercenaires allemands de l'empereur, mécontents de ne pas toucher leur solde, propose une trêve aux belligérants : la guerre reprend de plus belle en 1542. A cette date, des Etats allemands sont devenus luthériens : le Brandebourg, la Saxe. Les Français recherchent, contre Charles Quint, l'alliance de leurs princes protestants et même des Turcs! L'empereur, après la victoire française de Cérisoles (1544), doit traiter, bien que ses armées aient envahi la Champagne : il est encore assez fort pour obliger François Ier à évacuer la Savoie. Il utilise le répit de cette paix de Crépy pour écraser à Mühlberg, en 1547, l'armée des princes protestants d'Allemagne. Mais l'Electeur de Saxe le trahit, et la guerre reprend en 1552, le nouveau roi de France Henri II ayant occupé les trois évêchés de Metz, Toul et Verdun. Avant d'abdiquer, l'empereur dut reconnaître, par la paix d'Augsbourg, la pluralité des religions en Allemagne (1555) et laisser à la France la Savoie et le Piémont. Son successeur, Philippe II, devait prendre la revanche de l'Espagne en remportant la victoire de Saint-Quentin qui obligea le roi Henri II à renoncer définitivement à la politique d'intervention en Italie : il avait fallu quarante ans de guerre pour en arriver là. Mais, désormais, le rêve de monarchie universelle de Charles Quint était bien mort. La France, qui retrouvait ses frontières, n'avait plus à craindre l'étouffement.

Il faut avoir à l'oreille le fracas de ces batailles continuelles quand on songe au développement de la Réforme en Europe. Les charges de la guerre affaiblissaient les Etats — la France, en particulier, qui n'avait pas les immenses ressources de son adversaire. La construction de l'Etat monarchique, entreprise par Louis XI, se poursuivait sans doute, et le roi renforçait son appareil administratif pour accroître son autorité aux dépens des privilégiés. Le concordat de 1516 lui donnait la mainmise sur le clergé, et la lutte de François Ier contre les grands seigneurs (le connétable de Bourbon) indiquait sa volonté de poursuivre l'œuvre de centralisation et de concentration des pouvoirs de la monarchie qui n'admettait pas (on l'avait vu aux Etats généraux de 1484) le partage. Le Parlement de Paris avait été mis en garde en 1527, quand le roi lui avait défendu «de s'entremettre en quelque façon que ce soit du fait de l'Etat». Avec ses gouverneurs, ses lieutenants généraux, prévôts, viguiers, baillis, sénéchaux généraux, receveurs et trésoriers de toutes sortes, le pouvoir royal s'affirmait et se confortait, au besoin en envoyant dans les provinces ces envoyés extraordinaires, pleins de zèle et d'efficacité, les «maîtres des requêtes de l'Hôtel royal», appelés sous Henri II «commissaires départis pour l'exécution des ordres du roi». Quels que fussent ses embarras extérieurs, la monarchie renforçait ses pouvoirs pendant toute la première moitié du siècle, aux dépens des clercs, des nobles, des villes privilégiées et des Etats provinciaux. La vigilance royale ne pouvait tolérer de relâchement ni accepter, comme en Allemagne, de sécession de villes ou de provinces pour fait de religion. La France n'existait que dans l'unité et la centralisation.

C'est pourquoi la répression de l'«hérésie» fut toujours en France assimilée à une opération de police intérieure. Jusqu'à la paix du Cateau, le point de vue des officiers du roi ne varie pas : les «luthériens» sont des diviseurs. Ils n'ont pas droit à l'existence légale. Mais comment les intellectuels, les clercs, et les officiers royaux eux-mêmes pourraient-ils refuser et repousser le grand mouvement d'idées qui circule en Europe? Les dates sont éloquentes. La première manifestation de Luther est de 1517 : le jour de la Toussaint, il fait connaître ses 95 thèses. A cette date, les évangélistes de Meaux travaillent ensemble, autour de Lefèvre d'Etaples. Les idées de Luther sont connues dans le royaume dès 1519. L'année suivante, se répandent ses trois grands traités, que le pape condamne. En 1521, il a comparu devant l'empereur à Worms. Il est «mis au ban de l'Empire», anathémisé, excommunié. Il faut quatre ou cinq ans pour que le pouvoir politique endosse sa doctrine. La Saxe électorale, la Hesse, le Brandebourg, certaines villes libres deviennent ainsi «luthériennes». Luther n'a même pas défini sa confession de foi (il le fait à Augsbourg en 1530) que déjà les princes allemands ont fait sécession. Gustave Vasa, en

Suède, les imite : il rompt avec le pape en 1527, adopte le luthéranisme et proclame la rupture avec le Danemark.

En 1530, d'autres réformateurs, unis par leur haine commune du pape, mais en désaccord sur la doctrine, se sont manifestés en Europe : le curé de Glaris, Ulrich Zwingli, nommé prédicateur à Zurich, entraîne les Suisses dans la guerre de Religion. Il gagne à la Réforme Zurich, Berne et Bâle. Le théologien Œcolampade l'a puissamment aidé à convaincre les Bâlois de rompre avec Rome dès 1528. A cette date, la ville impériale de Strasbourg est également convertie, grâce aux efforts d'un prédicateur, Bucer, qui est à mi-chemin entre Luther et Zwingli.

Les efforts de conciliation échouent entre les différentes confessions. Les Français, évangélistes plus que luthériens, sont attirés par les Strasbourgeois qui les accueillent quand les premières persécutions commencent, dans les années 1520, et surtout dans les années 1540. Mais, à cette date, un prédicateur et écrivain de langue française, Jean Calvin, s'est déjà fait connaître par son *Institution de la religion chrétienne* (parue en latin dès 1536, en français en 1541). Alors que le mouvement luthérien est récupéré par les princes et que les Suisses se perdent en querelles, Calvin est appelé par Farel à Genève où il construit son Eglise à partir de 1541. En dix ans, la plupart des provinces françaises sont imprégnées de calvinisme. En 1559, se tient à Paris le premier synode de l'Eglise réformée, l'année même du Cateau-Cambrésis. Le pouvoir royal en France perdait simultanément deux batailles : contre les Impériaux, contre l'hérésie. Un long et patient «tour de France» avait permis aux vagues successives de réformateurs de faire le siège du royaume par l'intérieur.

1.

L'évêque et les cardeurs de laine

Le 19 mars 1516, la ville de Meaux fut réveillée par une agitation inhabituelle : un nouvel évêque y faisait son entrée.

Une entrée très solennelle : selon Thibaut Le Sueur, licencié ès lois, bailli de la juridiction temporelle de l'évêché, les sergents, officiers et procureurs se rendirent dès sept heures du matin au prieuré de Saint-Père, en dehors du marché de Meaux, hors de l'enceinte de la ville, pour y chercher le révérend, qui y avait passé la nuit, selon l'usage.

Tous les clercs de la ville, tout ce qui portait soutane était présent au rendez-vous, prêt pour la procession : les «vénérables chanoines», et le chapitre en tête, mais aussi leurs adversaires naturels, les moines prêcheurs et quêteurs du couvent des Cordeliers-Saint-François, puis les prêtres et les vicaires des églises de la ville... Tous les «processionnables».

A la chapelle dudit prieuré, ils ont trouvé, mentionne le procès-verbal, «ledit révérend en état et habit pontifical». L'évêque prend la tête du cortège et s'arrête d'abord à la sortie, «à l'endroit d'une pierre assez élevée, assez près de la porte et entrée principale». Il y reçoit l'hommage du lieutenant général, maître Robert Payen, et du procureur du roi, Pierre Bataille. Un sergent lit à haute voix les noms des «grands barons vassaux» qui, selon la tradition, doivent porter le révérend pendant la procession.

Le sergent fait l'appel : Marie de Luxembourg, duchesse douairière de Vendôme, vicomtesse de Meaux. Elle n'est pas présente. En raison de son «état et qualité», on admet qu'elle puisse se faire représenter par son bailli, Jacques de Brislay. On appelle le second porteur, le vidame de Trilbardou. Il est là, ainsi que le sire de Villemareuil, qui fait grise mine. Le sire de Boulares-en-Mulcien n'est pas venu. Il a dépêché à sa place un vieux chanoine fourbu, incapable de marcher. Il faut le remplacer incontinent par un écuyer, le sire de Joux... On tarde à se mettre en route. Massé autour du prieuré, le petit peuple s'impatiente. Huit heures sonnent au clocher de la cathédrale, et l'on n'a même pas pris les rangs. Que peuvent donc se dire les beaux messieurs réunis en costumes d'apparat autour de l'évêque ? Qu'attendent-ils pour le hisser sur sa chaise ?

Ils ont un débat de procédure... Trilbardou et surtout Villemareuil veulent qu'il soit reconnu au procès-verbal que les tentures de taffetas rouge qui ornent le siège de l'évêque sont la propriété des vassaux, la leur en particulier. On décide, après une longue discussion, que le morceau de taffetas «serait commis et baillé en garde», après la cérémonie, entre les mains du procureur du bailliage, jusqu'à ce que justice soit rendue.

L'évêque se demande s'il va pouvoir enfin faire son entrée... Mais déjà les quatre hommes s'emparent du siège. Il est hissé au-dessus de la foule, il franchit les portes de la ville, et pénètre dans l'enceinte du marché de Meaux. On le dépose au pied de la croix. Pour bien montrer qu'il est désormais le maître et le seigneur de Meaux, il s'avance à pied jusqu'à la halle, acclamé par la population. On le hisse de nouveau sur sa chaise jusqu'à l'entrée du pont sur la Marne, qui donne accès à l'autre partie de la ville, où s'élève l'immense cathédrale. Il traverse le pont à pied, puis il est de nouveau porté jusqu'à l'hôtel-Dieu. De là, il prend à pied la tête d'un cortège qui remonte jusqu'à la cathédrale. Il est désormais chez lui, au cœur de la ville haute, mitre en tête et crosse au poing.

Celui qui vient de se prêter à cette cérémonie n'est pas un évêque comme les autres. Il connaît intimement le roi, le pape et les plus grands seigneurs. Il s'appelle Guillaume Briçonnet.

Un authentique fils d'archevêque : son père, qui se prénommait également Guillaume, était devenu l'un des personnages les plus importants du royaume. Homme de finances, il avait été général de Languedoc, puis conseiller de Charles VIII. A la mort de sa femme, il était entré dans les ordres par ambition, pour devenir cardinal. On l'avait d'abord nommé évêque de Saint-Malo, mais il n'avait jamais mis les pieds dans son diocèse. Il avait des tâches plus urgentes : Guillaume Briçonnet intriguait pour le chapeau entre Rome et Paris. Il avait profité de l'entrée dans Rome en 1494 de Charles VIII vainqueur, qui marchait sur Naples, pour demander à son maître d'intervenir. Comment le pape aurait-il pu repousser une requête du roi de France ? Un consistoire, improvisé sur-le-champ, fit de Briçonnet père un cardinal de la sainte Eglise.

Restait à trouver un archevêché pour celui qu'on appelait par plaisanterie « le cardinal de Saint-Malo ». Le siège de Reims était vacant : il appartenait au frère de Guillaume, Robert, grand chancelier de France, qui venait de mourir. Un bien de famille, en quelque sorte. La campagne fut menée rondement, et Briçonnet usa de tous les moyens possibles pour faire pression sur le chapitre. Les chanoines furent accablés d'interventions du roi, des princes, et finalement achetés à leur poids d'or. Tous sauf un votèrent pour Briçonnet, dont le premier agent électoral dans la ville n'était autre que son fils Guillaume, notre évêque de Meaux. Il eut la joie de voir son père procéder dans la célèbre cathédrale au sacre du roi Louis XII, le 27 mai 1498.

Que pouvait-on refuser à tant de puissance ? Les Briçonnet étaient influents et riches. Le grand-père Jean, marchand à Tours, avait fait fortune auprès de Louis XI, comme jadis Jacques Cœur auprès de Charles VII. Il avait marié ses enfants aux fils et filles des plus riches Tourangeaux : aux Beaune, aux Berthelot, aux Ruzé, aux Roberté... Guillaume, le cardinal, qui avait pour oncle le vieux financier Semblançay, était allié des plus riches banquiers et des plus hauts magistrats du royaume. Un de ses frères était général en Dauphiné ; un autre, Nicolas, contrôleur de Bretagne...

Guillaume II, nommé évêque à dix-sept ans, avait suivi son père quand il avait pris la tête, contre Jules II, de la révolte du clergé français. Il s'était enfui de Rome, en 1510, avec quatre autres cardinaux pour lancer un grand mouvement de réforme de l'Eglise et exiger la réunion d'un concile de tous les évêques d'Europe, ayant pour tâche principale de dresser la liste des abus et de proposer au pape des solutions neuves. Guillaume II, évêque de Lodève, était au premier rang de tous ceux qui combattaient le pape. Il avait suivi la querelle de son père, et avait approuvé à Pise les cardinaux qui demandaient la mise en accusation, puis la mise en suspens du pape. L'affaire devait se terminer tragiquement pour le père : en 1512, Jules II lui retirait ses dignités ecclésiastiques. Il n'obtenait son absolution que deux ans plus tard, juste avant de mourir. Il avait perdu l'archevêché de Reims et n'avait pu récupérer, après son pardon, que celui de Narbonne.

L'homme qui venait de faire son entrée dans Meaux connaissait parfaitement les détours et les querelles de la haute Eglise ; il était familier des problèmes ecclésiastiques et confident de François Ier dans sa politique romaine : de fait, quelques mois après son intronisation, il était envoyé à Rome, par le roi pour négocier avec le pape. Il y était au mois d'août. Encore un évêque, se dirent les gens de Meaux, qui ne résidera pas souvent dans notre ville...

Dans le chapitre de la cathédrale, les bons chanoines regrettent déjà leur choix forcé. Qu'avaient-ils à faire d'un favori du prince qui, loin de défendre leurs usages et privilèges, ne lèverait pas la main pour empêcher le roi d'y mettre bon ordre à son profit? Car le roi nommait les évêques à cette fin. Il les voulait «sûrs et féables». Il exigeait qu'à leur entrée en charge, ils se présentent en personne devant lui et jurent sur les Evangiles de le défendre «contre toutes sortes de personnes qui pourront vivre et mourir». Les prélats sont ses gens, il les choisit parmi ses familiers. C'est lui qui a désigné un Amboise à Rouen, un Bourbon à Toulouse, un Saciergue à Montauban et un Seyssel à Marseille. S'ils désobéissent, il les rappelle rudement à l'ordre. Les évêques du Puy et de Montauban se sont rendus complices des intérêts des seigneurs de leurs sièges contre ceux du roi : il les fait arrêter et juger au Parlement. Les évêques sont avertis qu'ils ne doivent pas surestimer leur pouvoir : ils n'ont que l'usufruit de leurs bénéfices. «Après la mort de l'évêque, le roi lui succède», disent invariablement les procureurs.

Le roi dispose d'une arme absolue en cas de résistance de l'évêque : c'est la saisie du temporel. François Ier, en 1516, est justement en train de faire dresser la liste des biens acquis depuis cinquante ans par l'Eglise. A Meaux comme ailleurs, les commissaires du roi font du zèle : ils réclament les arriérés de taxes, mettent en cause les privilèges, lorgnent sur les biens en vacance. Au moindre prétexte, ils s'emparent des bénéfices, dépossédant le chapitre ou les abbayes.

C'est que l'Eglise est le plus grand propriétaire du royaume. «Les trois quarts du temporel», prétend en 1502 le procureur général au Parlement de Paris. Machiavel, à la même époque, estime la fortune de l'Eglise de France aux 2/5 de la fortune publique. Si l'on suit Imbart de La Tour, on peut estimer le revenu ecclésiastique en France à 5 millions de livres, alors que le domaine royal, à la même époque, ne rapporte que 220 000 livres et que la recette des finances royales tout entières ne dépasse pas les 5 millions.

La richesse du clergé se trouve en partie gaspillée parce qu'elle est mal gérée. Les grands bourgeois de finance ou de robe, que le roi nomme evêques, ont pourtant l'habitude des affaires. Mais ils se trouvent aux prises avec les situations acquises, les privilèges concédés, les abus de toutes sortes. La fortune du clergé lui vient essentiellement des donations faites par les particuliers. Quand elle hérite des terres, l'Eglise hérite aussi des droits seigneuriaux et féodaux qui y sont attachés ; elle devient elle-même seigneuriale, lève le cens et le champart, demande des droits pour la pêche, pour les moulins, pour le passage des ponts... Elle doit faire rapporter ses biens, améliorer le rendement des terres. Mais beaucoup d'évêques ou d'abbés répugnent à jouer le rôle d'un seigneur, à lever eux-mêmes les droits et les taxes. Ils en confient le soin à des «rentiers» qui paient au seigneur ecclésiastique une «rente» annuelle, fixe, et se chargent ensuite de gérer pour leur compte les revenus de la seigneurie, s'ils n'ont pas à leur tour «sous-arrenté» la rente acquise. Rentiers et sous-rentiers ne sont pas des ecclésiastiques, mais la plupart du temps des bourgeois, des marchands, des notaires, des procureurs. Ils exploitent les terres et les bénéfices ecclésiastiques avec un zèle qui impatiente la population. On impute naturellement à l'Eglise ces excès de zèle.

Le roi n'a nullement cherché à réduire la seigneurie ecclésiastique. Il a au contraire donné des privilèges aux villes dirigées par un évêque, pour les soustraire à l'autorité des seigneurs laïques, ses plus constants adversaires. Les évêques partagent avec le roi et les corps municipaux la juridiction de nombreuses villes, et en particulier de Meaux. Ils gèrent en commun les revenus des amendes, des taxes, des marchés. A Paris, l'évêque, seigneur de l'île Saint-Louis et du faubourg Saint-Marcel, perçoit des droits sur les blés, sur «les animaux à pied fourchu et à pied rond», sur l'entrée du poisson de mer et sur le poisson pêché dans la Seine. L'abbé de Saint-Germain dispose des droits de justice sur la portion de la «rivière Seine comprise entre la tour de Nesle et le Châtelet». Entre la municipalité, les représentants du roi et ceux du seigneur-évêque, les conflits sont continuels pour la perception des droits. Une partie de l'administration de l'évêché s'occupe à longueur d'année dans la chicane.

L'évêque a sa justice, l'officialité diocésaine, de plus en plus combattue par les tribunaux du roi. Les parlements désarment la justice spirituelle; les juges royaux peuvent être saisis à tout moment par un prévenu cité devant le juge ecclésiastique, même s'il est lui-même un homme d'Eglise. On a vu ainsi, en 1501, un bailli, officier royal, soustraire à la justice de l'évêque un prêtre blasphémateur! A Meaux, les deux justices sont aux prises, notamment dans les procès de mariage et d'adultère, alors fort nombreux. Le Parlement intervient même dans les procès de discipline ecclésiastique et dans les questions de foi. Il donne son avis sur l'authenticité des reliques, sur la validité des livres de messe, sur l'opportunité des processions. Il rend des arrêts sur la forme des habits des évêques voyageant hors de leur diocèse, et se prononce sur le point de savoir s'ils doivent ou non porter une robe à traîne... Le fonctionnement discutable des institutions ecclésiastiques est toujours le prétexte saisi par les officiers royaux pour justifier leurs interventions, souvent abusives. Ils interviennent volontiers dans les juteuses affaires de testaments, pour déposséder le clergé, toujours à l'affût des biens des fidèles qui meurent intestats. Ils peuvent utilement s'opposer aux levées de taxes abusives sur les sacrements, le mariage par exemple, et s'intéresser de près à la levée de l'impôt ecclésiastique, la dîme, difficile à lever dans de nombreuses régions. Ils ont le pouvoir de pénaliser l'évêque qui s'est rendu coupable d'abus. Ils peuvent demander à contrôler le produit des quêtes ou de la vente des indulgences. Un arrêt de 1514 obligeait ainsi le chapitre de la ville de Saintes à publier le résultat des quêtes dans la cathédrale. Les troncs devaient à l'avenir avoir plusieurs clés, dont l'une serait en permanence entre les mains des officiers royaux qui pourraient ainsi prélever directement leur part de recettes...

Si le roi ne conteste pas le régime seigneurial des terres ecclésiastiques, bien qu'il cherche par tous les moyens à les récupérer, il est en querelle constante avec le clergé pour l'exploitation des droits inclus dans les bénéfices ecclésiastiques. On comprend alors pourquoi la lutte pour l'élection d'un évêque (privilège qui demeure acquis aux chanoines du chapitre) prend souvent l'aspect d'une épreuve de force. Les chapitres résistent autant qu'ils peuvent à l'ingérence royale, parce qu'ils protègent ainsi leurs revenus et leurs privilèges. Dans chaque élection, le roi intervient directement et n'hésite pas à provoquer au besoin des troubles dans la ville, cherchant un prétexte pour faire rosser les chanoines. Les interventions de ce genre sont fréquentes dans le Midi, beaucoup plus rares dans le Nord. Il n'y avait pas eu de troubles à Meaux pour l'élection de Guillaume Briçonnet.

Le voilà donc à la tête de son gras évêché, bien pourvu de bénéfices, installé dans un confortable palais à deux pas de la cathédrale. Il n'a pas, pour vivre, que les revenus de l'évêché. Il est également abbé de Saint-Germain-des-Prés. La progression des revenus de cette abbaye était, depuis la fin du XVe siècle, spectaculaire : le seul domaine d'Esmans, qui possédait 30 paysans censitaires en 1458, au lendemain de la guerre de Cent Ans, en avait 127 en 1506. Le rapport du cens, cet impôt frappant les terres cultivées, avait plus que quadruplé. Les terres de Grenelle, de Vaugirard, de Thiais, de Dammartin, permettaient à l'abbé Briçonnet de toucher des revenus importants, affermés à des bourgeois. La ferme de Villeneuve-Saint-Georges, au début du siècle, rapportait à elle seule 400 livres par an. Le profit avait doublé en quinze ans. L'évêque de Meaux était très riche. Pourtant, dans son diocèse, les curés étaient misérables et les églises tombaient en ruine.

Chaque cure possédait, à l'image de l'évêché, des biens fonciers qu'elle baillait à ferme ou à rente. Les testaments, au cours des âges, avaient enrichi leurs domaines. Les cures percevaient le montant des quêtes à la messe du dimanche, elles levaient des dîmes sur le blé, et d'autres, moins importantes, sur les légumes et produits d'élevage. Malheureusement, leur produit, comme celui des rentes et des fermes, échappait largement aux curés. Elles étaient accaparées par les grandes abbayes : Saint-Denis, Sainte-Geneviève ou Saint-Germain-des-Prés, qui les avaient reçues des mains des laïques chargés de les lever au cours des siècles précédents. Les abbés nommaient eux-même les curés et percevaient à leur place les bénéfices des cures. Les chanoines de Paris collationnaient les cures dans toute la région et désignaient même les desservants, car les curés avaient pris l'habitude de ne plus résider dans leurs cures.

Cette cure, ils l'avaient reçue d'un évêque, ou d'un abbé, comme une récompense. Ils pouvaient en posséder plusieurs et cumuler les dignités. Ils résidaient à Paris, et la cure n'était pour eux qu'une source de revenus. Les curés titulaires chargeaient les desservants de célébrer à leur place les offices et de distribuer les sacrements. Ils recevaient en échange un traitement spécifié par bail, calculé toujours au plus juste. Les desservants tâchaient de tirer des revenus des messes, de la location de la vaisselle d'église pour les mariages. Comment n'auraient-ils pas été découragés ou révoltés, quand ils devaient obéir aux grands seigneurs de l'Eglise qui se servaient d'eux pour le trafic des biens spirituels, comme les indulgences ? L'indulgence était une remise de peine accordée aux pécheurs : elle pouvait être totale ou partielle, et diminuait en fonction de l'importance des dons, les années de purgatoire réservées aux âmes coupables. Elle était une traite sur l'éternité. L'angoisse des fidèles était si vive, au début du siècle, que le trafic des indulgences, organisé par le pape, rapportait gros. Des prédicateurs se répandaient dans les villages pour vendre l'indulgence au détail. Ils ne ménageaient pas leur peine pour obtenir les résultats les plus substantiels : l'argent mis dans leurs troncs devaient permettre aux âmes de s'envoler du purgatoire vers le paradis. En 1482, la Sorbonne avait condamné un de ces moines prêcheurs qui déclarait à ses fidèles : « Toute âme du purgatoire s'envole immédiatement au ciel, c'est-à-dire est immédiatement libérée de toute peine, dès l'instant qu'un fidèle met une pièce de six blancs, par manière de suffrage ou d'aumône, dans les troncs pour les réparations de l'église Saint-Pierre de Saintes. » Le tarif des indulgences variait selon la condition sociale. On faisait payer plus cher les riches.

Comment s'étonner ? Le clergé, dans son ensemble, était intimement mêlé à la société laïque. Le modeste desservant de la Brie n'était pas plus choqué par le commerce des indulgences que par la levée des tailles royales. L'indulgence était une forme d'impôt payé au pape. Les fidèles, qui donnaient parfois des fortunes pour faire l'acquisition d'un ossement de saint d'une douteuse authenticité, payaient aussi pour leur paradis. Nul n'y voyait malice. La tarification de l'au-delà faisait vivre de prêches des quantités de moines faméliques. Les desservants, souvent artisans ou paysans comme leurs fidèles, regrettaient seulement qu'un trafic aussi rémunérateur leur échappât. Ils s'indignaient bien plus du cynisme des curés non résidents ou des mauvaises dispositions de leurs fidèles, qui trouvaient tous les moyens d'éviter de payer pour les messes et les sacrements.

Ces desservants n'avaient pas plus de vertu que les moines et chanoines. L'évêque les autorisait, dans certains cas, à exercer des métiers : jardiniers, par exemple, ou pépiniéristes. Ils pouvaient être aussi vachers, apothicaires ou pêcheurs à la ligne. Dans certaines villes, on les autorisait à être barbiers ou tailleurs. Mais il leur était interdit d'être marchands, bouchers ou ouvriers. Pas question de soutane ! Elle n'apparaît pas dans le bas clergé, avant le XVIIe siècle. Comment bêcher ou garder les vaches en pareil équipage ? Ils vivaient avec des servantes qui, en principe, devaient avoir l'âge canonique, alors fixé à quarante ans. Mais comment trouver, dans les campagnes sous-alimentées, des servantes encore valides à cet âge ? Une quadragénaire était alors une vieille femme, ridée, voûtée, percluse de rhumatismes, incapable d'un effort soutenu. Les desservants engageaient des servantes beaucoup plus jeunes, avec lesquelles, *instigante diabolo,* ils vivaient parfois maritalement... Les bâtards de prêtres étaient nombreux. Qui leur jetait la pierre ? Les moines donnaient à cet égard le plus mauvais exemple, et les plus hauts dignitaires de l'Eglise avaient parfois des familles nombreuses. Les enfants des membres du clergé étaient reconnus sans scandale. On voyait des bourgeois entrer dans les ordres, une fois veufs, sans être tenus à la chasteté.

Les desservants devaient s'abstenir du jeu, du théâtre et de la «fête des fous». Ils ne devaient porter sur eux aucune arme et devaient se raser la tonsure au moins sept fois par an. Ils étaient exclus des maisons publiques, en principe. En fait, nombre d'entre eux, dans les villes, fréquentaient les «étuves», ces bordels du Moyen Age. On considérait qu'un prêtre avait davantage de raisons de s'y rendre qu'un homme marié. On voyait les desservants assister, contre les avis des évêques, aux repas de noces, et faire bombance pendant plusieurs jours. Ils se mêlaient à l'occasion aux rixes, fréquentes dans les bourgs. S'ils n'avaient pas droit au couteau, rien ne leur interdisait le bâton.

Tel était le clergé du diocèse de Meaux, dans les villages et dans les paroisses urbaines, quand l'évêque Briçonnet prit la mitre. Il ne faut pas s'étonner de sa surprise quand il fit faire une enquête sur la moralité de ses prêtres. Ils n'étaient pas différents à Meaux de leurs voisins de Beauce ou de Picardie. Ils étaient les enfants perdus d'une Eglise malade.

Ni les marchands de Meaux, les minotiers, les négociants en blé, les notaires et les maîtres des corporations, ni le petit peuple des paysans ou des ouvriers de la basse ville, les cardeurs de laine, les fouleurs, les drapiers ne ressentent clairement ce malaise. Pour les bourgeois, la foi est une sécurité, la pratique religieuse une comptabilité : si l'on peut acheter le paradis, cela veut dire que Dieu tolère et encourage l'enrichissement, qu'il n'est pas hostile au profit. Les gens d'Eglise ne donnent-ils pas l'exemple en prêtant eux-mêmes à de gros intérêts, et même, dans certaines régions, en pratiquant l'excommunication pour dettes contre leurs débiteurs? Les livres de raison montrent les grands bourgeois soucieux d'être en règle avec l'Eglise, et de conformer leur vie religieuse aux prescriptions qu'ils acceptent pleinement ; pourvu qu'ils soient ensevelis en terre chrétienne, bien pourvus d'absolutions, ils ne craignent plus la mort. Très croyants dans l'au-delà, ils se représentent matériellement la damnation comme une véritable torture à l'image des bûchers qu'ils ont sous les yeux lors des exécutions de condamnés, et ils conçoivent la résurrection comme un phénomène physique, une sorte de printemps des âmes qui fait surgir les corps, comme des primevères, de l'écorce craquelée de la terre. Le retable de Beaune, du maître flamand Van der Weyden, est le reflect exact de l'état des croyances : l'ange blanc y pèse les âmes dans une balance de banquier : elles valent leur poids d'or fin. Seul le décret de l'ange, rendu à la suite de la pesée, leur permet de gagner l'Eternel.

« Raison » veut dire compte. La mort est le moment de rendre les comptes. La terreur panique des chrétiens du XVIe siècle est de mourir sans les derniers sacrements. Les plus riches dressent contrat avec le clergé pour éviter tout accident. Il faut prévoir le cas de peste, de naufrage. Ils donnent à leur confesseur, par privilège spécial, juridiction plénière au seuil de la mort pour leurs péchés. Ils prévoient de solides cercueils de chêne pour éviter les profanations, nuisibles à la survie, et peut-être aussi les errances des fantômes, auxquelles on croit alors très fermement. Pour les morts subites, il faut la permission spéciale du tribunal de l'évêque pour l'enterrement sans absolution en terre chrétienne. Le bourgeois ne prend pas de risques. Il a acheté longtemps à l'avance son emplacement. Il est à l'abri de toute surprise.

Il meurt la plupart du temps en possession d'un respectable portefeuille d'indulgences. Celles-ci ne sont pas toujours à la portée des pauvres, dont l'angoisse n'est pas moins vive. L'Eglise ne les rassure pas ; les prêches, les représentations iconographiques entretiennent plutôt un sentiment de terreur. Les cordeliers décrivent minutieusement, devant leurs auditoires populaires, l'enfer et le purgatoire, qui sont représentés, avec la résurrection des corps, au fronton des églises et de la cathédrale. Une toute petite élite, capable de lire, échappe à ces représentations naïves. Les bourgeois ont appris de leur précepteur un catéchisme en vers latins qui contient très peu de dogmes et beaucoup de morale. Ils ne connaissent la Bible que très partiellement. Les enfants savent les trois principales prières en latin, les psaumes pour la confession et pour les processions. On leur fait lire des livres imprimés qui sont des traductions « arrangées » de la Bible. On en extrait des histoires édifiantes. Ils lisent aussi la vie de Jésus-Christ et celle des saints. S'ils poursuivent leurs études dans les universités, les fils de bourgeois tombent dans les filets des docteurs en théologie de la Sorbonne, grands pourfendeurs de mots, « ratiocineurs » infatigables. Le christianisme des « sorbonnagres » de Rabelais date de saint Thomas d'Aquin. Il est sourd aux appels des humanistes, il s'embusque dans les chicanes de la scolastique. Les bourgeois de Meaux qui ont suivi cet enseignement en ont tiré une forme d'esprit propre à la discussion juridique ou théologique, mais non l'approfondissement de la foi par la connaissance des textes sacrés.

Quant au petit peuple des foulons et des cardeurs, il est instruit par les prêches à la morale chrétienne, rarement aux questions de foi. Les sermons se font en chaire, parfois en plein air. Les prédicateurs parlent une langue verte, imagée, tempêtent, tonitruent, menacent. Ils lancent, pour distraire la salle, d'énormes plaisanteries. Les cordeliers sont les plus démagogues et excellent à prêcher la morale en faisant des bons mots. Mais, pour avoir de l'influence sur leur public, ils n'hésitent pas à lui donner mauvaise conscience : ils reprochent aux femmes leur coquetterie, blâment vivement l'adultère, condamnent ceux qui se marient sournoisement sans les sacrements et vivent en concubinage avec plusieurs épouses.

Quand ils se sont assez fait craindre, en évoquant les flammes de l'enfer, quand ils ont assez condamné en «aboyant» dans l'église, ces «chiens du Seigneur» daignent parler de Jésus-Christ. Passant au registre larmoyant, ils décrivent la Passion, apitoient, forcent les larmes. Les auditeurs assis par terre, sur la paille, peuvent écouter ces comédiens de la chaire pendant des heures. Ils vibrent aux paroles du prédicateur, l'applaudissent, le contredisent. Il arrive même qu'ils l'insultent. Certains font semblant de ne pas l'entendre, jouent aux cartes ou lutinent les filles pendant le prêche.

Les dogmes et les mystères n'étaient pas le pain quotidien des prédicateurs. Pourtant, le peuple voulait tout savoir sur les saints qu'il connaissait par les statues d'église ou par les représentations du théâtre — et sur la Vierge dont le culte s'était considérablement répandu. La Vierge répondait à tous leurs besoins. Comme dans le *Testament* de Villon, la Notre-Dame pouvait intercéder auprès du Christ et soulager toutes les misères du monde ; la Vierge «miséricordieuse» avait toujours pitié. On la priait dans les époques de famine comme dans toutes les calamités. On se répétait inlassablement les miracles qui lui étaient imputés. Elle sauvait les noyés, elle avait même pitié des assassins. Elle ressuscitait les bébés morts à la naissance, elle était invoquée par les mères en douleurs. On communiait avec ferveur le jour de l'Assomption, on lui dédiait églises et chapelles, on multipliait les processions en son honneur, pour qu'elle protège la ville contre les intempéries, les maladies, les guerres et même les invasions de mulots...

Il y avait des madones à chaque coin de rue, des Vierge de la Halle et des Vierge du Bon Secours. Les marchands, les matelots, les soldats et les voleurs priaient également la Vierge. Elle était le recours de tous ceux qui encouraient des risques. On lui brûlait des milliers de cierges, on lui offrait des ex-voto, on lui dédiait des pèlerinages, attendant d'elle de nouveaux miracles. On lui offrait des poulets et des oies. Elle occupait la place d'honneur dans chaque maison, où ses statues étaient ornées de fleurs. Les icônes la représentaient en visitation, en maternité, en douleurs... Les moines mendiants vendaient des chapelets qui permettaient de réciter cent cinquante *Ave Maria* à la suite. On sonnait l'angélus, à l'église, en l'honneur de Marie. Le pape avait donné une indulgence spéciale à tous ceux qui réciteraient trois *Ave Maria* en entendant l'angélus... On chantait des cantiques à la gloire de Marie ; on l'invoquait en toutes circonstances.

Culte de Marie, culte des saints... Ils avaient chacun leur spécialité. On adorait Sébastien pendant les périodes de peste, le saint guérisseur était un talisman contre les maladies. On baisait dévotement ses statues ou la châsse contenant soi-disant ses restes. Lazare guérissait les brûlures et Apolline les maux de dents. Antoine était invoqué à tout moment, par exemple si l'on avait perdu ses clés. Saint Corneille protégeait les animaux de basse cour. Quand ils étaient bénis au nom du saint, ils devenaient mascottes, intouchables, porte-bonheur des poulaillers. A cette époque, quand une vache était malade, on n'hésitait pas à lui faire avaler des hosties consacrées. Il fallait bien chasser le démon de son ventre !

La foi est toujours à la limite de la superstition. Si on adore les images et les statues, c'est qu'elles ne sont pas perçues comme la représentation de la Vierge ou des saints, elles sont la Vierge et les saints en personne. Il faut les toucher pour faire son salut. Les pèlerinages et les processions n'ont pas d'autre but : faire voir et toucher le corps des bienheureux. Les reliques de saints importées d'Orient à la suite des croisades apparaissent ainsi comme de véritables talismans. Toutes les paroisses un peu riches ont leurs reliques, à Meaux comme ailleurs. On les entasse, on les enchâsse, on les déplace d'une église à l'autre. Toussaert cite, dans la liste des saints de la collégiale Saint-Donatien à Bruges, «des poils de la barbe de saint Pierre, des cheveux et des gouttes de lait de Marie, une sandale du Christ, un os de l'un des trois enfants dans la fournaise de Nabuchodonosor, une partie de la verge d'Aaron».

Dieu était oublié dans ce panthéon de saints. Les croyances populaires retrouvaient des cultes anciens, transformés, adaptés aux besoins des bergers, des paysans, des marins, de tous ceux qui redoutaient la grêle, les loups et la peste. La pratique des sacrements comptait moins, pour beaucoup, que l'attachement au merveilleux, au miraculeux, aux croyances inexplicables. On craignait par exemple que le nouveau-né, mort à l'accouchement, n'eût pas sa place au paradis, qu'il passât toute sa vie éternelle dans les limbes. On le baptisait dans le ventre de la mère. Les femmes juraient, si leurs bébés mouraient sans avoir eu le temps d'être baptisés, qu'elles coucheraient sept ans sur la dure et sans chemise pour que Marie les ressuscitât. Les gens étaient esclaves des superstitions, et pourtant ils perdaient l'habitude de se confesser et de communier. Il fallait, pour les y contraindre, les menacer d'excommunication. La crainte d'être privé de sépulture chrétienne les ramenait alors à l'autel. Il y avait parfois une vingtaine d'excommuniés par an et par paroisse... Les amendes punissaient ceux qui n'assistaient pas à la messe, ceux qui empruntaient le dimanche, pour travailler, le cheval du voisin, et ceux qui, au lieu d'aller à la messe, jouaient aux cartes, aux boules, ou buvaient dans les tavernes. L'évêque interdisait l'ouverture des auberges le dimanche matin, ainsi que des étuves ou des salles de jeux. Il fallait brandir des menaces pour obliger les paroissiens à faire leurs pâques, les fiancés à ne pas vivre maritalement avant le mariage, les patrons à respecter la trêve du dimanche. La foi naïve et la crédulité du peuple s'expliquaient largement par la carence du clergé qui ne pouvait, ou ne voulait, l'instruire dans une religion vraie.

Cette carence, Guillaume Briçonnet l'avait constatée dans son diocèse, où il avait multiplié les visites. Dès son retour d'Italie, il réunissait, le 13 octobre 1518, une assemblée de prêtres, pour qu'ils pussent parler librement, s'expliquer devant lui sur la montée de la violence, la persistance insoutenable du paganisme, les incertitudes des fidèles, la perte de la foi. Les prêtres se plaignirent de leurs rivaux, les cordeliers, qui leur disputaient les faveurs des fidèles et répandaient, en chaire, un enseignement chrétien tout en violences verbales, sans rien d'évangélique. Encore ne pouvait-on pas compter sur eux pour assurer la prédication. « Si nous avions des prêches réguliers, dit un curé d'une lointaine paroisse, cela pourrait avoir un certain effet, mais, chez moi, les cordeliers ne viennent qu'une fois par an, pour la Passion. Ils multiplient les reproches, les insultes... Est-ce la faute de mes paroissiens s'ils sont livrés à eux-mêmes, s'ils n'entendent pas plus souvent la parole de Dieu ? Comment pourrais-je moi-même la leur communiquer, alors que je l'ignore, à ma grande honte. — Les curés sont des hypocrites, dit un cordelier. La vérité est qu'ils ne veulent pas nous prêter leurs chaires, même s'ils ne savent pas prêcher. — Ne vous plaignez pas trop, leur répond l'évêque avec ironie. Car, du moins, ne vous empêchent-ils pas de quêter... »

Briçonnet s'indigne de l'indifférence des curés décimateurs. Il se rappelle les paroles du prédicateur Olivier Maillard, qui est alors la coqueluche de Paris : « Vous êtes ici, seigneurs de Brie et de Beauce, et vous avez là-bas vos curés et des mercenaires pour tondre vos brebis, pendant qu'ici vous confessez des bourgeois et vous gorgez de grasses pâtisseries. »

Les riches curés, les bénéficiaires privilégiés sont, certes, blâmables. Mais les malheureux desservants des campagnes ? Il faut les aider, conclut Briçonnet, autrement qu'en favorisant contre eux la cupidité des moines prêcheurs. L'évêque demande à voir sur place l'état des paroisses. Les cordeliers doivent accepter de l'accompagner avec un état-major de prêtres décidés à réformer les mœurs. Le général de l'ordre des Cordeliers se dérange en personne.

Ce qu'ils voient est édifiant : les cures à l'abandon ; les desservants manquent eux-mêmes cruellement d'instruction chrétienne, ils ne possèdent souvent ni missels ni livres de prières. Accablés de soucis matériels, trop peu nombreux pour assurer leur ministère, appelés par les familles des mourants, ils passent leur temps sur les routes, ils vont d'une chapelle à l'autre pour dire la messe. Ils sont parfois obligés, pour vivre, de travailler durement eux-mêmes dans les champs ou l'atelier d'un paroissien. Pauvres vicaires de Brie, dont les revenus de «fabrique» s'amenuisent sans cesse. Les fidèles paient de moins en moins les droits pourtant minimes prévus pour l'exercice du ministère. Ils doivent parfois, pour trouver un maigre complément de ressources, vendre le bois mort de leurs jardins ou l'herbe tendre du cimetière. Quel moyen ont-ils de ne pas tolérer les abus des fidèles, quand ils sont entièrement à leur merci ?

Le prédécesseur de Briçonnet, Louis Pinette, était déjà conscient des misères de son clergé. Il croyait qu'un synode diocésain suffisait pour restaurer la foi. Il avait gravement établi des règlements sur la vie des prêtres, interdit les abus constatés dans la vente des indulgences par les moines. Les abus subsistaient, avec la misère.

Briçonnet trouve de l'argent. Il distribue 900 livres la première année, puis 700 et 600 livres les années suivantes, pour entretenir des prédicateurs. Il considère la Brie comme terre de mission, divise le diocèse en 26 stations de 9 paroisses, et se propose de couvrir les paroisses d'un filet serré d'évangélistes.

Car il entend recruter de nouveaux prédicateurs. Comment faire entendre la parole chrétienne par la voix usée de vieux desservants que les paroissiens peuvent aimer et estimer, mais dont ils n'attendent pas de surprises ? Comment compter sur les Cordeliers, qui ne songent qu'à la rentabilité des prêches. Il les écarte du diocèse, leur interdit les chaires. Il veut surprendre les fidèles, créer le choc psychologique qui favorisera l'éveil des consciences à la vie nouvelle.

L'année suivante, en 1519, Briçonnet visite de nouveau ses 230 paroisses pour constater les effets des nouveaux prêches : il est déçu. Les curés ne sont toujours pas sur place. Ils continuent à résider à Paris. Leurs desservants n'ont pas été vraiment stimulés par les tournées des nouveaux prédicateurs. En revanche, ces derniers se sont attiré la haine indicible des cordeliers. Au temps du carême et de l'avent, les paroissiens n'ont pas reçu la parole de Dieu, faute de prêches assez nombreux. Briçonnet ne rencontre partout « que des traîtres et des fuyards qui désertent la milice chrétienne ». Il rentre à Meaux indigné, non découragé. Il réunit un synode diocésain, apostrophe rudement son public, blâmant en vrac prédicateurs et desservants. « Ils mentent à leur vocation, dit-il, ils n'ont souci que de leurs commodités et non des intérêts de leurs brebis, ils dorment comme des chiens muets ; cette vigne du seigneur, plantée par lui, ils l'ont laissé ravager par le sanglier lascif et ronger par les rats. Ils sont un sel sans saveur, un fumier, et, pendant qu'ils se livrent à ce stupide sommeil, la barque est submergée par les flots. »

Ce discours s'adresse aux curés non résidents, à ceux qu'Erasme appelle les « pourceaux d'Epicure ». Ceux-là doivent obéir sur-le-champ, menace l'évêque, à l'ordonnance de l'Eglise et s'occuper en personne de leurs fidèles ; car il faut en finir avec les abus.

L'évêque n'est pas davantage écouté. Les curés paroissiens ont des relations. Ils se plaignent aux parlementaires parisiens, ils trouvent toutes les excuses pour ne pas résider. Briçonnet demande aux vicaires des paroisses de lui faire des rapports. Il est décidé à mener la lutte jusqu'au bout, à décourager les brebis galeuses.

En 1520, il fait une nouvelle tournée pour dresser la liste des prêtres indignes. Il voit lui-même sur place curés, vicaires, et jusqu'aux plus humbles desservants. Il les interroge longuement pour mesurer leur foi, leur intelligence, leur niveau d'instruction. Il doit pratiquer des coupes sombres : 53 d'entre eux se révèlent totalement incapables d'enseigner la religion chrétienne : 60, dit Briçonnet, «pouvaient se tolérer encore un an». Il n'en trouve qu'une quinzaine, dans tout le diocèse, qui soient en mesure de remplir leur mission. Avant le terme de la Saint-Martin, les incapables sont expulsés, les autres mis en sursis. Briçonnet doit recruter non seulement des prédicateurs, mais des desservants. Où les prendre ? Une nécessité s'impose : former de nouveaux prêtres.

Que leur enseigner ? J'ai composé l'*Enchiridion*, avait dit Erasme, «pour guérir l'erreur de ceux qui font consister la religion en cérémonies, en observances judaïques et corporelles, et négligent étrangement la véritable piété. L'existence du chrétien ne doit pas être une suite de pratiques vaines, mais une méditation continuelle de l'Ecriture». Pour enseigner la «véritable piété», encore faut-il avoir des églises, un personnel, des livres et des gens sachant les lire. Rien de tout cela n'existe, constate Briçonnet, dans le diocèse de Meaux. Pour critiquer les cérémonies de l'Eglise, encore faut-il qu'elles soient suivies, qu'on ne soit obligé d'excommunier tous les ans deux douzaines de paroissiens n'ayant pas fait leurs pâques. Il faut faire peur pour enseigner la parole du Christ ! Il faudrait être saint Martin pour venir à bout de cette entreprise missionnaire.

Briçonnet ne manque pas de courage ni de moyens. Il sait qu'il s'attire, par sa politique de rigueur, la haine des privilégiés. Il sait qu'à Paris il est «injustement calomnié». Il est décidé à aller jusqu'au bout dans sa volonté de réforme qui heurte de front les habitudes privilégiales. Il ne s'avance pas seul, à l'aveuglette, en terre inconnue. Il sait que la réforme des usages est vaine, si elle ne s'accompagne pas d'une révolution dans les esprits. Il n'a pas appris cette vérité d'Erasme ou de Martin Luther, mais d'un bon voisin picard qu'il connaît de longue date, Lefèvre d'Etaples.

Il venait de Picardie, comme son camarade Charles de Bovelle, né à Soyecourt dans le Santerre, ou Gérard Roussel, né près d'Amiens, ou encore l'hébraïsant François Vatable, né à Gamache dans le Vimeu, comme plus tard Jean Calvin, originaire de Noyon. En 1517, Lefèvre avait cinquant-sept ans. Il avait alors autant d'autorité et de notoriété qu'Erasme. Mais il avait, en plus, une véritable passion pour la vulgarisation. Il voulait, disait-il, mettre à la portée de tous «les précieuses marguerites de l'Ecriture sainte».

Etrangement, ce vieil homme faisait ainsi figure de factieux, d'esprit dangereux. Que les vérités de l'Evangile ou de la Bible poussent comme des fleurs des champs, offertes au moindre, disponibles pour tous, au lieu qu'elles soient distillées, corrigées, étayées par les raisonnements *ad hoc* des théologiens de la Sorbonne, paraissait une impudence. Qu'un aussi grand esprit que Lefèvre, familier des langues latine et grecque, traducteur des textes les plus difficiles, que cet homme «pieux et docte» (Erasme) eût une âme de missionnaire, que la justification de son immense culture lui parût être seulement d'ouvrir les yeux des humbles, et jusqu'à l'âme des faibles d'esprit (*idiota*), aux textes les plus importants de l'histoire de l'humanité, paraissait une imposture. Il fallait surveiller Lefèvre.

Ainsi, la vérité devait s'offrir sans fard, se dévoilant comme quelque déesse grecque... C'était faire bon marché des travaux des Pères de l'Eglise qui avaient multiplié, autour des textes sacrés, les ornements et les parures. C'était faire une étrange confiance au public que de l'imaginer capable de recevoir, sans préparation, les textes nus et crus, restitués dans toute leur force primitive. Ne voulait-il pas, l'insolent, les traduire en français? Mieux encore : les faire connaître, grâce au livre imprimé, à des milliers d'exemplaires?

Du petit port d'Etaples, près de Boulogne, jusqu'à

l'abbaye de Saint-Germain, où l'avait recueilli Briçonnet, la vie de Jacques Lefèvre était d'études. Cet ancien élève du collège du Cardinal-Lemoine n'avait jamais été candidat au doctorat de théologie parce qu'il n'aimait pas la scolastique et trouvait vaines les élucubrations des Pères. Plus que les théologiens, lui plaisaient les humanistes d'Italie, ceux dont on parlait à la cour de France, après les premières guerres de Charles VIII et de Louis XII, comme des oiseaux précieux.

On les attirait à Paris où ils faisaient scandale, dans la lumière blême des bibliothèques sorbonnardes. Le Grec George Hermonyme venait de Sparte, et Lefèvre l'aimait tendrement. Il recopiait, pour Guillaume Budé, les manuscrits du Nouveau Testament. Il aimait aussi Paolo Emili, le protégé de Charles de Bourbon, qui lui avait fait connaître Tite-Live, Tacite et Suétone. Il apprenait le grec de Laskaris, qu'il appelle son *praeceptor*, et qui est aussi son ami. Mais, surtout, il avait passé les Alpes à la suite des armées françaises pour aller lui-même à la source de l'humanisme, pour visiter les savants comme les monuments, pour rencontrer le grand Barbaro, Marsile Ficin le platonisant, et l'incroyable Pic de La Mirandole, l'homme le plus savant du monde... Il découvrait chemin faisant Platon, Aristote, Plotin. Il apprenait de la bouche de Pic, ami du moine fou de Florence, Savonarole, que la parole du Christ est *ipsa veritas* et qu'il n'y a pas de plus grande profondeur que celle de l'Evangile.

Si toute la science du monde, rassemblée dans les bibliothèques de Florence ou de Rome, conduit à la méditation des textes sacrés, que faire, quand on vient de Boulogne-sur-Mer, de plus que Ficin le Grec ou Pic le Romain, au demeurant florentins tous les deux ? Entrer au couvent, et passer sa vie à méditer les Ecritures ? C'est d'abord la tentation de Lefèvre. Il veut se faire moine, et contemplatif. Il veut être un ascète du « gai savoir », il veut être parmi les « adorateurs de Dieu ». La lecture des *Contemplations* de Lulle est son chemin de Damas. A l'exemple de tant d'humanistes français, il rêve d'entrer dans un couvent réformé, un de ces établissements où l'on commente les textes saints, au lieu de parler, entre moines, de nourriture ou de boisson. L'ascétisme n'a de sens, pour Lefèvre comme pour ce Jean Raulin, ex-directeur du collège de Navarre qui démissionne en 1497 pour entrer comme novice à Cluny, que s'il s'accompagne d'une activité d'humaniste militant. Lefèvre, à cette époque, doit consulter ses amis frottés de médecine pour retrouver le sommeil qu'il a perdu à force de travail. Il veut décaper les textes sacrés de toutes les scories qui les défigurent, entreprendre un immense travail de restauration. Il croit profondément qu'en changeant les textes, on retrouve l'esprit et la foi des premiers chrétiens.

« Je m'étonne, disait déjà Nicolas de Clémanges en 1425, que les théologiens de notre temps lisent si mal les pages des divins testaments... Ils sont en mal de questions et de querelles de mots, ce qui est le propre de sophistes, non de théologiens. » Ils ne savent ni le grec ni l'hébreu. Les prédicateurs dominicains qui s'inspirent des textes de simplification établis par les théologiens n'hésitent pas « à convertir en vraies farces les paroles de la Bible ». Le plus célèbre mystificateur du temps est le prédicateur franciscain Menot qui n'hésite pas à paraphraser les sermons du Christ ! Prêchant le carême à Paris, il égrène les versets bibliques sur une gamme musicale, en se servant de leur syllabe initiale, *ut, ré, mi, sol...* Le cordelier Maillard, idole des publics parisiens, ne retient des textes que leur puissance métaphorique et berce d'images ses auditoires. Lefèvre s'en indigne et admire fort le prédicateur de Strasbourg, Geiler de Kaysersberg, quand il dit « qu'il n'est pas bon de boire l'eau de la parole divine selon son bon plaisir et sans mesure ». Plus de récits imagés, plus de pieuses légendes, il faut « lire l'Ecriture grâce à l'Ecriture et la comprendre par rapport au Christ ». Voilà la révolution.

Celui qui mène la bataille n'est pas seulement un exégète des textes sacrés. Il est à son époque le premier commentateur d'Aristote sur la place de Paris. Ses cours au collège du Cardinal-Lemoine, probablement suivis par Briçonnet, sont d'une lumineuse clarté. Ce professeur réputé publie des manuels de grammaire, de sciences naturelles, de mathématiques et de musique. Il a pour protecteur et mécène le chancelier de France Jean de Ganay. Il est depuis 1507 l'ami de Briçonnet et il l'accompagne à Rome. Quand Guillaume prend la succession de son père comme abbé de Saint-Germain-des-Prés, il attire Lefèvre dans la célèbre abbaye, qui refusait la Réforme, et bataille avec lui pour faire céder les moines, qui ont fait procès devant le Parlement. Depuis 1505, Lefèvre est sans cesse en contact avec Briçonnet; il est naturel que l'évêque lui demande de venir à Meaux. Personne, en France, n'a plus de prestige pour conduire une bataille missionnaire que celui qui, depuis vingt ans, mène contre la Sorbonne la bataille humaniste.

« *Idiotae rapiunt caelos* », écrivait à la dernière page d'un livre le bon Lefèvre paraphrasant saint Augustin. C'est vrai, les « idiots » se sont dressés et ils ont pris le ciel. La vérité est à la portée de tous, il ne faut pas se lasser de le répéter, à condition qu'on ouvre les yeux pour la voir, qu'on y consacre toutes ses forces et qu'on déploie tout son talent pour obliger les autres à voir ce que les simples savent : que toute science est vaine si elle éloigne de Dieu. Le savant professeur parisien, l'auteur des *Commentaires sur les Psaumes* et des *Commentaires sur les Epîtres de saint Paul*, accusé d'hérésie par la Sorbonne pour son interprétation des « Trois Marie », est à sa place à Meaux. Le protégé de Marguerite de Navarre était surveillé de près par le censeur de la Sorbonne, Noël Beda. Il était temps qu'il prît le large. Il travaillera plus tranquillement à Meaux, bien protégé dans le fief de l'évêque Guillaume. Mais Lefèvre ne vient pas là pour se cacher. Le vieil homme est nommé vicaire général et administrateur de l'Hôpital. Il ne vit pas au milieu des livres, mais parmi les pauvres et les malades. Il n'est pas en retraite, il est en mission.

Etrange mission : il s'agit de faire la preuve, à Meaux, qu'une réforme est possible, comme l'entendent les évêques, une réforme des mœurs du clergé. A Rome, Briçonnet a beaucoup espéré, comme tant d'autres, du pape Léon X, ami des humanistes, adepte de l'esprit nouveau. Il a été déçu. Le pape n'a pas résisté au climat empoisonné de Rome, aux intrigues des familles, à l'affrontement des grands intérêts. Pourquoi ne pas tenter, à l'échelle d'un évêché, la grande œuvre que la chrétienté attend ? Pourquoi ne pas affronter la nécessaire reconquête des âmes, alors que jour après jour les privilégiés de l'Eglise s'éloignent un peu plus de la masse des fidèles ?

Lefèvre réunit une équipe : ses amis de toujours. Vatable, Picard comme lui, lecteur d'hébreu au collège des lecteurs royaux, est nommé curé de Quincy et chanoine à la cathédrale. Gérard Roussel, futur évêque d'Oléron, est nommé par Briçonnet curé de Saint-Saintain, puis trésorier de la cathédrale. L'évêque confie une autre paroisse proche à Pierre Caroli, originaire de Rozay-en-Brie, et prédicateur célèbre. L'éminent Jean Lecomte de La Croix, est recruté ainsi que le fidèle élève de Lefèvre, Mazurier, pour faire des tournées de prêches dans les campagnes.

Certaines recrues du vieil humaniste sont engagées déjà dans la bataille religieuse et passent pour avoir des opinions proches des réformateurs allemands : Michel d'Arande, par exemple, que Briçonnet avait envoyé comme lecteur biblique à Marguerite d'Alençon et à sa mère, la reine Louise, et qui ne passait pas pour un adepte du culte des saints..., ou Guillaume Farel, collègue de Lefèvre au collège du Cardinal-Lemoine, qui, en raison de ses idées sur le purgatoire, avait la réputation d'être l'esprit le plus dangereux du groupe. Certains jeunes écoutaient volontiers ses propos et approuvaient sa violence : Jacques Pavannes, par exemple, Mathieu Saulnier, prêtre de Meaux, ou le Suisse Henri Lorit.

Ces «bibliens» que leurs adversaires de la Sorbonne qualifiaient de «bélîtriens» (les gueux) formaient un groupe de réflexion que les gens venus de Paris visitaient fréquemment. On a la preuve du séjour à Meaux, en 1521, de Marguerite d'Alençon et de sa mère, la reine Louise de Savoie. Mais les principaux visiteurs reçus en permanence dans l'évêché étaient les étudiants parisiens attirés par Lefèvre et Farel, qui brûlaient de se dévouer pour la réussite de l'expérience. Ils y rencontraient, bizarrement, des gens de Meaux curieux de nouveautés, des bourgeois et marchands intrigués, et aussi des gens du peuple qui étaient de plus en plus attentifs aux prêches de l'évêque et de ses étranges amis. Certains devaient se joindre au groupe et devenir eux-mêmes prédicateurs : Nicolas Le Sueur, par exemple, agent du fisc royal, ou Pierre et Jean Leclerc, cardeurs de laine.

Les idées de Lefèvre se trouvaient amplifiées, et en même temps simplifiées, dans le milieu insolite de l'évêché où la passion apologétique prenait les formes les plus concrètes. «Attachons-nous, disait-il, au seul Christ et à la doctrine apostolique. Le reste est peut-être plus superstitieux que religieux.» Lefèvre se gardait de porter condamnation sur les pratiques du culte, mais ses disciples allaient bon train. Ils dénonçaient allégrement le culte des saints. «Attribuer du mérite aux œuvres, disait Lefèvre, c'est presque avoir l'opinion de ceux qui croient que nous pouvons être justifiés par les œuvres.» Pourtant, il s'occupait avec zèle des pauvres de l'Hôpital. Ses disciples dénonçaient avec violence la pratique des ventes d'indulgences. Lefèvre disait que les aumônes et les pèlerinages n'étaient pas l'essentiel de la foi. Il ne les condamnait pas pour autant. Il osait écrire, sur les «Trois Marie», que sainte Anne n'avait eu ni trois époux successifs ni trois filles, et qu'en réalité il existe trois femmes différentes portant le nom de Marie. Certes, il s'aliénait la Sorbonne, qui pensait le contraire, mais il ne condamnait pas le culte marial. Briçonnet, pour sa part, avait traduit les *Contemplations de Raymond Jourdain en l'honneur de la Vierge*. Il les avait même dédiées, en 1519, à l'abbesse et aux religieuses de Faremoutiers, un monastère de son diocèse. En revanche, il approuvait Clichtove quand celui-ci disait que l'intelligence est amour et que la bêtise engendre la haine. « Ceux qui sont employés à chanter les louanges divines sont tombés dans une telle ineptie qu'il s'en trouve un bien petit nombre à comprendre complètement et exactement ce qu'ils lisent ou ce qu'ils chantent. Loin de développer l'esprit religieux, cette inintelligence dessèche le cœur. »

Cet appel à l'intelligence, à la vérité de la foi, au sentiment sincère, pouvait être entendu de tous, pourvu que l'on parlât un langage simple. Briçonnet avait l'ambition d'être cet évêque populaire, proche du peuple, que devait reconnaître en lui Marguerite d'Alençon. « Il est, disait-elle, l'évêque de tout le monde, à l'image du grand évêque et prêtre éternel dont il est le ministre. » Plus d'évêque-seigneur, ni docteur, ni censeur. Il devait être l'égal des autres fidèles devant Dieu, s'il voulait que l'Eglise retrouve sa force évangélique, celle des premiers temps.

A l'abri de la protection royale et de celle, sans cesse affirmée, de Marguerite, sœur du roi, le groupe se lance dans son œuvre missionnaire. Lefèvre se met au travail. Il commente les quatre Evangiles, traduit tout l'Ancien Testament et les Psaumes en langue française, surveille l'édition des Homélies, des Epîtres et des Evangiles dominicaux. La première édition des *Commentarii initiatorii in quatuor Evangelia* est datée du mois de juin 1522, à Meaux. De fait, l'évêque avait fait installer une imprimerie dans la ville, pour éditer les ouvrages religieux. Les livres de Lefèvre n'étaient plus dédiés à un puissant protecteur ou mécène, selon l'usage de l'époque, mais aux « fidèles chrétiens ». Il avait à dessein éliminé les notes critiques, les remarques philologiques, pour ne pas alourdir le texte et lui rendre toute son importance. L'édition populaire devait permettre aux prédicateurs de s'appuyer sur des textes clairs, mais incontestables, publiés en français, car, disait Lefèvre, « il convient d'avoir le souci de chacun, qui a connaissance de la langue gallicane, et non point du latin».

On explique les Ecritures ainsi traduites d'abord dans des cercles restreints, fréquentés par des bourgeois, des gens de lois, des officiers ou des clercs venus de Paris. Puis on publie sur les presses de l'éditeur-imprimeur parisien Simon de Collines des tracts, des pamphlets, des prières en langage simple. On les distribue à la population. Les prêches dans les églises connaissent un succès croissant, au point qu'ils ont bientôt lieu dehors, sur les parvis. Le ton des prédications surprend : les fidèles ne sont plus accusés de tous les péchés ni menacés de l'enfer. On ne sollicite plus leur concours financier pour la restauration d'une église. Il n'y a plus de quêtes. Les prédicateurs lisent et commentent les textes établis par Lefèvre. «Le Seigneur, disait-il, veut qu'on prêche l'Evangile à toute créature. Ceux qui en interdisent la lecture au simple peuple rendront compte de leur conduite devant le tribunal de Dieu.»

Qui parle d'interdire? «Le roi et Madame, écrit à Briçonnet Marguerite d'Angoulême, ont bien délibéré de donner à connaître que la vérité de Dieu n'est point hérésie. Plus que jamais le roi et Madame sont affectionnés à la réformation de l'Eglise.» Lefèvre écrit à Farel : «Le Nouveau Testament traduit en français a été accueilli avec un empressement extraordinaire par le simple peuple, auquel, dans notre diocèse, on le lit les dimanches et jours de fête. Le roi a écarté les obstacles que quelques personnes voulaient mettre à la diffusion de cette parole...» et il ajoutait : «Tu ne saurais croire quelle puissance, en quelques endroits, Dieu incline l'esprit des peuples vers sa parole, depuis la publication de nos livres en français.»

Des obstacles? Ils ne viennent pas du roi ni de la cour, mais de la Sorbonne. Le succès des prédications se confirme dans tout le diocèse. La mission est en passe de réussir. Les écrits de Lefèvre et de l'imprimerie de Meaux gagnent en Picardie proche. On raconte que des ouvriers agricoles venus de Thiérache pour faire les moissons dans la plaine de Gonesse, près de Meaux, sont repartis chez eux avec les principes évangéliques et qu'ils les ont transmis dans les villages de la région de Vervins. Après chaque prêche dominical, Roussel et ses amis réunissent les assistants, des ouvriers, des peigneurs de laine ou des cardeurs. Ils leur distribuent des livres en français sortis des presses de Meaux. Des moines augustins d'un monastère de Livry-en-Aulnois (aujourd'hui Livry-Gargan), et qui sont de l'ordre de Luther, se reconnaissent dans les écrits de Lefèvre et répandent ses idées dans leurs campagnes.

Pourtant Luther n'est pas encore connu en France, même si l'on a appris par les récits des voyageurs (Meaux est sur la route de Strasbourg) les événements d'Allemagne. On sait qu'il a affiché en octobre 1517 ses 95 thèses sur les portes de la chapelle du château de Wittenberg. On sait qu'il a rompu avec le pape en 1520, puis, l'année d'après, avec l'Eglise et l'empereur. C'est entre 1520 et 1530 que va se constituer la doctrine de Luther : le retour à l'Evangile, la suppression de presque tous les sacrements, les proscription du culte de Marie et des saints, la mise en question des œuvres et des indulgences, l'abolition des vœux monastiques et du célibat des prêtres. Le nom de Luther semble connu à Meaux dès 1518, mais ses écrits ne sont pas lus, sauf par les quelques humanistes qui ont pu se procurer, venant d'Allemagne, ses ouvrages en latin ou en allemand. Zwingli, qui prêche en Suisse une réforme plus dure encore que celle de Luther, puisqu'il nie la présence réelle de Dieu dans le sacrifice de la messe, n'est pas connu au-delà de Strasbourg.

Bien entendu, Lefèvre et Farel sont au courant des progrès de ces deux mouvements de réforme, dès que les nouvelles peuvent permettre d'en juger. Luther connaît Lefèvre. Il le qualifie, en 1521, de «pilier d'érudition et d'intégrité». Le groupe de Meaux, à cette date, a réussi à se procurer ses livres, probablement par Strasbourg. Il en discute passionnément les thèses. D'ailleurs, les libraires parisiens fréquentent les foires de Francfort. Froben, imprimeur allemand, indique en 1519 qu'il fait imprimer 600 ouvrages pour la France.

Bien que Luther soit condamné par la bulle papale du 15 juin 1521, les étudiants parisiens, à cette date, peuvent lire ses livres. La Sorbonne finit par avoir toutes les raisons de s'émouvoir. Les censeurs vont faire l'amalgame, dans leur condamnation des livres sulfureux, entre les écrits des réformateurs allemands et ceux, publiés en français, de Lefèvre d'Etaples. La Faculté de théologie condamne solennellement, en avril 1521, les doctrines luthériennes. Les étudiants protestent, écrivent des libelles et des chansons contre le censeur responsable, le médiocre Noël Beda qui a profité de l'occasion pour faire condamner le livre de Lefèvre sur les «Trois Marie».

La condamnation de l'Université ouvre en France l'ère de la violence. Désormais, l'école de Meaux devient suspecte. Ses écrits sont passés au crible, ses prêches espionnés. On attend Briçonnet à l'œuvre.

Cet évêque de cour est avant tout le serviteur fidèle du roi. Il ne peut œuvrer qu'avec son appui, et sûr de son approbation. Il sait que des bruits alarmants circulent dans Paris. Libéral, mais libertin, le roi est surpris par le ton de moralité triste, puis d'agressivité à l'allemande, qu'emploient les prédicateurs de Meaux. N'ont-ils pas fait défense aux habitants de danser, de jongler, de jouer aux portes des églises les dimanches et jours de fête ? François Ier ne veut certainement pas d'un Savonarole français, et Farel, avec ses violences verbales, entraîne le groupe sur une mauvaise pente. On rapporte de lui des paroles qui font peur. La tendre Marguerite, sœur du roi, qui écrit en vers français son amour pour les Ecritures n'a certes rien d'une iconoclaste. Briçonnet comprend qu'il doit prendre ses distances par rapport à tous ceux qui, dans son groupe, seraient fascinés par l'exemple allemand. Il doit faire taire les nouveaux «chiens du Seigneur» qui veulent mettre au bûcher tous les anges et les saints du paradis...

La condamnation de Luther par le pape est un fait de

première importance que l'évêque ne peut négliger. Certains de ses compagnons proches ne manquent pas de le lui rappeler : il ne doit pas se laisser entraîner sur la pente de l'hérésie. Dès 1520, Clichtove fait défection. Le plus fidèle ami de Lefèvre s'éloigne de lui. Il prépare fébrilement un ouvrage sur le culte des saints ! Il participe sans doute aux réunions des théologiens de la Sorbonne qui dressent la liste des erreurs de l'hérésie. Il multiplie les déclarations de loyauté à l'Eglise et va jusqu'à condamner publiquement l'illusion de Briçonnet et de Farel. On ne peut rêver d'instruire le peuple, dit-il, sur des vérités tellement inaccessibles que les plus doctes, pour les décrire, y perdent leur latin. «L'intelligence des laïques ne pourra jamais comprendre écrit-il, le sens sublime enfermé dans les livres divins. Si des hommes, versés depuis leur enfance dans l'étude du latin, et aidés par les commentaires des docteurs orthodoxes, peuvent à peine saisir ce sens sublime, comment pourraient y parvenir des esprits vulgaires et inexpérimentés, qui n'ont jamais pratiqué la lecture des textes sacrés et n'en ont jamais reçu l'explication ? » L'Ecriture, comme la philosophie, comme la culture, ne se peut transmettre au vulgaire. Que le peuple, dans les églises croie comme par le passé à la Sainte Vierge et aux saints. Par quoi remplacer les images?

Est-ce la fin d'une aventure spirituelle ? Briçonnet ne veut pas y coire. Après le printemps de Meaux, faut-il revenir au règne des censeurs et plier l'échine devant les parlementaires soupçonneux ? Vite, se dit l'évêque, allumons le contre-feu, sauvons ce qui peut l'être encore, condamnons Luther, pour éviter d'être nous-mêmes condamnés.

Le 15 octobre 1523, il publie et fait afficher deux décrets synodaux adressés aux fidèles et au clergé du diocèse. Il est interdit d'acheter, de posséder et de lire «les livres de Martin Luther ou ceux dont il passe pour être l'auteur». Ce texte est destiné à désarmer la Sorbonne. L'évêque poursuit sa mission, il continue à faire imprimer et à répandre les Ecritures en langue française. En 1523, paraissent, chez Simon de Collines, l'*Evangile*, les *Epîtres*, les *Actes des Apôtres* et, en 1524, les *Psaumes*. En 1525, sortent des presses les manuels de vulgarisation pour les fidèles, les *Epîtres et Evangiles pour les cinquante-deux semaines de l'an*. Pendant tout l'été de 1524, Briçonnet fait donner des lectures publiques de ces textes dans les paroisses de son diocèse. Il les fait distribuer à ses frais. S'il renvoie Farel, qu'il juge compromettant en raison de ses prêches provocateurs, il désigne quatre «lecteurs» chargés de parcourir le diocèse pour veiller à la propagation des nouveaux textes. Partout, les fidèles se réunissent pour lire la Bible, chanter les psaumes, commenter les Evangiles. Les traductions de Lefèvre gagnent les campagnes et de proche en proche, circulent dans les provinces plus éloignées : on en trouve en Champagne, en Normandie, dans la vallée de la Loire, et naturellement dans Paris. Des imprimeurs parisiens sortent ses prières en français. L'acte politique de l'évêque Briçonnet n'a donc nullement interrompu l'œuvre missionnaire.

Il est vrai que Briçonnet est de nouveau débordé par son groupe : bien loin de dissuader ceux que l'on appelle les «évangélistes» de Meaux de s'intéresser aux réformateurs allemands, les mesures prises par l'évêque les en ont rapprochés. Une lettre de Roussel à Farel en exil, datée du 6 juillet 1524, en fait foi : «Lefèvre a bien reçu les ouvrages de Lenicerus et de Zwingli. Plût à Dieu que la France possédât beaucoup d'hommes pareils à ces deux-là.» Un autre ami de Lefèvre, Jacques Pauvant, écrit en 1524 à Farel : «Lefèvre demande si la Bible de Martin Luther est déjà imprimée. Roussel demande s'il pourrait faire imprimer à Bâle un *Commentaire sur l'Epître aux Romains*.» Quant à Lefèvre, il continue sa besogne d'éditeur. «Maintenant le temps est venu, dit-il, que Notre-Seigneur Jésus-Christ, seul salut, vérité et vie, veut que son Evangile soit purement annoncé par tout le monde, afin qu'on ne se dévoie plus par autres doctrines des hommes.»

La population du diocèse fait un accueil de plus en

plus favorable aux nouveaux prédicateurs. On peut en tenir pour preuve les méthodes utilisées par leurs adversaires, ceux dont ils ont pris la clientèle, les cordeliers. Ils entreprennent une violente campagne contre l'évêque qui les a chassés des chaires. Des placards sont affichés sur la cathédrale, en 1524, traitant Briçonnet de luthérien. On en trouve également sur les murs de la ville. Il s'agit d'inquiéter la population, de la séparer de son évêque.

N'est-il pas contraint, par sa fonction, d'afficher lui-même les textes venus de Rome ? En décembre 1524, il doit faire connaître les bulles du nouveau pape Clément VII qui a publié de nouvelles indulgences et ordonné un jeûne de trois jours, pour son pardon, dans toute la chrétienté. Des indulgences, à Meaux ? C'est une provocation, dont l'évêque a dû se rendre complice. Les gens du peuple s'en indignent. De quel côté est donc Briçonnet ? Il exile Farel, il affiche les bulles du pape. On les lacère publiquement. On les remplace par des placards où le pape est injurié, dénoncé comme antéchrist.

Meaux est entrée dans l'illégalité. Les officiers royaux ont enfin un prétexte pour justifier la répression. De Paris, on apprend que les cordeliers ont eu gain de cause : Briçonnet sera poursuivi devant le Parlement.

En l'absence du roi, prisonnier à Pavie, la première persécution se déchaîne, et fait des coupes sombres dans le groupe de Meaux. A Paris, on assimile «fabristes et luthériens». *Le Religieux de Saint-Victor* écrit en 1525 : «En ce mois ci y eut émeute à Cardinal-Lemoine à cause d'aucuns luthériens qui y étaient et pullulait fort la mauvaise doctrine, de laquelle on estimait être fauteur Monsieur de Meaux.» Il écrit encore un peut plus tard : «En ce temps régnait fort cette maudite secte des luthériens et principalement en l'évêché de Meaux.» *Le Bourgeois de Paris* remarque, à la même époque : «La plus grande partie de Meaux était infectée de la fausse doctrine de Luther, et disait-on d'un nommé Fabry, prêtre, étudiant avec autres, était cause desdits embrouillements, et entre autres choses, qu'il ne fallait pas avoir dans les églises aucunes images, ni prendre eau bénite pour effacer ses péchés ni prier pour les trépassés. » Farel a raconté, dans l'*Epître au duc de Lorraine*, les violences extrêmes et les provocations des moines prêcheurs. « Alors moi et tous les autres, lui aurait dit un jacobin nommé de Roma, nous soulèverons le peuple et, si le roi permet la prédication de notre Evangile, nous prêcherons une croisade contre lui et nous le ferons chasser par ses propres sujets de son royaume. » Ce fanatique aurait aussi déclaré, parlant de Marguerite d'Angoulême : « Quant à la sœur du roi, elle a mérité qu'on la jette dans un sac à la rivière. »

A Meaux, Briçonnet tente en vain d'apaiser les esprits. Il a donné l'ordre à ses prêtres de lire de nouveau les prières pour les morts et d'invoquer la Vierge et les saints. Il a ouvert les chaires aux cordeliers, dans un but de réconciliation. Il a interdit les prêches à Michel d'Arande et à Roussel, les plus violents des prédicateurs. Il a pris lui-même sous sa protection les statues et images des saints. Cela indique suffisamment les tendances des évangélistes, déchaînés par la persécution dont l'évêque se rend, en somme, complice.

Les provocations et les agressions se multiplient. Qui sont les responsables des événements de janvier 1525 ? On lacère à coups de couteau et avec la pointe de l'épée des formules de prières à la Vierge placées dans la cathédrale par Briçonnet. Les déprédateurs sont-ils les amis de Jean Leclerc ou les cordeliers ? Le culte de Marie était celui qui donnait le plus prétexte à des manifestations d'« idolâtrie ». Ce que les curés taxaient de foi naïve et sincère apparaissait aux yeux des évangélistes comme le comble de la superstition. Les chapelets, médailles et images vendues par les cordeliers étaient le symbole de ce qu'ils détestaient dans la pratique romaine de la religion. L'effort principal de la prédication évangélique, dans son souci de ramener les âmes au Christ, était de les détourner, au besoin par le terrorisme — pensaient les amis de Farel et de Leclerc —, de ces pratiques pernicieuses. Il fallait en finir avec le bric-à-brac papiste et rendre le peuple adulte.

En 1525, tous les éléments du drame sont en place. Les cordeliers sont de nouveau présents dans Meaux, où il réveillent les passions populaires. Les évangélistes ont affirmé leur volonté de poursuivre, en dépit des brimades, leur tâche de prédication. Les plus avancés d'entre eux veulent répondre aux mauvais coups sans faiblir. Désormais, les idées de Lefèvre sont affichées par des militants qui ne demandent qu'à être des martyrs. Quand on fouette publiquement Jean Leclerc, accusé d'avoir affiché ces placards contre le pape, les ouvriers de la laine se sont reconnus dans la victime. Il a été promené trois jours dans la ville et marqué au fer rouge d'une fleur de lis au front. Sa mère, qui assistait au supplice, aurait crié : «Vivent Jésus-Christ et ses enseignes!»

Crespin rapporte que le succès de la prédication était tel, dans ce diocèse, que les familles les plus humbles étaient touchées. L'évêque avait fait distribuer gratuitement des Evangiles. «Tout le monde, dit-il, s'empressa de le lire et, dès lors, il s'engendra un ardent désir de plusieurs personnes, tant hommes que femmes, de connaître la voie du salut récemment renouvelée tellement que les artisans, comme cardeurs, peigneurs et foulons, n'avaient autre exercice en travaillant de leurs mains que conférer la parole de Dieu et se consoler en icelle.» Et de rapporter les paroles recueillies dans les ateliers de Meaux : «A quoi peuvent nous servir les saints et les saintes, qui ont peine à suffir à eux-mêmes? Notre seul médiateur est Christ?» Dans les villages, on prétend que les paysans emportaient dans les champs les Evangiles, et que ceux qui savaient lire entretenaient les autres «du royaume de Dieu». Les témoignages de piété populaire sur cette époque abondent. Mais on signale aussi, en 1526, une certaine méfiance des paysans qui se défont des livres distribués par l'évêque, sans doute par crainte des persécutions. C'est un curé du diocèse, nommé Jean Tullard, qui le dit à Briçonnet : « La misère force un certain nombre de mes paroissiens à vendre leur Nouveau Testament. » La misère, ou la peur des bûchers ?

Autre témoignage, rapporté cette fois, près de cent ans plus tard, par un historien de l'hérésie, Florimond de Raymond : « Les premiers qui entendirent la vérité furent orfèvres, maçons, charpentiers et autres misérables gagne-deniers — voire même ceux qui n'avaient jamais manié que la charrue et bêché la terre — devinrent en un moment d'excellents théologiens. Les uns évangélisent, se forgent eux-mêmes leur foi et font dire à l'Ecriture ce qui leur plaît, s'ingèrent dans le sacré ministère. C'est un cardeur de laine, Jean Leclerc, qui fut le premier martyr de France..., puis vint son frère Pierre Leclerc, grand clerc qui ne savait que la langue de sa nourrice, devenu grand théologien en filant et cardant la laine, appelé au ministère par les cardeurs, foulons et tisserands, comme si, dans la maison de Dieu, il appartenait au peuple de créer des officiers, les intendants et les magistrats ecclésiastiques, voire même à chacun. » C'est vrai pour Pauvant, pour Leclerc, pour Farel. Comme le rappelle Mousseaux : « Quiconque prêche l'Evangile est prêtre au sens évangélique. » Il n'y a plus de hiérarchie dans le clergé, plus de prêtrise : « Ils donnent la sainte cène à leurs fidèles, ils sont ministres de la parole de Dieu. » Les mises en demeure de l'évêque ne sont plus entendues dans le quartier du Marché, peuplé d'artisans. Avec le temps des martyrs, vient celui de la révolte : le pas est franchi, définitivement.

Il n'y a pas, comme on l'a dit, de résignation chez les « doux évangélistes ». Que fait Leclerc après son premier supplice ? Il file à Rozay-en-Brie, le pays de Caroli, où il trouve des fidèles pour le cacher. Puis il gagne Metz où il se signale par des actions violentes. Il brise des statues de la Vierge. On l'arrête. Il subit un effroyable supplice. Il est condamné à avoir le poing coupé, on lui arrache le nez avec les tenailles, puis les bras, les cuisses et la poitrine. On le brûle enfin à petit feu. Il continue, tant qu'il en a la force, à réciter des versets des psaumes.

La persécution s'abat alors sur toute la France. Dès 1523, on a brûlé à Paris Jean Vallière, venu de Falaise. En l'absence du roi, la régente, sa mère Louise de Savoie, cède à la pression de la Sorbonne et du Parlement. A sa demande, une bulle du pape, de mai 1525, attribuait à trois parlementaires et à un curé de Paris le soin de rechercher et de faire arrêter les suspects d'hérésie. Ils devaient les juger sans leur laisser de possibilité d'appel, même en cour de Rome, «de quelque dignité qu'ils fussent illustrés, ecclésiastique, épiscopale ou même archiépiscopale, laïque, même ducale». Cette bulle mettait à la merci de la justice aussi bien la duchesse d'Angoulême que l'évêque Briçonnet. Le groupe de Meaux était prévenu : il n'y aurait plus de protection officielle, on venait de créer une justice expéditive.

Elle fit merveille : à Meaux, Jacques Pauvant, arrêté une première fois, s'était rétracté. «La tête nue, raconte *Le Bourgeois de Paris*, et tenant la torche de cire ardente, devant la grande église de Notre-Dame, criant Dieu à merci et à Notre-Dame, de ce qu'il avait dit en suivant la secte de Luther ; et furent brûlés devant lui aucuns livres qu'il avait translatés de latin en français tenant le parti dudit Luther, lesquels il lut de mot à mot, en déclarant qu'ils étaient faux et damnables ; et de là il fut mené pour être par long espace de temps prisonnier en la prison des Célestins au pain et à l'eau.» Libéré après sa rétractation, Pauvant avait un tel regret d'avoir trahi sa foi qu'il reprit de plus belle ses prêches. On l'arrêta de nouveau, et cette fois il fut brûlé en place de Grève. Il harangua les témoins de son supplice avec une telle efficacité qu'un docteur de la Sorbonne, Pierre Cornu, dit qu'il «vaudrait mieux avoir coûté à l'Eglise un million d'or et que l'on n'eût jamais laissé parler Jacques Pauvant».

Saulnier, arrêté avec Pauvant, échappa au supplice et

fut libéré par la suite. Lefèvre, Roussel et Michel d'Arande ne durent leur salut qu'à la fuite. Caroli fut poursuivi, Mazurier fut arrêté. Il put sortir de la Conciergerie après s'être rétracté, mais il fut de nouveau arrêté peu après pour avoir brisé en mille morceaux une statue de saint François stigmatisé, à la porte d'un couvent des cordeliers. Il était sur le point d'être condamné au bûcher quand il fut sauvé par une intervention de Marguerite d'Angoulême.

Elle avait fait elle-même le voyage de Madrid pour demander à son frère prisonnier d'épargner les évangélistes et d'arrêter les poursuites du Parlement. De fait, François Ier avait écrit une lettre en faveur de Lefèvre, pour dire qu'il «l'avait en telle opinion et estime que nous ne voudrions point en rien qu'il fût calomnié, molesté ou travaillé à tort [torturé] en notre royaume, pays et seigneuries». Le roi avait demandé qu'on suspendît toute procédure jusqu'à son retour. Le Parlement avait protesté auprès de la reine mère contre cette intervention royale et n'en avait tenu aucun compte. Lefèvre avait dû prendre le chemin de l'exil.

A Meaux, cependant, des disciples obscurs continuaient le combat pour l'Evangile. Le récit des martyres des évangélistes alimentait désormais les prêches, devenus clandestins. Chacun brûlait de participer à l'action. On voit, en 1528, une foule de gens inconnus s'approcher de la cathédrale de Meaux : ils affichent une bulle en français à la gloire de Luther, prétendument signée du pape Clément VII. L'évêque, scandalisé par cette provocation, en fait rechercher les auteurs. L'enquête de police lui livre huit coupables, hommes et femmes, petites gens de Meaux auxquels il ordonne de faire amende honorable. Tous acceptent, sauf deux récalcitrants. Ceux qui ont accepté sont marqués de la fleur de lis au front et promenés trois jours, comme jadis Jean Leclerc, à travers la ville. Deux inconciliables s'obstinent, l'un surtout, nommé Denys de Rieux, de May-en-Multien. La messe, dit-il à haute voix, «est un vrai renoncement de la mort et Passion de Jésus-Christ». Il est traîné sur une claie à travers les rues de Meaux avant d'être brûlé vif. Voilà Briçonnet du côté des bourreaux.

La même année, deux autres hérétiques sont brûlés dans Paris. Le premier, Philippe Papillon, était chanoine à la cathédrale de Meaux. Le second, natif de Meaux, était batelier sur la Seine. Il était accusé d'avoir dit publiquement que la Vierge Marie «n'avait non plus de puissance qu'une image d'icelle qu'il tenait et rompit par dérision». La justice du roi avait décidé d'éliminer les iconoclastes. Que pouvait faire un évêque, quand ses fidèles martelaient, au fronton de sa cathédrale, la tête de la Vierge ?

Briçonnet n'est, du reste, pas en position de pouvoir défendre ses brebis perdues. Il est lui-même, depuis 1525, mis en accusation devant le Parlement de Paris, sur plainte des cordeliers, pour avoir permis à l'hérésie de se propager dans Meaux.

Rien ne lui est épargné. Convoqué en octobre, il demande à être interrogé non par les conseillers réunis en comité restreint, mais par toutes les chambres. Il veut une défense publique ; on le contraint au huis clos, devant des commissaires haineux. Il doit immédiatement déposer 200 livres parisis en provision pour frais, sous peine d'être «contraint par saisissement de son temporel et autres voies dues et raisonnables».

La Sorbonne fait pression sur les juges pour qu'ils restent sourds aux interventions du roi en faveur de Briçonnet. Elle souhaite un arrêt du Parlement qui mette fin à la diffusion des livres nouveaux, réputés dangereux, surtout ceux de Lefèvre d'Etaples. Le procureur général demande que les livres interdits soient enfermés, à Meaux, dans une chambre forte pourvue de deux clés, dont l'une serait remise à l'évêque et l'autre en permanence entre les mains du Parlement. Faute de mettre Lefèvre à l'index, veut-on mettre ses livres en prison ? Les commissaires suggèrent, dans l'immédiat, que tous ses ouvrages soient envoyés devant la Faculté de théologie pour examen. Lefèvre pourra se défendre : le roi vient de l'autoriser à rentrer en France, ainsi que Roussel. Briçonnet est interrogé personnellement, à plusieurs reprises, sur le *Livre des cinquante-deux dimanches*. On lui demande s'il en a encouragé la diffusion.

Les autres évêques de royaume se gardaient bien de le défendre. Les autorités ecclésiastiques étaient frappées par les progrès de l'hérésie en Allemagne et jugeaient sévèrement l'expérience de Meaux, qu'ils accusaient de faire le lit du luthéranisme en France. Les amis de Lefèvre n'étaient-ils pas allés jusqu'à abolir la hiérarchie, mettre en question des sacrements et finalement briser les statues? Certes, Briçonnet n'avait pas protégé les extrémistes, mais il leur avait permis de s'exprimer et de s'organiser. Chaque fois que l'on brisait une statue de la Vierge, on en rendait Briçonnet responsable. Les iconoclastes provoquaient la colère populaire, et les évêques hostiles aux réformateurs de Meaux s'appuyaient sur la croyance très largement partagée dans la Vierge et les saints pour condamner les évangélistes, au nom de la paix sociale. Ne fallait-il pas redouter la colère du peuple contre tous ceux qui refusaient de rendre un culte aux «trépassés»? Non contents de déranger les vivants dans leurs habitudes superstitieuses, les évangélistes allaient-ils troubler le repos des morts?

L'atteinte à la hiérarchie était, pour les hauts dignitaires, le péché suprême. Si tous les hommes pouvaient distribuer les sacrements, et commenter la parole divine, à quoi bon les ministères? Plus de hiérarchie, plus de seigneurie, l'Eglise tout entière était mise en question dans son système temporel et privilégial. Les manants risquaient de prendre exemple sur les paysans d'Allemagne, de refuser de payer la dîme et de brûler les terriers. A Meaux, vieille terre de jacquerie, la ville basse, celle du marché, n'allait-elle pas prendre sa revanche contre la ville haute du seigneur-évêque? On raconte que Briçonnet avait fait construire une porte sur le pont qui séparait les deux villes et que les bourgeois du haut, par dérision, avaient fait sculpter sur cette porte deux images de singes qui montraient leur cul aux gens du marché. On l'appelait la «porte aux Singes». Moins de vingt ans plus tard, il avait fallu la démolir. Les tanneurs et les cardeurs de laine n'avaient pas trouvé la plaisanterie à leur goût.

Comment Briçonnet, seigneur de la Haute Eglise, héritier de la fortune de son père le cardinal, pouvait-il ainsi trahir sa caste? Les évêques, réunis en 1528 au concile de Sens, se posaient la question. Ils demandaient des supplices pour les hérétiques, des condamnations spectaculaires. Sans doute avaient-ils fait, à la fin du concile, quelques recommandations dans le goût du temps: quarante articles se proposaient de réformer les abus, d'obliger les curés à résidence, de faire observer les règles dans les monastères. Mais l'essentiel des actes du concile portait fermement condamnation des hérétiques de Meaux, baptisés luthériens. «Ces hommes nauséabonds, avaient écrit les bons pères, vomissent des outrages si répugnants et si fétides qu'ils semblent s'être donné pour but de souiller et contaminer la face de l'Eglise, jusque-là sans tache.» C'était le langage de la violence: on relevait, parmi les erreurs damnables des «fabrisiens», ou «fabristes», la «correction» de l'Ecriture sainte, mais surtout la faculté donnée à tous les chrétiens d'être des pasteurs, et la répudiation du célibat des prêtres. On réaffirmait la valeur absolue de tous les sacrements, du culte de la Vierge et des saints, de la pratique des œuvres.

Les pères réunis au concile ne reculaient pas devant la menace. Ils rappelaient au roi, qui retenait le bras des parlementaires, que ses prédécesseurs chrétiens n'avaient pas craint de tirer le glaive pour détruire les hérésies. Ni Clovis ni Charlemagne n'avaient hésité à exterminer les arianistes ou les Saxons. Ils avaient, pour leurs œuvres, mérité pleinement le paradis. On ne pouvait plus clairement lancer à François Ier un appel à la répression.

Il eut très vite l'occasion de châtier. Le 31 mai 1528, au lendemain de la Pentecôte, «par quelqu'un, pire qu'un chien maudit de Dieu, fut rompue et coupée la tête à une image de la Vierge Marie, tenant l'image de Jésus entre les bras, étant contre une muraille, derrière le petit saint Antoine». Il a suffi de l'action d'un iconoclaste parisien anonyme pour que des violences inouïes se déchaînent...

Le lendemain, les trompettes du roi assemblent le peuple sur toutes les places. Ils promettent, à la criée, une récompense de 10 000 écus pour qui permettra de retrouver le coupable. Ils annoncent que le roi a fait remplacer la statue détruite par une statue d'argent.

Si l'on ne trouve pas le vrai coupable, on envoie au supplice une victime spectaculaire, l'égal de Lefèvre, l'humaniste Louis Berquin. Il avait été poursuivi, comme Lefèvre et les amis d'Erasme, par le censeur de la Sorbonne. A deux reprises, François Ier lui avait évité une condamnation devant le Parlement. Soupçonné d'indulgence pour Luther, blâmé par le pape, il y avait demandé réparation de ses précédentes mises en accusation et accusait à son tour Noël Beda, le censeur. Il avait été condamné à l'amende honorable et à la prison «entre deux murs de pierre». Il avait fait appel. En un jour, la cour l'avait envoyé au bûcher.

Le roi n'avait pas eu le temps d'intervenir. Il avait été placé devant le fait accompli. Le supplice de Berquin était une déclaration de guerre. Pour la première fois, on brûlait un homme célèbre, un humaniste connu de toute l'Europe. Il n'y avait plus désormais de recours pour les réformés. Ils ne pouvaient plus compter sur la protection du roi.

Briçonnet meurt en 1534 sans avoir assisté au supplice des derniers membres du cercle de Meaux. Ils étaient nombreux, au moins six cents, ceux qui en 1546 subirent la persécution. Il y avait parmi eux Pierre Leclerc, le frère de Jean, et Etienne Mangin. Quatorze avaient été condamnés au bûcher, pour avoir célébré dans la ville la cène à la manière protestante. A Meaux, la maison de Mangin était abattue, rasée, et l'on avait construit sur son emplacement une chapelle de la

Vierge où devait être célébrée une messe tous les jeudis à sept heures.

Seize ans plus tard, en 1562, un édit du roi abandonnait à la religion réformée tout un quartier de la ville basse : il y avait alors douze cents familles, qui voulaient vivre dans la même religion. L'évêque de l'époque, Mgr de Buzé, avait finalement reconnu qu'une église était devenue inutile dans ce quartier.

Ainsi, les censeurs de la Sorbonne avaient raison, en 1525, quand ils cherchaient à obtenir une condamnation de Briçonnet : ni la censure ni les bûchers ne devaient empêcher le «cénacle» de Meaux de s'installer dans la révolte et de déboucher sur la Réforme. Les enfants des cardeurs de laine étaient devenus des «huguenots». Ils voulaient changer les hommes en éliminant les prêtres. Ils voulaient arracher la religion à l'institution ecclésiastique. Si le roi, par goût des idées neuves, avait un moment encouragé le mouvement, les gardiens de l'ordre, le Parlement, la Sorbonne avaient réagi en temps utile : Lefèvre et Briçonnet n'avaient pu garder l'illusion que l'on pouvait être évangéliste sans mettre en question l'ordre du royaume. Il n'existait pas, dans la France de 1530, de principautés protestantes. L'ordre venait du roi seul, et les réformés, n'ayant pas de protecteurs, apparaissaient nécessairement dans le royaume comme des factieux. Ils devaient émigrer ou se cacher.

Lefèvre, pour sa part, avait trouvé refuge chez Marguerite d'Angoulême, devenue reine de Navarre. Le 29 janvier 1535, on avait allumé des bûchers sur les six places principales de Paris. Des corps de suppliciés y brûlaient à petit feu. Chaque place était une étape dans la grande procession expiatoire décidée par l'Eglise. Elle était conduite par le roi en personne, suivi de ses trois fils.

Lefèvre avait appris l'ampleur de la répression. Il savait que le roi en avait donné le signal. A un repas où assistait Gérard Roussel, la reine lui trouva l'air abattu. «Il est bien naturel, lui répondit le vieux Lefèvre, alors que tant de personnes souffrent la mort pour la confession de l'Evangile que je leur ai enseigné, que je m'afflige de ne pas avoir su mériter le même sort. » A la fin du repas, il se couche et meurt dans son lit, dans les bras de Roussel... Pouvait-il prévoir que la communauté de colombes qu'il avait réunie à Meaux deviendrait, par la force des choses, un élevage de faucons ?

2.

Les jardiniers de Strasbourg

Les exilés et les fugitifs venus de France étaient assurés de trouver refuge en terre d'Empire, dans les villes libres de l'Est. Ils étaient bien accueillis à Bâle et à Strasbourg.

On respirait à Strasbourg un air de liberté. On y voyait, depuis le XIIIe siècle, se constituer des groupes de vaudois réfugiés et de hussites. Toutes les sectes hérétiques, poursuivies en Europe, venaient se reconstituer et se dissoudre spontanément dans cette ville, qui faisait alors figure de capitale du Rhin moyen. Le dominicain Eckhart y avait prêché au XIVe siècle, avec ses disciples Jean Tauler et Suso, qui venaient de Constance. Ils enseignaient le renoncement au monde et la recherche de Dieu dans la solitude mystique. Ils savaient trouver les mots pour convaincre de vastes publics et lancer un mouvement de retour à la foi. Ils avaient persuadé de les suivre dans leur retraite un riche banquier, Rulmann Merswin, qui avait passé sa vie à écrire dans sa maison de l'île Verte des ouvrages mystiques.

Depuis 1478, la chaire de la cathédrale était occupée par un prédicateur de grand prestige, Jean Geiler de Kaysersberg, qui avait enseigné pendant dix-huit ans à Fribourg et à Bâle. Pendant trente ans, il devait remuer les foules, dénonçant avec humour les travers des seigneurs de l'Eglise, effrayant les Strasbourgeois pour leurs péchés, mais les persuadant que le salut était en eux-mêmes. Ses sermons, édités après sa mort par ses disciples, avaient des titres étranges : *Le Lièvre en saumure, Le Mouton errant, La Fileuse ecclésiastique*... Geiler avait le don des formules qui frappent un public populaire. Il avait, comme Lefèvre d'Etaples, la conviction que le devoir des clercs était de montrer au peuple la voie du salut. Il fallait mettre à sa portée, en termes simples et s'il le fallait grossiers, les vérités de la science la plus sophistiquée — et il n'y avait pas de vérité plus haute que celle des Ecritures saintes.

L'humanité est embarquée sur la « nef des fous ». C'est le titre d'un poème écrit en allemand par le syndic et secrétaire d'Etat Sébastien Brandt, ami de Geiler et du peintre Holbein, qui se moquait sans ménagement des abus de l'Eglise. Les évêques, costumés en fous, abordaient comme les autres victimes du mal social le pays de « Narragonie » où tout discours devient absurde. Ce que Brandt évoquait plaisamment, Jacques Wimpheling, de Sélestat, l'écrivait en faisant grincer sa plume : il fallait en finir avec les pitres, les voleurs, les mystificateurs.

Les Strasbourgeois n'avaient rien à redouter de l'Eglise, s'ils avaient expulsé leur évêque, contraint de résider hors des murs, depuis 1262. Mais ils étaient fort pieux et n'avaient pas envie d'abandonner leur religion. En Alsace plus qu'ailleurs, le culte de la Vierge s'était répandu à la fin du XVe siècle : elle avait partout ses chapelles, ses statues, ses autels ; la Vierge et les saints en avaient plus de quarante dans la cathédrale. Il avait fallu engager des clercs pour dire les innombrables messes commandées par les fidèles en l'honneur de la Vierge. Les pèlerinages avaient la faveur populaire, particulièrement celui de Sainte-Odile : un empereur, au siècle précédent, avait gravi à pied la montagne et s'était fait donner l'avant-bras de la petite sainte, pour transférer la relique à la cathédrale de Prague. Le pèlerinage de Thann n'était pas moins fréquenté, et les Alsaciens étaient nombreux sur les routes de Rome et de Compostelle. La grande tour de la cathédrale de Strasbourg, achevée en 1439 par l'architecte de Cologne Jean Hultz, symbolisait la foi ardente de la fin du Moyen Age et l'exigence mystique de la présence de Dieu.

Nul ne faisait, mieux que les Strasbourgeois, la différence entre les moines inspirés par Dieu et les seigneurs de l'Eglise. S'ils suivaient avec émotion les prêches de Geiler dans la cathédrale, ils s'indignaient du mode de vie des clercs qui défrayaient la chronique. Les évêques n'étaient pas les plus détestés : Guillaume de Honstein, ami de Geiler, qui avait été nommé à Strasbourg, était réputé pour sa piété. Il avait essayé de réformer les mœurs des moines et des prêtres, et lancé des avertissements aux curés qui vivaient avec des concubines. Mais comment condamner tant de clercs ? Il avait dû se résoudre à considérer le concubinage comme un péché véniel, dont les coupables obtenaient le rachat en versant une taxe annuelle dans ses caisses ! Les dominicains avaient imposé l'austérité dans certains couvents, comme Saint-Nicolas-aux-Ondes ou Sainte-Marguerite. Mais ils ne pouvaient empêcher les moines de vivre comme des laïques, ni les nonnes d'avoir des enfants. Franciscains et dominicains ne s'entendaient pas avec les curés et chanoines, ils se disputaient les taxes et le produit des quêtes. Les moines avaient réussi à empêcher le clergé séculier de percevoir le « dernier au revoir », un impôt levé par le curé, proportionnel à la fortune du défunt, exigé avant l'enterrement en terre chrétienne. Les clercs se disputaient furieusement en chaire, devant le public indigné. Chanoines, prêtres et desservants, moines et béguines étaient au moins un millier dans la ville, et leurs querelles ne passaient pas inaperçues. Elles inquiétaient quand elles avaient pour sujets des questions de dogme : les dominicains et les franciscains se lançaient mutuellement des injures à propos du dogme de l'Immaculée Conception...

Les desservants chargés des paroisses étaient aussi ignorants en Alsace qu'en Brie, aussi proches de leurs paroissiens dont ils partageaient les mœurs. Il y avait parmi eux, comme dans toute la population, des dévoyés, des criminels. Pourtant, les évêques défendaient les clercs qui s'étaient rendus coupables de viol (et bien entendu les chanoines) et refusaient de les livrer à la justice du magistrat. Un des chanoines avait enlevé la femme d'un bourgeois et la retenait de force chez lui, sans que la justice civile pût intervenir. Ces faits divers alimentaient douloureusement la chronique, et si la vente des indulgences rapportait encore à Strasbourg, l'estime des habitants de la ville pour le clergé se ressentait naturellement des abus.

Les Strasbourgeois souhaitaient avec force une réforme des mœurs et une nouvelle approche de la foi. La ville libre s'était constituée, en terre d'Empire, comme une sorte de petite république, pratiquement indépendante. Sa prospérité était telle que les gens de métiers et d'affaires avaient inévitablement pris le pas sur les féodaux, propriétaires des terres. La batellerie s'était beaucoup développée depuis le XIIIe siècle. La corporation strasbourgeoise était en mesure de livrer le vin et le blé en Allemagne grâce à une flotte de bateaux capables de charger chacun plus de 50 tonnes. On allait en quatre jours de navigation à Francfort, en sept jours jusqu'à Bâle. La corporation détenait le monopole du trafic avec Francfort et avait une position dominante dans les institutions de la petite république.

L'exportation du vin vers le Nord (100 000 hectolitres par an) fournissait l'essentiel du trafic, mais les bateliers transportaient aussi les céréales et la garance. Aux foires de Strasbourg, venaient les marchands allemands et suisses, qui franchissaient le Rhin sur un pont de mille mètres construit sur piles de bois. Ils achetaient les produits de l'industrie strasbourgeoise, les draps à bon marché, les voiles de navires, les peaux, les bijoux, les vêtements. Les marchands de Strasbourg étaient des plus prospères et la ville comptait quelques banquiers capables de financer de grosses opérations. Le frère du mystique Merswin avait de telles créances sur l'évêque qu'il l'avait contraint d'engager sa crosse et sa vaisselle d'argent !

Une sorte de patriciat d'affaires s'était ainsi constitué, avec les Zorn, les Ingold, les Schott. Les grands marchands étaient en contact avec la Suisse, l'Italie, et, vers le Nord, avec les pays de la Baltique. Ils dominaient les marchés de Lorraine, où ils mettaient en vente les harengs du Nord. Mais les petits artisans étaient aussi représentés dans les institutions, ils protégeaient efficacement leurs intérêts. Strasbourg avait accueilli, au XVe siècle, la nouvelle industrie venue d'Allemagne : dès 1458, Jean Mentelin, de Sélestat, avait fait fonctionner la première presse et imprimé une Bible en 49 lignes. En 1500, six grandes maisons allemandes avaient installé des ateliers dans la ville et les papetiers utilisaient les moulins de l'Ill.

Cette prospérité n'empêchait pas les habitants d'être sensibles aux crises : en 1502, en 1517, la disette avait considérablement fait monter le prix des céréales. En 1516, les vendanges avaient été mauvaises. La pénurie profitait aux riches, accablait les pauvres. Il fallait faire, dans la ville, des distributions de grain gratuites. Les paysans empruntaient à fort intérêt pour assurer la soudure. Ils s'en prenaient aux gens d'Eglise, qui avaient les moyens de constituer des réserves en blé et en vin grâce à la levée des dîmes. Ils craignaient le tribunal de l'évêque, qui n'hésitait pas à excommunier ceux qui ne pouvaient s'acquitter de leurs dettes. Les rues de la ville étaient pleines de mendiants qu'il fallait nourrir ou expulser. La municipalité veillait à ce que les distributions gratuites fussent réservées aux nécessiteux originaires de la ville, réellement sans travail. Les étrangers et les vagabonds ne recevaient rien.

Les magistrats redoutaient particulièrement les

révoltes paysannes : la misère, mauvaise conseillère, poussait les vilains endettés à refuser de payer les dîmes. Sporadiquement, les campagnes se révoltaient : en 1443, un grave mouvement de refus de l'impôt ecclésiastique avait affecté le pays de Bâle. Les paysans se reconnaissaient entre eux à leurs chaussures, le soulier à lacets, *Bundschuh*. Cinquante ans plus tard, on retrouvait le même emblême : dans la révolte des vignerons des environs de Sélestat. Ils demandaient la fin des abus dans l'Eglise, la condamnation du cumul des bénéfices, la suppression des couvents, et surtout la limitation des pouvoirs de justice du tribunal de l'évêque, l'*officialité*, qui accablait les débiteurs. Ils ne voulaient plus être victimes des usuriers, surtout s'ils portaient soutane.

La répression avait été terrible : trois chefs avaient été pendus et tous les prisonniers battus ou mutilés. On les avait frappés de lourdes amendes. Depuis lors, les municipalités surveillaient de près les paysans, qui venaient, en 1517, de se révolter à nouveau, sous la conduite d'un Badois nommé Joss Fritz. Certains clercs et même certains bourgeois étaient-ils du complot ? A Strasbourg, les *Bundschuher* avaient des défenseurs, surtout parmi le peuple des journaliers et brassiers qui travaillaient sur les terres d'Eglise, en dehors ou dans l'enceinte de la ville. Les plus ardents ennemis du prince-évêque étaient les jardiniers.

Les jardiniers de Sainte-Aurélie n'étaient pas des mauvais chrétiens. Ils assistaient régulièrement aux offices, faisaient leurs pâques et se mariaient religieusement. Mais ils répugnaient à payer des impôts à l'Eglise pour être enterrés en terre chrétienne, ils n'achetaient pas les indulgences et doutaient de l'efficacité du culte des saints. Ils considéraient le prince-évêque comme un seigneur et voulaient vivre en république. Ils songeaient à choisir eux-mêmes leurs prédicateurs et desservants, et demandaient à les rétribuer.

L'autorité, dans la ville de Strasbourg, n'appartenait

pas à l'évêque. Les corporations «d'arts et de métiers» s'étaient peu à peu partagées le pouvoir municipal : elles élisaient pour les deux tiers les membres du conseil électif, qui désignait lui-même les collèges spéciaux de 13, 15 et 21 personnages constituant l'autorité municipale, appelée «Magistrat». Ces notables étaient pratiquement inamovibles. Ils n'avaient de comptes à rendre qu'à une assemblée de 300 échevins élus par les métiers, qui se réunissait rarement. Le Magistrat ne voulait certes pas mécontenter les jardiniers, nombreux dans le faubourg. Mais il ne pouvait pas davantage braver le chapitre de la cathédrale. La nomination des prêtres et des prédicateurs n'était pas de son ressort.

Il devait tenir compte, cependant, de l'évolution des esprits dans la ville depuis 1517. Dès 1518, l'appel de Luther devait être entendu à Strasbourg et dans sa région : sur les portes du chapitre de la cathédrale et des principaux presbytères, on avait alors affiché les 95 thèses. C'était, pour les jardiniers de la ville comme pour les paysans des campagnes, une manière de protester contre la hausse du prix des grains et les spéculations du clergé, une mise en garde en quelque sorte.

Les prédicateurs, de 1517 à 1520, préparaient la foule à la recherche d'une nouvelle religion : le plus célèbre, fils d'un vigneron de Kaysersberg, s'appelait Matthieu Zell. Il avait fait une belle carrière universitaire dans les villes allemandes du Rhin, il avait été élu recteur de l'université de Fribourg-en-Brisgau le jour même où Martin Luther affichait à Wittenberg ses 95 thèses. Comme Lefèvre d'Etaples, il avait parcouru l'Italie, découvert les humanistes et lu avec passion les Ecritures. Comme Lefèvre encore, il faisait à Fribourg un cours sur Aristote. Mais il aimait Geiler, son compatriote, et partageait son désir de communiquer à un vaste public sa connaissance des textes sacrés. Philologue plus que théologien, il voulait répandre la vraie parole de Dieu. Il avait renoncé à son rectorat paisible de Fribourg pour accepter la charge de prédicateur à la paroisse de Saint-Laurent, celle de la cathédrale. Il était ainsi assuré d'une grande audience dans la ville.

Dès 1518, les prêches de « maître Matthis », comme l'appelaient familièrement les jardiniers, étaient très populaires. Il parlait simplement, efficacement, commentant non sans émotion la parole de Dieu. Il n'accablait pas les paroissiens de reproches et de sarcasmes. Il ne leur demandait pas de participer aux œuvres, mais de sauver leurs âmes. Il ne pouvait ignorer l'existence dans la ville d'un courant réformateur qui puisait son inspiration outre-Rhin : on voyait dans Strasbourg circuler des libelles manuscrits ou imprimés contre le clergé de la ville. A partir de 1519, ces brochures étaient de plus en plus nombreuses. Les imprimeurs étaient acquis à la Réforme, en particulier Schott et plus tard Koepfel. Dès 1519, on avait imprimé à Strasbourg quatre des ouvrages de Luther, quinze l'année suivante. Même s'ils n'étaient lus que par les clercs ou les bourgeois instruits, ils influençaient les prédicateurs qui retrouvaient dans les thèses du moine de Wittenberg leurs propres préoccupations.

Le desservant de Saint-Pierre-le-Jeune, Pierre de Remiremont, le lecteur des carmes Tilman de Lyn étaient ouvertement acquis aux idées de Luther. Ils avaient été écartés par l'évêque. On redoutait déjà, dans la ville, la contamination des élites : c'est un bourgeois, Jean Lambrecht, qui venait de déclarer, place de la Cathédrale, que même s'il avait « un tas d'argent gros comme de Strasbourg à Colmar », il n'achèterait jamais d'indulgences. Le Magistrat avait dû l'emprisonner, sur plainte de l'évêque.

Le plus dangereux défenseur de Luther était désormais Zell. Ni l'évêque ni le Magistrat n'osaient l'attaquer de front, en raison du succès grandissant de ses prêches. Ils décidèrent de supprimer, en bloc, toutes les chaires de prédicateurs. Zell était suivi dans la rue, menacé par des moines fanatiques. Ses partisans gardaient sa maison la nuit, pour repousser les agresseurs. La violence s'était installée dans la ville.

La chronique rapporte que Matthieu Zell ne s'est pas laissé décourager par les interdits de l'évêque. Il a continué ses prêches dans la chapelle Saint-Laurent. Ils étaient suivis désormais non par les seuls jardiniers de Sainte-Aurélie, mais par les pêcheurs et bateliers de Saint-Nicolas et par les artisans de Saint-Pierre-le-Jeune. Les paysans des alentours se déplaçaient pour l'entendre.

La chapelle est trop petite pour les accueillir tous. Les paroissiens demandent que l'on ouvre la chaire de la cathédrale, celle où prêchait jadis Geiler de Kaysersberg. Le grand chapitre refuse énergiquement et fait entourer la chaire d'un solide grillage, pour éviter un coup de force. Rue du Maroquin, tout près de la cathédrale, les menuisiers se mettent au travail : ils construisent une chaire portative en bois qu'ils dressent sur le parvis. Ils promettent de la démonter dès la fin du prêche. Le Magistrat, consulté, doit donner son autorisation pour éviter les troubles. Il précise, dans sa réponse écrite, qu'il accepte la suggestion des paroissiens pour que Zell «puisse être entendu d'un auditoire plus nombreux, tout en ne trônant pas dans la chaire du docteur».

Ainsi, le Magistrat ne prend pas parti dans la querelle des clercs. Il laisse les prédicateurs prendre la parole dans la rue, puisque les églises leur sont interdites. Ils deviennent de plus en plus violents, car ils n'ont pas tous l'élévation d'esprit de Zell. L'un d'eux déclare en 1522, juché sur le toit d'une échoppe de savetier, que le pape est l'antéchrist et les évêques des traîtres. Le Magistrat refuse de livrer cet illuminé à l'évêque. Il est exilé, rentre peu après dans Strasbourg où il se fait arrêter pour avoir menacé un prêtre d'un couteau. Il est alors jeté en prison, puis banni.

Le pape en profite pour envoyer au Magistrat un bref où il lui fait reproche de protéger les luthériens.

Les traditions de tolérance du Magistrat de Strasbourg sont telles qu'il se refuse à condamner un prédicateur qui n'a prêché que la parole de Dieu. Il doit, selon lui, «poursuivre son œuvre courageusement et sans crainte». Le Magistrat n'a aucune raison d'empêcher Zell de parler. Si l'évêque est d'un avis contraire, qu'il le dise.

L'évêque utilise les moyens canoniques et dresse un acte d'accusation pour hérésie contre Zell. Des placards sont affichés à la porte du chapitre de la cathédrale contre ceux qui menacent «maître Matthis». En mars 1523, il est excommunié et condamné au bûcher. Naturellement, cette sanction n'était exécutoire qu'avec l'accord du Magistrat. L'exécuter eût été une folie. Zell reprit ses prêches à la demande des paroissiens, et le Magistrat crut devoir le tolérer «jusqu'à ce qu'il eût été refuté par la parole de Dieu». Il est vrai qu'il donnait en même temps des ordres pour fermer les portes de la ville aux clercs étrangers, de plus en plus nombreux, qui risquaient de troubler l'ordre public. A Strasbourg, le pouvoir civil n'avait pas offert son bras à l'évêque. Il lui laissait la responsabilité de sa querelle.

Il était temps de fermer les portes. Les étrangers avaient largement pénétré dans la ville, dont la tolérance était connue : Lefèvre d'Etaples et Guillaume Farel, les réfugiés de Meaux, rejoignaient les théologiens venus d'Allemagne pour renforcer l'action de Zell.

Natif d'Haguenau, Capiton, de son vrai nom Wolfgang Koepfel, avait été prêtre, chanoine et professeur à l'université de Bâle. Il avait été appelé comme chancelier à la cour de l'Electeur de Mayence, Albert de Brandebourg. Son amitié pour Erasme et sa sympathie pour la Réforme avaient indisposé l'archevêque. Il s'était réfugié à Strasbourg, bien décidé à poursuivre ses travaux d'humaniste, au-dessus de la mêlée. Mais Zell l'avait convaincu : le devoir des clercs était de retourner au peuple. Le fils d'artisan de Haguenau montait bientôt dans la chaire de Saint-Thomas pour expliquer aux jardiniers et bateliers, stupéfaits de voir un chanoine monter en chaire, qu'il était du parti des adorateurs de l'Evangile.

Autre réfugié, Gaspard Heyd, dit Hedion, qui venait aussi de Mayence où il était prédicateur à la cour. Capiton l'avait attiré à Strasbourg, en le persuadant qu'un jour ou l'autre, l'archevêque lui ferait reproche de son amitié pour Erasme et de sa sympathie pour Luther. Hedion, qui avait fait ses études à Bâle, était pour Zell une recrue de choix.

Le plus convaincu était Martin Bucer, fils d'un tonnelier de Sélestat, ancien dominicain diplômé de Heidelberg qui, après avoir connu Luther, avait demandé à être relevé de ses vœux. Il s'était marié, bien qu'il fût encore prêtre, et avait rejoint Strasbourg où son père s'était établi. Il avait été excommunié par le prince-évêque de Spire. Zell lui avait offert l'hospitalité. Bucer était le plus engagé dans le combat réformateur. Il était le seul à connaître Luther. Il avait assisté à la mémorable séance d'avril 1521 à la diète de Worms, où Luther avait fait sa déclaration devant l'empereur. Dès que sa présence fut connue dans la ville, l'évêque Guillaume de Honstein demanda au Magistrat qu'on lui livrât le fugitif. Avec Bucer, les évangélistes de Strasbourg avaient trouvé un chef.

Le Magistrat l'avait autorisé à prêcher dans la cathédrale, en alternance avec Zell, tout en l'avertissant qu'il serait obligé de le suspendre si l'ordre public était troublé. Les prêches de Bucer déchaînèrent immédiatement la violence. Les amis de l'évêque envoyaient des chiens qui aboyaient pendant qu'il parlait. Le Magistrat dut ordonner qu'on muselât les chiens. Des bourgeois sortaient l'épée au côté pour accompagner le prédicateur jusqu'à la chaire, dont les chanoines prétendaient lui interdire l'accès. Certains curés, entraînés au combat, passaient une cotte de mailles sous leur soutane. Le Magistrat craignait la guerre civile. Déjà, les jardiniers rossaient le curé de Saint-André qui voulait lever ses dîmes.

Les évangélistes multipliaient les provocations dans la cathédrale. Le «prédicant» de Saint-Thomas, Antoine Firm, faisait bénir son union par Zell, dans un grand concours populaire. Nul ne pouvait empêcher la vague des mariages de prêtres : Bucer bénissait celui de Matthieu Zell avec Catherine Schütz, la fille d'un menuisier qui n'avait manqué aucun de ses prêches.

Pourquoi empêcher les prêtres de se marier, écrivait Clément Ziegler, un maraîcher devenu pamphlétaire, puisque nous sommes tous des prêtres ?

Le frère franciscain Thomas Murner était, lui aussi, pamphlétaire. Il rendait coup pour coup, attaquant nommément les défroqués et leurs compagnes. Le Magistrat avait dû faire saisir un de ses libelles, intitulé « Le grand fou luthérien ». Il fallait bien prévenir la violence... Murner avait installé une imprimerie dans son logement. Elle fut mise à sac par les jardiniers de Sainte-Aurélie.

Ils exigeaient Bucer comme prédicateur. Le Magistrat pouvait-il les satisfaire contre le gré de l'évêque ? Guillaume de Honstein avait cité devant son tribunal, à Saverne, les sept prêtres, dont Bucer, Firm et Capiton qui avaient violé le vœu de célibat. Les laisser sortir de la ville, c'était les condamner à mort. Le Magistrat ne pouvait prendre cette responsabilité, les prédicateurs étaient trop populaires. D'ailleurs, les nouveaux mariés avaient demandé sa protection.

Ni Jacques Sturm, ni Claude Kniebs, ni Daniel Mueg qui faisaient alors partie du Magistrat de Strasbourg ne voulaient envoyer au bûcher les idoles du petit peuple, dont ils partageaient au demeurant certaines idées. Sturm était de ceux qui attiraient les exilés, protégeaient les réfugiés, maintenaient la tolérance dans la ville. Le Magistrat demanda à l'évêque de renoncer à son procès : en vain. Les sept prêtres furent condamnés par défaut, le 3 avril 1524, et leur excommunication majeure fut affichée à la porte de toutes les églises. Désormais, les catholiques qui entendraient leurs prêches risquaient l'enfer.

Ils se réunirent aussitôt chez Zell et rédigèrent un « Appel des prêtres mariés de Strasbourg au futur concile », qui fut traduit en allemand et imprimé. On le distribuait dans toute la ville. Les religieuses de Sainte-Claire, si l'on en croit le chroniqueur Brandt, demandèrent la permission de quitter le cloître et de se marier. Le procureur Sopher, qui avait requis contre Zell au tribunal de l'évêque, s'était lui aussi marié. Le mouvement était irrésistible. Le provincial de l'ordre des Franciscains, Conrad Traeger, avait publié une brochure très agressive contre les hérétiques. Il avait déchaîné l'émeute.

Les deux camps n'attendaient qu'une occasion : déjà, les moines avaient rossé, à l'église des dominicains, deux bourgeois facétieux qui imitaient le chant du rossignol pendant qu'ils chantaient eux-mêmes leurs litanies. Maintenant, les bourgeois partisans de la Réforme rejoignent dans la rue les maraîchers, les artisans, les bateliers du Rhin. Ils s'assemblent devant l'hôtel de ville pour demander au Magistrat l'arrestation du provincial. On essaie en vain de les calmer. Ils se précipitent au couvent, s'emparent de Traeger, l'accompagnent eux-mêmes en prison. D'autres vont chercher le prieur du couvent des dominicains, très hostile aux idées nouvelles, et demandent au Magistrat de l'arrêter. Pour apaiser les esprits, on retient en prison les deux captifs.

La foule a pris goût au pillage des couvents. Une troupe nombreuse sort de la ville pour mettre à sac la chartreuse et Saint-Arbogast. Le Magistrat doit envoyer la force publique pour expulser les émeutiers installés dans les caves... L'occasion lui parut bonne de faire main basse sur les couvents. Le 5 novembre 1524, il nommait des « curateurs » chargés de surveiller les comptes des établissements religieux. Un inventaire complet de leurs biens meubles et immeubles devait être dressé, à toutes fins utiles. Le Magistrat interdisait aux moines « qu'ils portent des frocs gris ou noirs », de fréquenter les couvents de nonnes.

Pour éviter les violences, il s'engageait dans un processus de contrôle de l'Eglise et de la vie religieuse.

Depuis août 1524, c'est lui qui nomme les curés : l'assemblée des échevins en a décidé. La diète de Nuremberg, en 1523, a admis que l'on pouvait prêcher l'Evangile dans l'empire tant qu'un concile n'a pas fait définitivement la lumière sur les vérités de la foi. Le Magistrat a pu résister à l'évêque en se couvrant derrière les décisions de la diète. Il a pu laisser Zell en fonction à la cathédrale. Désormais, il est seul responsable de la nomination des prêtres et des desservants. Ils sont payés par lui. Depuis décembre, ils doivent demander à la ville le droit de bourgeoisie. Ils dépendent entièrement du Magistrat. Avant d'être réformée, l'Eglise de Strasbourg est déjà, par la volonté de ses administrateurs, une Eglise d'Etat.

Il était temps : le plus grand désordre régnait dans la ville. Bucer, avec l'autorisation du Magistrat, continuait ses prêches, dont l'efficacité n'est pas douteuse : les bouchers tuaient les bêtes en plein carême, les fidèles mangeaient de la viande, des œufs et du fromage en période de jeûne. Zell disait la messe en allemand dans la cathédrale et baptisait désormais les enfants en récitant des prières en allemand, à la mode luthérienne. Beaucoup de parents qui regrettaient le latin et le baptistère s'en indignaient et demandaient justice à l'évêque. Ce dernier était sans pouvoir : les prêtres faisaient ce qu'ils voulaient. Il n'avait pas les moyens d'empêcher les adeptes du culte nouveau de baptiser sur l'autel. Mais Zell et Bucer ne pouvaient pas contraindre les curés fidèles au latin et aux vieux usages à adopter les pratiques nouvelles. Autant de paroisses, autant de baptêmes et de communions différents...

Les partisans du maintien des traditions n'osaient pas protester, les catholiques étaient en pleine déroute. Les couvents se vidaient, les moines qui avaient mené le combat de l'orthodoxie avaient quitté la ville. Le terrain était aux évangélistes, largement soutenus par le petit peuple. Mais comment empêcher les violences? Le mercredi de la semaine de Pâques, à Saint-Pierre-le-Jeune, la foule prend à partie des moines qui vendent des indulgences. L'Eglise est envahie. Des fanatiques abattent le grand crucifix pour le briser à coups de hache et de marteau. Les moines sont expulsés.

Le clergé ne peut plus organiser de processions. Celle de la fête de Saint-Marc était jadis très suivie, car le saint était invoqué contre les morts subites. Hedion monte en chair et tonne à la cathédrale contre les superstitions. Rares sont ceux qui osent se risquer dans le cortège. Les processions de la semaine sainte ne sont pas plus fréquentées. Les habitants des campagnes ne se sont pas dérangés.

La lutte contre les superstitions s'intensifie et s'accompagne de pillages et de violences. A Sainte-Aurélie et dans la cathédrale, on brise les statues de la Vierge et des saints, on détruit les tableaux, on enlève les bénitiers. Le 25 novembre, les jardiniers n'hésitent pas à ouvrir la tombe de leur sainte patronne, pour en finir avec les «superstitions papistes»... Ils voulaient faire la preuve que ces ossements n'avaient pu appartenir à un seul être humain, et qu'ils n'étaient pas les restes authentiques de la petite Vierge de Cologne. Les villages autour de Strasbourg recevaient fréquemment la visite de bandes armées venues de la ville. Les iconoclastes détruisaient partout statues et peintures. Les prédicateurs appelaient le peuple à participer à cette action de salubrité.

Le Magistrat avait tenté de s'opposer à de telles violences : en ordonnant qu'on emprisonne les iconoclastes ; mais, en septembre, une délégation de toutes les «tribus» d'arts et de métiers avait exigé l'enlèvement des statues de saints et le «nettoyage des murs». Le Magistrat avait autorisé la grande procession de la Saint-Luc, qui commémorait le terrible tremblement de terre de 1356 ; cependant il avait dû supprimer les cinq messes solennelles ordonnées chaque année par la municipalité, devant l'opposition de la majorité de ses membres. A quoi bon subventionner le culte catholique traditionnel quand la population, dans sa majorité active, exigeait un autre culte ?

Sagement, le Magistrat laisse se modifier les formes du culte : des prêtres en robes de pasteurs disent dans les églises la messe en allemand et font des lectures de la Bible de Luther. Les grandes fêtes chrétiennes disparaissent, avec les processions. Les évangélistes multiplient les initiatives pour expliquer aux fidèles les raisons du changement. Bucer publie une brochure intitulée : *Raisons et motifs des nouveautés introduites à Strasbourg*. Les éditeurs de la ville tirent des plaquettes expliquant la liturgie nouvelle et répandent les formules des sacrements conservés : le baptême, le mariage, la cène. On compose des musiques pour chanter en chœur les cantiques luthériens.

Le Magistrat aide de tout son pouvoir à cette tentative de normalisation. Il ne veut pas heurter de front les convictions de ceux qui croient aux vertus des images et regrettent la disparition du vieux culte. Il accorde la permission d'enlever «avec décence» les tabernacles, les ostensoirs, les «idoles», les images pieuses, les statues. Les enlèvements se font de nuit. Un dimanche matin, à la cathédrale, les Strasbourgeois ne voient plus le grand crucifix d'argent : il a été discrètement démonté. La statue d'une Vierge miraculeuse a également disparu ; des planches cachent la niche avec l'inscription latine : «*Gloria in excelsis Deo.*» Les chapelles des saints sont vidées de toutes images et des lampes perpétuelles. Les églises sont réduites aux autels et aux murs nus. On n'ose pas briser les vitraux, mais des bandes de jeunes gens martèlent, au fronton, les bas-reliefs représentant la vie de la Vierge et des saints.

Il est interdit d'enterrer les morts dans les églises et les couvents. Des cimetières nouveaux, en dehors des murs, sont là pour accueillir tous les Strasbourgeois, quelle que soit leur confession. Les réformés veulent aller plus loin, contraindre le Magistrat à prendre parti pour la foi nouvelle : ils demandent des crédits pour ouvrir dans tous les quartiers des écoles permettant d'apprendre à lire l'Evangile aux adultes comme aux enfants. Redoutant un retour en force de l'Eglise catholique, ils veulent interdire l'entrée de la ville aux prêtres venus de l'extérieur, se barricader dans la réforme. Le Magistrat est neutre. Il faut qu'il s'engage. Pourquoi ne pas interdire le vieux culte ? Pourquoi ne pas supprimer la messe ? La pression est assez forte pour qu'en juin 1525 il déclare que la messe et la langue latine «sont odieuses à Dieu». Allait-il fermer les églises, expulser les prêtres fidèles à l'ancien culte ? Il ne le souhaitait sans doute pas, et devait tenir compte de l'opinion silencieuse, mais indignée, des vieux catholiques qui n'osaient plus s'exprimer.

Le parti modérateur et tolérant pris par le Magistrat de Strasbourg ne pouvait résister à une nouvelle flambée de violence. Le seul point fort, dans son attitude fluctuante, était son attachement à l'Empire. S'il avait finalement rompu avec Rome, il n'avait jamais voulu rompre avec l'empereur. La version alsacienne de la « guerre des paysans » allait lui donner l'occasion de réaffirmer ces liens.

Des groupuscules s'étaient constitués dans la ville, formés d'anabaptistes, de radicaux admirateurs des réformateurs Karlstadt et Hubmayer. Le plus actif, le plus écouté dans le peuple était Clément Ziegler, le maraîcher. Ces extrémistes attaquaient violemment les pasteurs, qu'ils trouvaient trop modérés dans leur réforme, car ils ne donnaient pas à la ville les moyens de résister à la contre-offensive prévisible de Rome et de l'empereur. Ils laisseraient sans doute étouffer le grand mouvement populaire qui se préparait dans les campagnes : au nom de Dieu et de l'Evangile, les paysans voulaient se libérer des seigneurs.

Ces extrémistes étaient largement responsables des actions iconoclastes qui indignaient de nombreux Strasbourgeois, même acquis à la Réforme. Ils n'hésitaient pas à employer la violence pour lutter contre les formes d'un culte qu'ils considéraient comme socialement oppressives. A quoi servait, disaient-ils, de célébrer le baptême de tout jeunes enfants ? C'est aux adultes responsables qu'il convenait de le distribuer. Le baptême était un engagement individuel, et non le résidu de quelque sorcellerie évocatoire. Il fallait détruire les baptistères, même si le Magistrat s'y opposait.

Rien n'arrêtait les radicaux : ils combattaient aussi bien le pouvoir civil que les nouveaux prédicateurs, multipliant contre eux les libelles et les interventions dans les églises. Déjà, la ville avait dû chasser de ses murs un prédicateur itinérant, Maurer, qui s'attaquait à toutes les formes du pouvoir. Dans les premiers jours de 1525, quand on apprit à Strasbourg le début de la révolte des campagnes, les extrémistes se mobilisèrent pour empêcher le Magistrat de condamner les «rustauds».

Ils s'étaient mis en route, sous la bannière du Christ, avec leurs souliers comme symbole. Le mouvement venait de Souabe, et l'on ne savait pas encore qu'il n'était pas soutenu par Luther. Le tocsin sonnait dans le plat pays. Le 16 avril, les vignerons d'Obernai, tout près de Strasbourg, donnaient le signal de la révolution en occupant l'abbaye d'Altorf qu'ils mettaient au pillage. Saverne était prise peu après, ainsi que Ribeauvillé. Qu'allait faire Strasbourg?

Les paysans révoltés n'étaient pas des *jacques* irresponsables. Les maires de village et les curés acquis à la Réforme les encadraient. Ils disposaient d'une dizaine de milliers de combattants armés, entraînés, répartis en unités régulières commandées par un tanneur de Molsheim, Erasme Gerber. Les biens confisqués des abbayes ou des monastères étaient vendus aux enchères et le trésor de guerre ainsi constitué était fort strictement géré. Les rustauds avaient pris à leur compte les revendications des Souabes, les «douzes articles» qui demandaient le droit d'élire et de déposer les pasteurs, la suppression des dîmes, des impôts et des corvées, la liberté de chasse, de pêche et d'utilisation des biens communaux. Ces revendications étaient naturellement bien reçues par les extrémistes de Strasbourg. Elles indiquaient suffisamment la volonté des paysans du plat pays, des vignerons d'Obernai, de changer l'ordre social. Comment les maraîchers de Sainte-Aurélie ne leur auraient-ils pas prêté main-forte?

Le Magistrat vit le danger : s'il fermait ses portes aux rustauds, il donnait aux extrémistes l'occasion de prêcher la révolte dans la ville. Une consultation discrète des «tribus» d'arts et métiers, en mai 1525, put convaincre la municipalité qu'un assez grand nombre de bourgeois — et pas seulement les radicaux — était favorable au mouvement des paysans. Curieusement, les pasteurs et les membres du conseil étaient d'accord pour proposer aux chefs des paysans une conciliation. Les conseillers firent les premiers pas : Sturm, Wurmser, Herlin se rendirent à l'état-major de Gerber.

Devant l'échec de cette tentative, les pasteurs de Strasbourg firent à leur tour le voyage de l'abbaye d'Altorf. Les révoltés exigeaient que le Magistrat expulsât de Strasbourg tous les prêtres restés catholiques. Les pasteurs, qui le souhaitaient eux-mêmes, n'étaient pas en mesure de faire des promesses. Ils prêchaient en vain la soumission au pouvoir politique. Les révoltés ne voulaient rien entendre. Si l'empereur ne venait pas à leur secours contre l'Eglise et les seigneurs, ils combattraient et vaincraient seuls.

Ils furent écrasés, comme leurs camarades allemands. Le duc Antoine de Lorraine, catholique intransigeant, leva une armée de mercenaires et reprit Saverne. 18 000 rustauds furent massacrés. De mai à novembre, la répression s'abattait sur la plaine d'Alsace, avant l'écrasement de la dernière bande devant Belfort.

Les révoltés n'avaient trouvé, chez les Strasbourgeois, ni aide ni refuge. L'écrasement des rustauds signifiait dans la ville l'élimination des extrémistes. Pour ne pas encourager la révolte sociale, les conseillers du Magistrat s'engageaient résolument dans la voie de la réforme religieuse, aidés par les pasteurs. Ceux-ci s'écartaient de Luther et se rapprochaient du Suisse Zwingli, qui considérait la cène comme une sorte de cérémonie symbolique où seule la spiritualité du Christ pouvait être présente. Cela supposait l'abolition définitive de la messe papiste, véritable provocation, puisqu'elle considérait la présence physique du Christ sur l'autel comme l'élément majeur du sacrement de communion.

En dépit des déclarations publiques du Magistrat, on continuait, en ville, à dire la messe, même dans la cathédrale. Hedion et Capiton en demandaient en chaire tous les jours la suppression. Ils exigeaient aussi que les prêtres épousent leurs concubines, pour moraliser leurs ministères. On ne pouvait marier les gens de force ni supprimer d'un coup l'attachement d'un grand nombre de Strasbourgeois au vieux culte. Les catholiques devaient se cacher pour se rendre à l'oratoire particulier de la Toussaint, pour entendre la messe en latin. Dans la cathédrale, les chanoines du grand chapitre donnaient encore la confession et célébraient des messes basses, les fidèles faisaient brûler des cierges au saint sacrement.

Ce qui était encore toléré en 1526 fut interdit les années suivantes. Le Magistrat dut poursuivre ceux qui promenaient en ville des orphelins. Ils faisaient la quête pour leur entretien et chantaient, pour attirer l'attention des bourgeois, une sorte de cantique devant les maison : « Que Dieu vous le rende, et la Notre-Dame ! » Le Magistrat dut publier à plusieurs reprises des ordonnances pour empêcher cette pratique que les pasteurs jugeaient intolérable.

Ils voulaient obtenir, une fois pour toutes, l'abolition totale de la messe. Ils firent signer, en mars 1528, une pétition. Les bourgeoises menaçaient de « chasser à coups de fuseau » les curés et chanoines qui disaient encore la messe dans la cathédrale. Déjà, la messe avait été abolie par la ville de Berne. Bucer et Capiton exigèrent que Strasbourg en fît autant.

Le Magistrat hésitait. Il était sensible à la pression exercée par l'empereur, même s'il était désireux de normaliser la pratique religieuse dans la ville, en adoptant un seul culte. A l'épouse d'un chevalier fort respecté en Alsace, qui lui avait demandé l'autorisation de recevoir des mains d'un prêtre catholique le saint sacrement à son domicile, il avait répondu que cette dame pouvait bien « aller communier hors de la ville, comme d'autres le font aussi ». Mais il sentait qu'en interdisant la messe, il entrait dans la voie de l'intolérance.

On mit la question aux voix : les 300 échevins furent convoqués. Ils avaient été dûment chapitrés par les pasteurs. 184 d'entre eux se prononcèrent pour la suppression du sacrement, un seul en demanda le maintien. 94 avaient demandé que l'on attendît, pour se prononcer, l'avis de la diète impériale de 1529. Mais ceux qui avaient voté pour l'abolition avaient curieusement ajouté qu'ils étaient hostiles à toute tentative ultérieure pour la rétablir, «à moins qu'on ne prouve que c'est une œuvre pie aux yeux de l'Eternel». 21 échevins s'étaient abstenus ou n'avaient pas répondu à leurs noms.

Qu'une question de foi des plus décisives fût ainsi traitée comme une simple mesure d'administration municipale donnait la mesure de l'incertitude des esprits. Mais l'abolition de la messe permettait aux notables d'engager enfin le processus de retour à l'ordre qu'ils souhaitaient depuis longtemps. Ils avaient les moyens de frapper les extrémistes, qui ne pourraient plus les accuser de défendre la Réforme avec molesse : les cénacles d'anabaptistes et de radicaux furent dissous, leurs membres pourchassés; les étrangers qui étaient favorables aux sectes furent expulsés. Bucer, devenu l'organisateur de l'Eglise nouvelle, abandonnait la paroisse de Sainte-Aurélie, où il était prisonnier des jardiniers, pour s'installer à Saint-Thomas, tout près du Magistrat.

La répression s'attaque aux mœurs : il faut empêcher le peuple de manifester, de s'exprimer, de s'extérioriser. Des mesures très strictes permettent de punir les blasphémateurs, ceux qui se moquent des Evangiles, les «béguines» qui vont aux bal ou se laissent approcher par les bateliers. On interdit les danses et les «costumes excentriques». Les pasteurs lancent une véritable croisade contre l'adultère : les coupables seront exposés dans des cages sur les places publiques. On ordonne la construction de deux nouvelles prisons et l'on interdit de sonner les cloches en dehors des offices, pour qu'on ne puisse appeler le peuple à la révolte. Une grande ordonnance contre la mendicité de mars 1531 permet d'arrêter tous les mendiants valides, âgés de plus de vingt ans : ils sont battus de verge et expulsés; s'ils récidivent, ils peuvent être fouettés, mis au pilori et mêmes noyés dans l'Ill.

La religion nouvelle vole au secours de l'ordre, et permet l'expulsion des indésirables. Les révoltes facilitent la répression. A Saint-Pierre-le-Vieux, la foule brise les statues et badigeonne à la chaux les fresques des murs. A Saint-Nicolas, le prédicateur prend une masse et brise lui-même une statue de la Vierge que le Magistrat voulait faire enlever «décemment». Les actions d'iconoclastes sont nombreuses, mais elles sont désormais réprimées. Le Magistrat demande qu'on lui signale partout les abus et annonce son intention de punir. Il n'est pas nécessaire d'envisager des moyens exceptionnels : après la répression du mouvement paysan et la dispersion des groupes extrémistes, les jardiniers et les bateliers restent cois : ils croyaient s'être libérés de l'oppression seigneuriale; ils assistaient, médusés, à la mise en place d'une république de la vertu, avec hôpitaux et prisons. Le temps des libertés était terminé, il était interdit de danser sur les places.

L'empereur pouvait être rassuré : le Magistrat tenait la situation en main; il avait éliminé les plus inquiétants des réformés, ceux qui prêchaient une religion informelle sans liens avec l'Etat, sans structures et sans dogmes définis. Beaucoup de ces anabaptistes avaient quitté la ville, comme Melchior Hoffmann qui voyait en Strasbourg la nouvelle Jérusalem, ou Schwenkfeld l'illuminé, ou Michel Servet qui mettait en question le dogme de la Trinité. Ils avaient des sympathies chez les notables : Capiton les protégeait et la femme de Zell les cachait dans sa maison.

Libérée des extrémistes, la ville se cherchait des alliés : ses amis naturels étaient les Suisses, qui avaient conçu la Réforme de la même manière. A Zurich, à Berne, à Bâle, le luthéranisme était écarté, au profit d'une religion d'Etat qui devait sa doctrine à Zwingli. Œcolampade, qui dirigeait la Réforme à Bâle, était l'ami personnel de Bucer. Hedion et Capiton avaient enseigné à Bâle. Zurich et Berne voulaient, avec Strasbourg, constituer une «alliance chrétienne», capable de constituer une puissance politique neutre entre l'empereur et le roi de France. Restait à convaincre Luther.

A Marbourg, en 1529, l'entente ne s'était pas réalisée. Sturm, Bucer et Hedion n'avaient pu concilier le camp luthérien avec les Suisses. «Il est évident, avait dit Luther, que nous n'avons pas le même esprit. Je vous livre au jugement de Dieu.» A sa manière, il excommuniait.

Dangereuse intransigeance! Luther était à l'abri, bien protégé par l'Electeur de Saxe et les princes de l'Allemagne du Nord. Mais les bonnes villes du Rhin, Strasbourg et Bâle, étaient à découvert, proies offertes aux puissances catholiques. Charles Quint, de retour en Allemagne, n'était pas d'esprit conciliant. Il tenait pour négligeable cette «alliance chrétienne évangélique» signée entre Strasbourg et les villes suisses. Il prendrait Strasbourg quand il voudrait. D'ailleurs, en 1531, Zwingli était tombé sous les coups des catholiques. Pour assurer leur sécurité, les Strasbourgeois avaient bien été contraints de signer la *Confession d'Augsbourg,* dictée par Mélanchthon, et d'entrer dans la ligue de Smalkalde, qui protégeait, contre Charles Quint, tous les protestants d'Allemagne.

Cela permettait de consolider l'organisation des Eglises : à Strasbourg, le Magistrat ne voulait s'en charger lui-même; il déléguait l'autorité, en matière religieuse, à un «convent ecclésiastique», corps spécial composé des pasteurs et diacres des sept paroisses, d'un nombre triple de laïques, des notables, des représentants des professions. Le président de ce convent était Bucer. Il avait carte libre pour passer au crible des croyances réformées les habitants de Strasbourg, avec l'approbation et sous le contrôle de «ces messieurs du Magistrat».

Il n'était plus question, dans les églises, de messe en latin. Les nonnes courageuses qui étaient restées dans la ville, les familles encore catholiques entendaient clandestinement l'office célébré dans les maisons privées par des moines ou chanoines défroqués pour la bonne cause. Pendant un certain temps, le Magistrat admit les messes célébrées à domicile, mais sans le reconnaître officiellement. En 1531, cette tolérance fut abolie et il fut défendu aux catholiques de sortir de la ville pour entendre la messe.

L'intransigeance à l'égard des fidèles n'empêche pas les chefs de la Réforme d'entretenir avec l'évêque et son représentant dans la ville, le docteur Jacques de Gottesheim, les meilleurs rapports. Celui-ci réside à Strasbourg, comme un ambassadeur du seigneur-évêque. Il dîne avec Bucer ou Sturm à l'*Ammeisterstub,* la taverne la plus réputée de la ville. Il les invite à son hôtel, participe à des discussions théologiques. Le Magistrat évite soigneusement de froisser les puissances catholiques. Quand il ordonne de supprimer les armoiries visibles à l'intérieur de la cathédrale, survivance des privilèges seigneuriaux, il épargne celles des membres fort titrés du grand chapitre. Quand il fait évacuer les couvents, il fait exception pour les chevaliers de Saint-Jean et de l'ordre teutonique. A la mort de l'évêque Guillaume de Honstein, en 1541, le chapitre peut se réunir, selon la coutume, pour élire son successeur. Le nouvel évêque, Erasme de Limbourg, est élu et intronisé dans la cathédrale, selon le cérémonial d'usage, avant de prendre le chemin de son palais de Saverne. Le Magistrat poursuit les papistes et ménage les autorités. Il contrôle l'intolérance.

De tradition libérale avec les étrangers, il poursuit avec la dernière vigueur, après 1530, ceux d'entre eux qui appartiennent aux sectes dangereuses. Ils venaient de Lorraine, d'Allemagne, d'Autriche, des Pays-Bas, de France et d'Alsace. Les transfuges de Meaux y avaient été accueillis à bras ouverts en 1525. Ils prêchaient en français à leurs compatriotes. Les prédicants, pourvu que l'on crût à l'Evangile, acceptaient tous les réfugiés : «Celui qui reconnaît en Jésus le Fils de Dieu, disait Zell, trouvera toujours une place à ma table et un abri sous mon toit, comme aussi je veux avoir part avec lui dans le royaume des cieux.»

Après la répression de 1525, le Magistrat et les pasteurs devinrent moins tolérants. Les réfugiés étaient souvent des illuminés marchant de ville en ville, partout expulsés en raison de leurs prêches, de leurs écrits, des controverses ou des violences qu'ils soulevaient. La plupart partaient d'eux-mêmes, indignés de ne pas trouver dans la ville l'audience qu'ils espéraient. Gaspard de Schwenkfeld, par exemple, qui avait quitté la Silésie brouillé avec Luther, persécuté par les luthériens autant que par les catholiques. Il était resté cinq ans à Strasbourg, grâce à l'amitié de Zell et de Capiton avant de repartir pour une autre ville... André Bodenstein, autre adversaire de Luther, devait passer par Strasbourg avant de se rendre à Bâle, où il mourrait sans avoir trouvé d'écho pour ses idées. Sébastien Franck fut expulsé par le Magistrat pour ses insultes envers l'empereur. Les anabaptistes ne résidaient pas longtemps dans la ville, où les hommes de main du Magistrat leur donnaient la chasse. Louis Hetzer, ami de Capiton, avait dû quitter Strasbourg pour se réfugier à Constance, où il fut condamné à mort. Pilgram Marbeck, qui ne partageait pas les vues de Bucer sur le baptême, avait été expulsé comme «teneur de conciliabules». On avait aussi chassé des murs Balthasar Hubmayer, un des chefs du mouvement paysan. Il devait mourir sur un bûcher de Vienne en 1528. Un autre agitateur mourut en prison : c'était le plus célèbre des anabaptistes strasbourgeois, un pelletier originaire de Souabe, Melchior Hoffmann. Son éloquence mordante indignait les pasteurs, son art d'enflammer les foules inquiétait le Magistrat. Il fut emprisonné à plusieurs reprises. Même en prison, il rédigeait des pamphlets et prêchait devant les geôliers. On enferma cet irréductible dans un cachot sans fenêtres. Nul ne sait quand il mourut.

A Strasbourg, les prophètes couraient les rues. Rue des Veaux, une prophétesse haranguait les passants ; la femme de l'économe de l'hôpital prêchait devant les malades... Les plus sincères côtoyaient les aventuriers, les «chemineaux» qui, pour trouver leur pitance, tenaient des discours religieux dans les cabarets. Chacun croyait pouvoir s'exprimer. Il y avait des prédicants improvisés, de leur métier savonniers, imprimeurs, maîtres d'école... Certains allaient très loin dans leur désir de renouveau. Un gainier nommé Thomas Salzmann racontait publiquement que le Christ était un homme comme les autres et que la Trinité n'existait pas. Il ne pouvait y avoir selon lui qu'un seul Dieu. Condamné à mort, il fut seulement décapité parce qu'il avait eu le bon esprit de se rétracter. Un enfant de seize ans fut torturé et exécuté pour avoir dit que le Magistrat voulait faire tuer tous ceux qui n'étaient pas protestants. On noya pour bigamie, au pont du Corbeau, l'anabaptiste Frey. Ses amis durent se réfugier dans les bois qui entouraient la ville pour y pratiquer leur culte. Un édit interdisait aux bourgeois de les héberger.

La plupart du temps, les anabaptistes étaient seulement arrêtés et expulsés, parce qu'ils ne partageaient pas la foi de la cité et qu'ils créaient de l'agitation par leurs prêches. Mais l'intolérance touchait aussi les humanistes qui, par leurs écrits, inquiétaient les pasteurs. Le neveu de Wimpheling, Jean Witz, était venu de Sélestat pour ouvrir en 1525 une école à Strasbourg. Mais, bientôt, on s'inquiétait de la liberté de ses propos. On déchaîna contre lui une véritable campagne, l'accusant de ne pas conduire assez souvent ses élèves à la sainte cène. On allait jusqu'à reprocher à sa femme de «porter des habits indécents» et de faire des dépenses excessives. Jean Witz dut se soumettre, mais beaucoup de ses amis, comme le médecin Brunfels, choisirent de quitter la ville.

Il n'y avait plus de place, à Strasbourg, pour la libre pensée et l'improvisation théologique. Certes les Bucer, les Zell, les Capiton n'avaient pas clairement choisi leur voie, entre Luther qui les rejetait et les amis de Zwingli qui repoussaient toute concession. Mais ils étaient désormais liés au Magistrat et se chargeaient de construire dans la cité un nouvel ordre chrétien, non moins intolérant que le précédent. Ils étaient fiers d'avoir réussi à constituer un Etat protestant, que l'empereur avait fini par admettre. Leurs voisins messins n'avaient pas eu le même bonheur.

Ils étaient nombreux, à Strasbourg, les réfugiés de Metz. La seule ville impériale de langue française avait accueilli les idées de Luther, qui venaient de Strasbourg, aussi bien que les transfuges de Meaux. L'Allemand Henri Cornelius Agrippa de Nettesheim, né à Cologne, ex-secrétaire de l'empereur Maximilien devenu conseiller stipendié de Metz et orateur de la cité, avait acclimaté dans cette ville très catholique les idées évangéliques de Lefèvre d'Etaples, avec qui il était en correspondance régulière. Il était aussi l'ami de Claude Dieudonné, un célestin de Metz qui devait jeter son froc aux orties et devenir pasteur, et de Claude Chansonnette, professeur de droit, admirateur de Luther. Il avait ainsi constitué, à l'image du groupe de Meaux, un petit cénacle avec des curés transfuges comme Jean Rougier, curé de Sainte-Croix, ou Didier Abria, curé de Saint-Gorgon. L'astrologue Nicole de Heu, les médecins Niedbrück et Laurent Frisz, le libraire Jacques se montraient fort actifs dans la propagation des idées nouvelles. Ils n'étaient guère contrariés par l'évêque qui, depuis plus de trente ans, ne résidait pas dans la cité... Tous lisaient et diffusaient les livres de Luther qui venaient de Strasbourg, ainsi que les ouvrages de Lefèvre d'Etaples. Ils étaient un relais efficace entre Strasbourg et Meaux.

De langue française, ils n'étaient pas vraiment d'Empire, mais de ville libre ; de statut impérial, ils échappaient à la mouvance du royaume. Dès 1521, Léon X connaissait l'existence de ce petit groupe réformateur à la frontière française : il avait nommé Théodore de Saint-Chamond, abbé général de l'ordre de Saint-Antoine-de-Viennois, «commissaire du Saint-Siège apostolique dans le duché de Lorraine et lieux circonvoisins pour l'extirpation de l'hérésie».

Le Magistrat de Metz, comme celui de Strasbourg à la même époque, ne voulait pas que l'ordre de la cité fût troublé. Il interdit d'acheter et de lire la Bible de Luther. Il fit des recommandations aux prédicateurs pour qu'ils ne s'écartent pas de la doctrine romaine et prit quelques mesures d'expulsions contre les bourgeois qui, notoirement, se réunissaient en assemblées. Nicolas d'Esch fut ainsi l'un des premiers à gagner Strasbourg.

Cependant, les livres de Luther continuaient à circuler, importés dans des tonneaux de harengs par les marchands de Strasbourg. Metz était la première ville, à la frontière française, qui accueillait les réfugiés. Le prédicateur Lambert, venu d'Avignon, avait circulé dans les grandes villes suisses avant de faire, en 1523, la connaissance de Luther à Wittenberg. Il avait épousé la fille d'un boulanger de Hartzberg. Il venait prêcher à Metz, à l'instigation de Luther, parce que c'était la seule ville de langue française en dehors du royaume, où sévissait déjà la persécution. Il ne put y rester plus d'un mois. Les livres de Luther qu'il avait en sa possession furent publiquement brûlés : lui-même dut s'enfuir à Strasbourg, où l'accueillirent Bucer, Sturm et Capiton.

A Metz, on avait brûlé un augustin, Jean Châtelain, qui, du haut d'une chaire dressée devant l'église du Saint-Esprit, dénonçait dans ses prêches les péchés des riches et les abus du clergé. Il avait le même succès populaire que Farel à Meaux. Théodore de Saint-Chamond et Nicolas Savin, inquisiteur de la foi, l'avaient condamné à mort. En cette journée d'exécution publique du 13 janvier 1525, une émeute se déchaînait en ville. On attaquait les chanoines dans la rue, on pillait les maisons des abbés. Le Magistrat fit noyer dans la Moselle trois meneurs pour l'exemple et bannir «pour fait de luthèrerie» les bourgeois les plus compromis. Ils fuyaient tous à Strasbourg.

Les curés, les notaires, les médecins continuaient cependant à acheter les ouvrages de Luther et même ceux qui, par Bâle, venaient de Zurich. Comme à Strasbourg, on s'initiait aux thèses de Zwingli. On comptait en 1525, dans Metz, plus de 500 «luthériens» déclarés. Mais, à cette époque, Strasbourg avait déjà basculé dans la Réforme. Les Messins n'étaient pas, au même titre que les Strasbourgeois, sensibles à la propagande bateliers en révolte. La guerre des paysans ne s'étendit pas dans les pays de la Moselle. Les «luthériens» de Metz étaient des bourgeois, et surtout des ecclésiastiques qui voulaient la réforme de l'Eglise, non la sécession. A Metz comme à Meaux, les catholiques faisaient l'amalgame et traitaient les évangélistes, en vrac, de «luthériens». Un chroniqueur très partial, Meurisse, écrivait plus de cent ans plus tard : «Voilà le pitoyable état auquel la ville de Metz était réduite alors et les effets horribles de ce libertinage diabolique, auquel l'enfer avait ouvert la porte par le ministère de cet effronté et impudique hérésiarque, Luther : libertinage qui changeait ainsi les pasteurs en loups ravissants, les prêtres et les moines en ruffians, les religieuses en prostituées, les églises en cabarets, les observances quadragésimales en débauches, et la religion de nos ancêtres en impiété.»

Des religieux, il est vrai, attiraient l'attention des autorités : un chanoine de la cathédrale, Pierre Toussain, avait été accusé d'hérésie et condamné à l'exil; ses livres étant brûlés sur place publique. Comme Lambert, ce Toussain avait fait le tour des villes suisses avant de rencontrer Luther à Wittenberg. Celui-ci l'avait convaincu de prendre la tête de l'église de Montbéliard. Comme Strasbourg, Metz était une des cellules nerveuses de la Réforme.

Si les Messins s'exilaient, les Briards trouvaient refuge à Metz. C'est Nicole d'Esch qui avait accueilli Jean Leclerc et ses amis en 1525. Pierre Toussain, Leclerc, Nicole d'Esch et Guillaume Farel s'étaient clandestinement retouvés dans la ville. A l'*Auberge du Roi Hérode*, Jean Leclerc avait préparé avec ses camarades, l'imprimeur Jacques et le receveur Guerrard, l'opération du cimetière Saint-Louis, où ils avaient «pris un os de mort, rompu le nez et la couronne d'une image de la Vierge et la tête de l'image du petit Jésus, et la tête et les mains de la représentation d'un priant chanoine de la cathédrale nommé Pierre Roussel et les bras d'une vieille image de bois du bienheureux confesseur saint Fiacre», en disant que ces images «n'étaient que des idoles et des ouvrages de la main des hommes». Jean Leclerc avait été exécuté au Champ-à-Seille, au milieu d'une foule immense contenue par des centaines de soldats. Jacques le libraire avait été cloué au pilori pendant son exécution. On lui avait coupé les oreilles avant de le bannir de la ville. Seul, Guerrard avait réussi à s'échapper.

Le Magistrat n'avait plus aucune indulgence envers les «luthériens». Il craignait les troubles et l'entraînement populaire. On renouvela l'interdiction des livres de Luther, en offrant une prime à la délation : celui qui dénoncerait un lecteur clandestin toucherait le tiers de l'amende. Les libraires, coupables d'avoir vendu Luther, paieraient la somme énorme de dix livres. «L'exécution si chaude et si exemplaire du cardeur Jean Leclerc, note Meurisse, produisit de très salutaires effets, car elle remit les esprits dans le devoir et dans l'obéissance.» Mais il ajoute : «La santé qui fut ainsi rendue à beau corps eût été bien plus ferme et plus constante sans le dangereux vent qui, soufflant principablement du côté de Strasbourg, apportait toujours ici quelque mauvais air.» La «ville sainte de la Réforme française» (Lucien Fèbvre) accueille en transit tous les persécutés de Metz. Lefèvre, Roussel, d'Arande, Farel, Caroli, tous passent par Strasbourg. Farel, qui prêche en 1524 contre un cordelier à Montbéliard, est attiré à Metz par Nicole d'Esch ; il s'évade par ses soins et gagne Strasbourg, d'où il rejoint la Suisse. Il rencontre à Strasbourg beaucoup d'émigrés messins : le «moine luthérien» Moesel, qui devient le secrétaire de Bucer ; le dominicain Pierre Brully. La circulation clandestine des hommes de la Réforme en Europe rhénane est étonnante : ils sont assurés de trouver un bon accueil dans toutes les villes suisses, à Bâle, à Zurich, à Berne et même à Genève. Mais les villes les plus ouvertes sont Strasbourg et Montbéliard. Il est remarquable que la circulation se fait dans tous les sens. Quand les Messins, ou les hommes expulsés de Metz, arrivent jusqu'à Luther à Wittenberg, jusqu'à Zwingli à

Zurich, ceux-ci les renvoient aussitôt vers l'ouest, pour qu'ils continuent de prêcher la réforme. Certains font plusieurs séjours à Metz. Mais ils sont toujours obligés d'en partir.

C'est que la ville, dans sa majorité, reste catholique. Les cercles réformateurs sont épiés, surveillés de près. On redoute autant le duc de Lorraine, qui vient d'écraser les rustauds, que l'inquisiteur du pape. Le Magistrat n'ose pas faire de choix politique. A la diète de Spire, en 1529, cinq princes et quatorze villes déclarent rester fidèles à la religion catholique. L'empereur constate avec satisfaction que la ville de Metz, dont il vient d'alléger les impôts, est de celles-là. Metz n'est attirée ni par les luthériens ni par la *Confessio tetrapolitana* que viennent de rédiger, à la hâte, Bucer et Capiton pour la diète d'Augsbourg. Même si le Magistrat, pour des raisons de politique fiscale, songe après 1534 à se détacher de l'Empire, il n'est tenté à aucun moment par l'exemple de Strasbourg. Comme l'écrit Tribout de Morembert, « le clergé est puissant, le maître échevin peu favorable aux idées nouvelles, et le peuple docile ». Il faut remarquer que toutes les vedettes de la Réforme sont passées par Metz. Certaines y ont fait plusieurs séjours. Mais aucun n'a pu s'installer durablement dans la ville.

De ce point de vue, Metz a bien verrouillé la frontière. Les Strasbourgeois n'ont pas fait d'émules dans le royaume. Metz était le relais des exilés, mais non la base des prédicateurs qui regardaient vers l'ouest. Pour atteindre le royaume, les idées des réformés devaient suivre un autre itinéraire : celui du Rhin, qui, par Bâle, descendait sur Montbéliard, à la porte de la Bourgogne. Ville d'Empire fidèle au pape comme à l'empereur, Metz faisait figure de forteresse catholique, en dépit des petits groupes actifs de Messins réformés qui avaient trouvé le salut dans la fuite. De retour en 1542 dans la ville, Guillaume Farel ne parviendrait pas, malgré sa tumultueuse éloquence, à la faire basculer vers la Réforme. Le Magistrat messin tint tête aux envoyés de Strasbourg qui soutenaient Farel. Une fois de plus, il dut quitter Metz sans obtenir la décision. Le roi de France recevait de ses espions, nombreux dans la ville, des rapports favorables : la porte était bien gardée.

3.

Les imprimeurs de Lyon

S'il était facile de fermer la porte de Metz, il était impossible de verrouiller Lyon. La ville, en un demi-siècle, avait plus que triplé. Avec 70 000 habitants, elle était aussi peuplée que Londres ou Florence : après Paris (300 000 habitants environ), elle était la ville la plus riche du royaume, celle dont la croissance avait été la plus rapide.

Elle devait sa fortune, certes, à l'heureuse époque qui avait suivi la guerre de Cent Ans. La paix restaurée avait encouragé la reprise foudroyante de la natalité. Mais Lyon était peuplée d'immigrants venus des montagnes et des pays voisins, de l'Ardèche, du Dauphiné, du Beaujolais, et aussi de Savoie, de Suisse, d'Italie. Les affaires attiraient les hommes, et celles de Lyon étaient prospères.

Quatre foires par an rétablies par privilège royal en 1494 : Charles VIII ouvrait grandes les portes de la ville aux étrangers. Les Italiens pouvaient s'y rendre facilement par les cols des Alpes. La Saône et le Rhône étaient des voies commodes, à une époque où l'essentiel du trafic des marchandises se faisait sur les fleuves. La Loire n'était pas loin. Lyon devenait une place de transit entre le grand commerce italien, venu du lointain Orient, et les pays marchands de la mer du Nord, entre Gênes, Venise et Anvers. Dans les années 1460, les Médicis, les plus grands banquiers de l'époque, s'étaient installés à Lyon, abandonnant Genève. La fin de la guerre de Cent Ans permettait à Lyon de supplanter définitivement sa rivale.

La ville était un chantier perpétuel et les nouveaux quartiers s'alignaient le long des fleuves. Les banquiers italiens avaient suivi les Médicis et les marchands, les rois de la soie et des épices installaient des palais tout près de leurs comptoirs. Ils rassemblaient entre leurs mains une grande partie de la richesse de la ville. Lucquois et Florentins étaient les plus riches. Mais les Allemands, très spécialisés dans la métallurgie et l'imprimerie. avaient aussi fondé une sorte de colonie. Les marchands n'avaient pas de patrie : ils venaient d'Italie, d'Allemagne, d'Espagne ou de Suisse. On parlait toutes les langues sur les quais du Rhône, même le portugais ou le flamand. Plus de 6 000 marchands fréquentaient les foires, avec 6 000 tonnes de marchandises. En 1534, un marchand italien s'était présenté à la porte du Pont-du-Rhône avec 40 mulets portant 57 balles d'épices, 11 balles de pacotille et 14 caisses lourdement chargées... Des milliers de mulets, de bœufs tirant des chars, de chevaux attelés franchissaient ainsi, tous les jours, les cinq portes de la ville. Par la porte des Farges, partaient les convois pour le Languedoc, l'Aquitaine et l'Espagne. Au droit de la très active rue des Flandres, la porte de Pierre-Scize donnait accès à la route de Paris, de beaucoup la plus fréquentée. Elle conduisait les marchands à Roanne, d'où ils pouvaient prendre les bateaux rapides à huit rames qui permettaient de gagner Blois en sept jours. De la Loire, par voie de terre, on rejoignait Paris, les Flandres ou l'Angleterre. On pouvait aussi remonter la Saône et gagner la vallée de la Seine par Troyes. Ce «chemin de Bourgogne» était moins fréquenté que le «chemin de Moulins», où circulaient les courriers rapides entre Lyon et Paris. Sur cette distance, on pouvait arriver en deux jours, en crevant les chevaux.

Le «chemin de Bourgogne» permettait aussi, par la haute Saône, de rejoindre la Lorraine et les pays de la Meuse, soit Strasbourg et les pays du Rhin par la Franche-Comté. Une autre route, pour gagner l'Allemagne, partait de la porte Saint-Marcel, qui assurait aussi le trafic avec Genève. Ce «chemin d'Allemagne» passait par Gray. Il était emprunté par les libraires qui se rendaient aux foires de Francfort.

Les caravanes alpines entraient dans la ville par la porte du Pont-du-Rhône, lourdement chargées de produits d'Orient. Mais les routes de montagne étaient concurrencées par le Rhône où naviguait la flottille des barques venues de Marseille. La remontée du Rhône était difficile : il fallait sept jours aux bateaux de blé pour aller de Valence à Lyon. Mais il aurait fallu des milliers de mulets pour livrer par voie de terre aux Lyonnais les 250 000 hectolitres de vin et les 200 000 hectolitres de blé dont ils avaient besoin chaque année pour leur consommation. Les bœufs lents d'Auvergne assuraient le roulage sur le grand chemin du Centre, qui par Feurs et Thiers, gagnait Clermont-Ferrand, Limoges et le Poitou : une route essentielle pour les cuirs, les toiles, les draps, car Lyon était le premier marché pour les draps du Poitou.

Tous les jours, arrivaient à Lyon des voyageurs, des marchands, des messagers, des bateliers ou des muletiers venus de Bourgogne, de Genève, de Strasbourg, de Lorraine, des Flandres, mais aussi du Languedoc, de Paris ou de Marseille. Lyon était au centre d'une étoile de routes et de voies fluviales qui la mettait en contact avec toutes les grandes villes d'Europe occidentale, avec toutes les régions du royaume. Les grandes affaires passaient alors forcément par cette place européenne. La fortune des Lyonnais venait du textile, les précieux draps de soie en provenance d'Italie dont ils avaient le monopole de la distribution dans le royaume ; les laines du Languedoc, de Provence et d'Auvergne, les grosses toiles du Massif Central et même le chanvre du Beaujolais trouvaient facilement acheteurs dans les foires. Lyon attirait aussi une part notable du commerce des épices qui venaient d'Italie par les Alpes et de plus en plus par le port de Marseille. On importait chaque année 500 balles de poivre, de la cannelle, du gingembre. Lyon avait retiré ce trafic, qui rapportait gros, aux ports languedociens de Montpellier et d'Aigues-Mortes, grâce aux encouragements royaux... Les riches marchands qui dominaient le commerce avaient installé l'industrie : Lyon faisait travailler, dans le textile ou la pelleterie, toutes les régions qui l'entouraient. La ville importait aussi des métaux d'Allemagne, le cuivre, le plomb, le zinc, l'acier de Milan et le fer de haute Bourgogne pour ses fabriques d'armes et ses nombreuses chaudronneries. Saint-Etienne, Saint-Chamond fabriquaient des hallebardes et des arquebuses. A Bourgneuf, à Saint-Georges, sur la rive droite de la Saône, s'entassaient les compagnons des nouveaux métiers ainsi que dans la presqu'île, où habitaient les «gagne-deniers». Ils commençaient à s'installer sur la colline de la Croix-Rousse, car le textile avait besoin de plus en plus de bras. Les plus riches habitaient autour du Pont-de-Saône, dans les quartiers de la place du Change : à Lyon comme à Florence, la richesse avait engendré la ségrégation de l'habitat. Les riches ne se mélangeaient pas aux pauvres, surtout s'ils étaient banquiers, donc italiens, ou imprimeurs, donc allemands.

Rue Mercière, ils faisaient fortune en imprimant, en 1530, 110 livres dans l'année. Strasbourg en fabriquait à peine une trentaine, et Paris 297. Lyon produirait au XVIe siècle au moins 15 000 volumes, contre 25 000 à Paris. C'était la seconde ville du royaume pour le livre.

Sur 49 imprimeurs installés, 22 étaient allemands. Le plus grand de tous était Trechsel, qui utilisait, pour illustrer ses livres, les dessins de Holbein. Il avait été l'un des premiers à faire tailler des caractères grecs, comme son collègue Gryphe utilisait des caractères hébreux. Né en Souabe, fils d'imprimeur, il avait commencé sa véritable carrière à Lyon comme facteur d'un libraire vénitien. Installé à son compte, il s'était spécialisé dans les lettres latines et fournissait une partie de la France en livres de classe. Mais il imprimait aussi les ouvrages des humanistes, Erasme, Rabelais, les poètes comme Marot et Scève. Il avait reçu à Lyon, lui trouvant un emploi de correcteur, Etienne Dolet.

L'imprimerie demandait alors tous les talents : il ne suffisait pas d'être riche pour fonder une compagnie. Il fallait connaître la technique allemande de l'impression et de la frappe des caractères, il fallait avoir longtemps vécu dans le milieu international des lettrés qui connaissaient les manuscrits, les différentes publications européennes, les marchés possibles. Ainsi se constituaient les dynasties de libraires-imprimeurs, et parfois de véritables familles : la fille de Trechsel avait épousé un Flamand, Joss Bade, un associé de son père. La fille de Joss Bade devait épouser le fils de l'humaniste Henri Estienne, Robert Ier Estienne, lui-même beau-fils de Simon de Collines, l'ami de Lefèvre d'Etaples. Joss Bade, comme son ancien patron Trechsel, était lui-même un lettré : à Ferrare, Battista Guarini lui avait appris le grec, et Beroaldo le latin. Le Florentin Giunta avait appris le métier chez son oncle, installé à Venise. Il était le plus grand éditeur lyonnais de droit, de médecine et de théologie. Sa maison d'édition faisait travailler plus de vingt imprimeurs. Il était le plus important des cinq éditeurs italiens de la ville. Comme Trechsel restait, pour ses affaires, en contact permanent avec Bâle et Francfort, ainsi Giunta restait-il en rapport avec les éditeurs de Venise, tout en installant des comptoirs dans les grandes villes universitaires espagnoles : Burgos, Salamanque et Madrid.

Les vingt imprimeurs lyonnais approvisionnaient en livres tout le Midi de la France. Ils avaient des comptoirs à Toulouse où ils vendaient leur propre production, mais aussi celle des presses allemandes et italiennes. La réputation de l'humanisme lyonnais était telle à Toulouse, dès le XVe siècle, que l'imprimeur,

Buyer, avait pu y fonder une succursale. Un Savoyard, Jean Claret, y gérait ses affaires. Par Toulouse, les Lyonnais contrôlaient le marché du Sud-Ouest, qu'ils disputaient aux Parisiens. Ils avaient toutes les possibilités de faire vendre aux bourgeois d'Albi, de Montauban et de Carcassonne, la production des presses de Bâle et de Strasbourg.

Les spécialistes de l'exportation en France des ouvrages bâlois étaient les frères Frellon, qui avaient fondé à Lyon *L'Ecu de Cologne*, sur le modèle de la maison d'édition parisienne *L'Ecu de Bâle*, de Conrad Resch. Jean et François Frellon cachaient à peine leur jeu : ils s'étaient installés à Lyon, venant de Bâle où ils avaient appris le métier, parce que la ville leur offrait, plus que Paris, des conditions de sécurité pour la diffusion des ouvrages publiés par les réformateurs allemands et suisses.

Comment les autorités lyonnaises auraient-elles pu empêcher la circulation de ces livres ? Il aurait fallu fermer d'un coup toutes les librairies. Le roi y avait un moment songé, car cette solution radicale était la seule qui pût interdire efficacement la vente des ouvrages séditieux. Encore aurait-il fallu contrôler aussi la contrebande et le colportage. Comment localiser, identifier les publications hérétiques parmi les centaines de livres publiés en allemand et en latin qui s'offraient aux acheteurs sur les étalages des foires ? Dans les balles déchargées sur le port, dans les tonneaux bourrés d'ouvrages qui venaient du Rhin, il était bien difficile de faire la part du diable. Comment passer au crible les convois muletiers qui entraient dans la ville tous les jours ? Il aurait fallu faire ouvrir les paniers de châtaignes et les barriques de harengs. A cette époque où beaucoup de produits se transportaient encore à dos d'homme, il aurait fallu fouiller tous ceux qui portaient « à col », les colporteurs, sur les routes de montagne. D'ailleurs, ces routes n'étaient pas des voies pavées, balisées, entretenues. On passait les rivières à gué et l'on circulait bien souvent sur des sentiers poussiéreux, où les agents du roi ne se risquaient qu'en troupe.

Les ballots déchargés à quai échappaient encore plus au contrôle : les «affaneurs», ces manœuvres lyonnais des ports, les déchargeaient par milliers ; ils n'avaient pas leur pareil pour faire disparaître, sous le nez des douaniers, les ballots suspects. Ils étaient assurés de recevoir de la part des libraires une honnête commission. La contrebande était une spécialité lyonnaise.

Les libraires étaient naturellement à la merci des contrôles et des perquisitions ; la saisie des livres dangereux pouvait les envoyer en prison. Mais les grands éditeurs lyonnais prenaient ce risque. Un Gryphe accueillait et protégeait Etienne Dolet. Les frères Frellon, qui se disaient catholiques, ne pouvaient pas cacher leurs relations avec leurs amis de Bâle. Robert Estienne recevait constamment des Genevois. Il était inévitable que le milieu des imprimeurs lyonnais fût soupçonné d'hérésie.

Même les ouvriers étaient gagnés : si les maîtres étaient la plupart du temps des «suppôts» de l'Université, les compagnons pouvaient être eux-mêmes fils de bourgeois, de marchands ou d'officiers royaux. Pour composer les textes, ils devaient non seulement savoir lire, mais connaître le latin et le grec. On était bien sûr moins exigeant pour ceux qui maniaient les presses. S'ils étaient illettrés en entrant à l'atelier, ils apprenaient rapidement à lire, pour peu qu'ils eussent de l'ambition. Les compagnons lyonnais faisaient le tour de France des imprimeries, et les contacts professionnels, d'une province à l'autre, étaient constants. Ils allaient ainsi à Grenoble, Uzès, Avignon, Narbonne, Toulouse et Bordeaux, Nantes, Tours et Orléans, Chartres, Rennes et Tréguier, Rouen et Abbeville, Provins, Châlons-sur-Marne et Troyes, Mâcon et Dijon. Mais, pour beaucoup, le «tour de France» avait des étapes étrangères : Dole et Besançon dans la Comté, Bâle et Strasbourg sur le Rhin. Gros mangeurs, grands buveurs de bière et de vin, les compagnons avaient le privilège de porter l'épée et s'en servaient volontiers dans leurs querelles. Pour lutter contre le travail écrasant (un compagnon lyonnais devait «tirer» plus de 3 000 feuilles par jour), ils se groupaient en confrérie, et menaçaient les maîtres de faire la grève. En ce temps où le droit d'auteur n'était pas protégé, ils pouvaient tirer en cachette des feuilles reliées à la hâte, qu'ils vendaient pour leur compte. Les femmes de compagnons assuraient à Lyon ce trafic clandestin, notamment pour les livres interdits.

La ville était assez riche pour constituer un marché alléchant : l'édition avait deux mamelles, l'humanisme et la Réforme. Les cent presses lyonnaises fonctionnaient en permanence. Le livre se portait bien ; il avait pour clientèle des ecclésiastiques, hauts dignitaires de l'Eglise, étudiants et professeurs de l'Université, des juristes et des officiers royaux, des marchands et des riches bourgeois. A Lyon, même les pâtissiers et les cordonniers achetaient des livres. Naturellement, les tirages somptueux des presses de Gryphe n'intéressaient que les lettrés, ceux qui recherchaient les éditions savantes et bien illustrées. Mais le succès des éditions de *Gargantua* et de *Pantagruel* (il en a été plus vendu par les imprimeurs en deux mois qu'il ne sera acheté de Bibles en neuf ans, disait Rabelais) montre que la clientèle populaire ne se portait pas seulement vers les almanachs et les livres de piété.

Seuls, les clercs ayant suivi les cours de l'Université au plus haut niveau pouvaient s'intéresser aux publications des humanistes, qui étaient eux-mêmes, la plupart du temps, des clercs. Depuis le XIVe siècle, un effort d'alphabétisation consenti par l'Eglise avait porté, si l'on en croit Chaunu, à 10 % la masse de la population sachant lire et écrire. Rabelais avait-il à Lyon 8 000 lecteurs ? Entre 1521 et 1527, la totalité des étudiants fréquentant les universités d'Allemagne ne dépassait pas 2 000. Même s'ils étaient, en France, plus nombreux, on peut penser que les publications des humanistes intéressaient une faible clientèle. Erasme n'était pas un *best-seller*.

Mais le milieu littéraire lyonnais, même réduit à un

tout petit nombre de clercs, de riches marchands, d'étudiants et d'officiers royaux, était naturellement ouvert à toutes les publications : les livres savants venus d'Italie et les ouvrages de théologie importés d'Allemagne. Ce milieu était assez développé pour que la cour y trouvât ses délices. L'axe Lyon-Paris, au temps des guerres d'Italie, était essentiel pour le pouvoir. Lyon était la place d'armes des rois partant pour l'Italie. Ils y trouvaient tout ce qui leur était nécessaire : l'argent, les équipements, les armes, les munitions et les objets de luxe dont la cour raffolait. François Ier s'y était installé en 1524. Il avait exigé de la ville des soldats et des subsides. Il avait fait venir la reine et sa sœur Marguerite d'Angoulême. Logé au cloître de Saint-Just, il était surpris de l'accueil raffiné que les grands marchands italiens lui avaient réservé. Louise Labbé et Clémence de Bourges avaient illustré les cercles littéraires de la ville, si délicatement chantée par Maurice Scève. L'hôtel de Jeanne Stuart, à l'angle de la place du Change et de la rue Saint-Jean, fréquenté par Louise, «la Belle Cordière», et par Claudine Scève, réunissait une société de femmes de lettres très exceptionnelle pour l'époque. Bientôt, Marguerite ne voulait plus quitter Lyon. Elle laissa le roi partir pour l'Italie, nouant aussitôt de solides amitiés. Elle écrivit à Lyon ses plus beaux poèmes, qu'elle lisait à son aumônier Michel d'Arande.

Michel d'Arande, Marguerite d'Angoulême... Les anciens protecteurs du groupe de Meaux n'étaient pas sur les bords du Rhône pour trousser des sonnets. La sœur du roi était trop engagée dans l'évangélisme pour ne pas avoir des arrière-pensées. «Mme d'Alençon est à Lyon. Loué soit Dieu», écrivait à Farel le chevalier de Coct, un Lyonnais dévoué à la cause. En effet, la duchesse ne tardait pas à s'informer : pourquoi n'y avait-il pas de prêches à Lyon ?

Lyon n'était pas, comme Meaux, un gros bourg rural sur la route d'Allemagne. Qui tenait Lyon prenait la France ; la ville pouvait être le centre français de la Réforme, une nouvelle Rome. Quand son frère songeait à prendre l'Italie, Marguerite, surprise par les ressources immenses des Lyonnais, ne rêvait que d'investir le royaume. Lyon avait des presses, de l'argent, le contact facile avec l'Allemagne. Des milliers de Lyonnais pouvaient devenir des lecteurs de l'Evangile. Les imprimeurs pouvaient réaliser sur une grande échelle ce que Simon de Collines avait fait pour Briçonnet à Meaux, en guise d'expérience. Combien de Bibles de Lefèvre d'Etaples, ces affaneurs de la Saône pourraient-ils charger dans les barques? Les éditeurs avaient des liens d'amitié avec tous ceux qui, à Paris déjà, bravaient les foudres de la Sorbonne pour diffuser les «bons livres». Mais ceux de Lyon n'avaient à redouter ni l'Université ni le Parlement. Il n'était sans doute pas difficile de gagner aux idées nouvelles ceux qui pouvaient en servir la diffusion. La bourgeoisie lyonnaise était peut-être déjà conquise. Mais il fallait engager un mouvement de prédication populaire, pour que ces masses d'ouvriers misérables, de manœuvres payés à la journée, de vagabonds sans logis, abandonnent, comme à Meaux, les prêches des cordeliers et pèsent de tout leur poids sur le consulat pour qu'il bascule, comme à Bâle ou Strasbourg, du côté de la Réforme.

La duchesse avait-elle prémédité ce genre d'action à Lyon? Elle y vint accompagnée de Michel d'Arande et d'Antoine Papillon. D'Arande était un professionnel de la prédication. Ancien du groupe de Meaux, il avait prêché dans le duché de sa protectrice, et plus récemment l'*Avent* dans la cathédrale de Bourges. Quant à Papillon, ce premier maître des requêtes était à Lyon comme membre du Grand Conseil royal, mais il ne cachait pas ses sympathies pour la Réforme : il avait traduit en français le *De Votis monasticis* de Luther, qu'il avait dédié à la duchesse. Il était entré aussitôt en relation avec les notables lyonnais qui partageaient ses idées. «L'évêque de Séez, écrivait-il à Zwingli, Dampierre, Sevin, Matthieu, le bailli d'Orléans, Pierre Ami, homme de grand savoir et de grande foi t'embrassent. Ton compagnon d'esclavage dans le Seigneur, le serviteur inutile de Jésus-Christ, Papillon.»

Serviteur inutile? Papillon, comme la duchesse d'Angoulême devaient être prudents. Le roi était dans la ville et ne voulait pas entendre parler d'hérésie. Il y avait eu déjà des prêches à Lyon. Ils s'étaient mal terminés.

Le terrain de l'évangélisme était préparé de longue date par le souvenir des lointains vaudois. De Lyon, était parti, vers 1160, le marchand Pierre Valdo, pour réformer l'Eglise et prêcher l'Evangile. Il avait été persécuté, lui et ses disciples qui parcouraient les routes deux par deux, sous le nom de «pauvres de Lyon».

Disparus, les vaudois? Ils formaient encore en Dauphiné des communautés clandestines. Ils s'étaient accrochés aux flancs du mont Pelvoux. Dans le diocèse de Valence, les «chagnards» du Vercors étaient un autre point de résistance. Nombreux dans le Sud des Alpes, ils étaient absents des grandes villes où l'Inquisition les traquait. En 1488, une croisade tardive avait été jugée nécessaire par le pape Innocent VIII pour les exterminer. De Montbéliard, Farel avait pris contact avec leurs communautés. Leurs chefs, les «barbes», avaient accepté de réunir tous les vaudois du Piémont et du Dauphiné pour confronter leur foi avec le nouvel Evangile.

Les idées nouvelles ne pouvaient être véhiculées par les derniers survivants de l'hérésie vaudoise, trop occupés à se cacher dans les montagnes. Elles s'acclimataient dans les monastères lyonnais, peut-être en raison de l'influence de Gerson, qui avait fait retraite, à la fin de sa vie, au couvent des célestins. Pourtant, il n'avait pas vu l'intérêt de traduire en français les Ecritures saintes. Il faudra attendre cinquante ans après sa mort (1428) pour que deux augustins impriment d'anciennes traductions françaises des Evangiles. Il faut croire que l'évangélisme était alors suffisamment répandu dans les couvents et chez les imprimeurs pour que, dès 1520, le dominicain Valentin Levin reçût du roi des lettres patentes, au titre d'«inquisiteur de la foi» pour «rechercher et brûler les mauvais livres et les mal pensants», et procéder «à l'inquisition des marraus et hérétiques». Sans doute la municipalité fut-elle assez habile pour prêter à l'inquisiteur un appui nuancé : de 1520 à 1524, aucune trace d'arrestation ni de persécution ne figure dans la chronique. Il est vrai que les archives de la ville comportent à cette époque des lacunes étranges.

Les magistrats ne voulaient pas, en tolérant l'hérésie qui avait manifestement des adeptes chez les libraires et imprimeurs, mais peut-être aussi chez les marchands, prendre le risque de déplaire au roi qui venait de conclure avec le pape le concordat de 1516. Mais ils ne voulaient pas davantage décourager les marchands allemands et suisses, déjà acquis à la Réforme, très bien implantés dans les foires. Quand François Ier leur avait demandé d'arrêter «pour les rançonner et les butiner» tous les Allemands et les Espagnols présents sur la place, ils avaient présenté au roi de sages remontrances et imploré la tolérance. «Qu'il plaise au roi, disaient-ils, donner relâche auxdits marchands, mêmement à ceux qui seraient chargés du soupçon d'hérésie.» Le roi avait cédé, les marchands étrangers avaient été relâchés.

Un arrêt royal condamnait cependant, en 1529, les «luthériens» qui refusaient, à Lyon, de payer les dîmes au clergé. Exagérait-il l'influence et l'activité des suspects ? «Depuis cinq ans, disait l'arrêt dans ses attendus, (c'est-à-dire depuis 1524), la secte luthérienne pullule dans la ville de Lyon et pays et diocèse de Lyon, et plusieurs fausses doctrines ont été semées et divulguées, tant par de pernicieuses prédications mal sentant de la foi catholique que par certains livres réprouvés, compilés, par ceux de ladite secte. Un grand nombre de peuples a été séduit et dérouté de la vraie et saine doctrine. Des gens dévoyés à l'obédience de la sainte Eglise ont fait des assemblées illicites à sonneries de tocsin, ils ont conspiré et machiné de ne payer plus aucune dîme sinon à leur volonté, qui est de ne rien payer.» Les magistrats du roi demandaient que ces «luthériens» se présentent dans les trois jours devant le sénéchal, avec leur bourse bien garnie, faute de quoi ils subiraient les peines de bannissement et de confiscation de leurs biens. Le refus de la dîme était-il lié à la diffusion des idées évangéliques? Nous n'en savons rien. Tout au plus connaît-on les noms de deux marchands qui importaient de Bâle, en 1523, des ouvrages condamnés : Pierre Verrier et Jean Vaugris. Ils avaient demandé à Farel qu'il leur procurât les traductions françaises de l'Evangile. «Ce serait un grand bien pour le pays de France, et Bourgogne, et Savoie», lui écrivaient-ils.

Pour empêcher la circulation des livres interdits, François Ier avait chargé le puissant seigneur de Tournon, nommé gouverneur, de pouvoirs étendus de police et justice. Il devait organiser dans Lyon la surveillance et la censure des livres. Mais comment empêcher les prédicateurs et les marchands de prendre la route? Un certain Antoine Du Blet prit, cette année-là, le chemin de Bâle pour y rencontrer Farel, qui s'intéressait de près à la situation lyonnaise. Ils avaient fait ensemble le voyage de Wittenberg pour voir Luther. Du Blet aurait été l'un des premiers prédicateurs lyonnais.

Rien n'est resté de ses prêches. La chronique, en revanche, est prolixe sur le prédicateur franciscain Pierre de Sibiville, originaire, comme Farel, de Gap. Il s'était fait remarquer à Sisteron, où sa parole émouvait la foule des paroissiens, par des gens de Grenoble. Les consuls de cette ville avaient réussi à s'attacher ses services. On se disputait de ville en ville, à l'époque, les bons prédicateurs.

Les consuls grenoblois ne pouvaient savoir que le franciscain, originaire comme Lefèvre d'Etaples de Picardie, était un évangéliste convaincu. Renonçant à toute prudence, il avait prêché le carême de 1523 en reprenant certains termes de Luther. Pour attaquer Rome et le pape, il parlait de la «captivité de Babylone». Contre les superstitions imposées ou véhiculées par l'Eglise, il évoquait «la liberté du chrétien». Ses propos touchaient les uns, scandalisaient les autres.

N'avait-il pas recommandé, en plein carême, de ne pas respecter le jeûne ? N'avait-il pas fait, devant des religieuses, l'apologie du mariage des clercs ? Emprisonné, il avait été libéré par la municipalité, qui craignait des troubles, le franciscain ayant, dans la ville, un public de fanatiques. Les consuls de Grenoble avaient dû cependant le bannir, car il devenait de plus en plus le porte-parole de Farel et de Luther.

Il s'était réfugié à Lyon où l'on demandait des prédicateurs pour prêcher le carême, en 1524. Mais il avait dans la place un rival de choix, le dominicain Amédée Maigret.

A Sainte-Croix de Lyon, Maigret avait suffisamment intéressé et intrigué son public pour que le chapitre lui versât un cachet de quarante livres, très supérieur à celui de son prédécesseur — mais aussi pour que le vicaire général Rolin de Semur lui demandât des précisions sur sa doctrine. Qui avait demandé au dominicain de prêcher ? Le banquier Antoine Du Blet ? Ses liens avec de Coct, le correspondant de Farel, étaient assez connus pour qu'on s'en inquiétât. Celui qui avait sollicité Maigret savait, à l'évidence, que son prêche risquait d'inquiéter les catholiques orthodoxes. Avant même que Marguerite d'Angoulême arrivât à Lyon, il se trouvait dans le chapitre de la ville des clercs pour donner la parole à un prédicateur favorable à la Réforme.

L'interrogatoire ne permettait pas de le condamner. Certes, il avait affirmé qu'il refusait d'admettre l'autorité suprême de l'Eglise et que le pape ni le concile ne pouvaient être considérés comme infaillibles. Mais il respectait les œuvres et les sacrements. Il était infiniment plus prudent que Sibiville. Maigret repartit librement pour Grenoble, où les consuls l'avaient sollicité. Il prononça en avril un sermon dans la cathédrale, qui devint si célèbre qu'il fut imprimé à Lyon en novembre. « Bien qu'ayant parlé *leniter et dilute*, dit Hours, cet unique sermon avait paru mettre le feu à tout le Dauphiné.» De nouveau, il avait mis en cause l'autorité de l'Eglise, et particulièrement celle de l'évêque de Grenoble. Le seul article de la foi était la croyance en Jésus-Christ : «La foi de Jésus-Christ est de croire que rien n'aurons jamais en paradis que par la vertu de la foi ou confiance (c'est tout un) que nous avons en lui.» La foi est espérance parce qu'elle est confiance, elle est la certitude du pardon. Cette foi intérieure n'a que faire des cérémonies de l'Eglise ni de la vie monacale. «Je ne dis pas que ce soit péché, grinçait Maigret, porter une robe blanche, et, pour parfaire la livrée, une chape noire dessus, un scapulaire pendant dessous, ne manger point de chair, ne boire qu'à deux mains et innombrables autres cérémonies extérieures. Mais je dis que celui qu'à cela t'oblige, usant de puissance coercitive, te commandant telles choses observer sous peine d'éternelle damnation, ou comme vous dites sur peine due à péché mortel..., il te met sous le pédagogue.» Maigret n'est pas contre les pratiques de l'Eglise ni de la vie monastique. Elles peuvent être «très belles choses». Mais il n'admet pas qu'on oblige les chrétiens à les observer, qu'on impose un rituel, comme s'il était la seule condition du salut : «Qui les commande sous peine d'éternelle damnation nous ôte la liberté que Jésus-Christ nous a donnée et nous met en intolérante servitude.»

Ainsi les moines, pas plus que les chrétiens, n'ont besoin d'autre guide que le Christ. On n'est pas sauvé par les œuvres, par le mérite personnel, mais par la grâce de Dieu, promise à tous. Le rituel de l'Eglise ne suffit pas à gagner le paradis; au contraire, il en éloigne, et les règles prescrites peuvent être inspirées par le diable, comme le carême et ses jeûnes, ou le célibat des prêtres, puisqu'elles sont autant d'occasions de péchés. Seule la soumission, par le cœur de l'homme à Jésus-Christ, peut assurer son salut.

Mettre les mérites de l'homme avant la grâce, c'est, dit Maigret, «mettre la charrue avant les bœufs». Son discours n'est pas d'un hérétique, mais d'un chrétien indigné. Imposer les règles du rituel papiste, c'est revenir à l'état de l'Eglise antérieur à la venue du Christ, quand les fidèles étaient sous l'autorité des lois de Moïse, soumis comme l'enfant au «pédagogue». Il ne peut y avoir de «pédagogue», fût-il évêque ou pape. La seule autorité est celle du Christ.

Ainsi, Maigret osait mettre en question les vœux monastiques et la discipline dans l'Eglise. Manifestement, un certain public grenoblois lui faisait bon accueil, comme il avait bien accueilli les prêches de Sibiville. Il fallait réagir. Un moine dominicain s'en chargea : il s'appelait Claude Rollin.

Tel était le déchaînement des passions religieuses dans la bonne ville de Grenoble que le prêche de Rollin, dans l'église de son couvent, attira non seulement la foule des clercs sensibilisés à la polémique, mais les bourgeois de la ville. Il n'y avait plus une place de libre dans l'église. Maigret lui-même s'était dérangé pour entendre les arguments de l'adversaire. Il assistait au prêche, assis sur un banc près du maître-autel. Les clercs se poussaient du coude pour le désigner. Il était devenu la vedette de Grenoble, tous voulaient voir ce «*quidam famosus frater Amedeus Meygreti*».

Rollin fut précis, implacable, intolérant. On n'avait pas le droit, disait-il, de mettre en doute la parole du Christ : «Si tu veux être parfait, va, vends tous tes biens et suis-moi», qui était la base de la vie monastique. L'Eglise avait besoin de ces dévouements, et le *De Votis monasticis* de Luther était un livre condamnable. Il fallait aussi respecter le culte de Marie et reconnaître le mystère de la visitation. N'avait-elle pas dit à l'ange : «Je ne connais point d'homme»? Toute atteinte au dogme de la virginité mariale était une intolérable impudence. Beaucoup, dans l'assistance, n'avaient jamais entendu parler de Luther. Ils s'étonnaient de la véhémence de frère Rollin. Maigret, pour sa part, était indigné qu'on le confondît avec le moine allemand condamné par Rome. Il voulait qu'on l'entendît, il brûlait de justifier ses thèses. Les juges de Lyon ne l'avaient-ils pas absous?

Le lendemain, le lundi de la Saint-Marc, il monte à

son tour en chaire, dans la cathédrale. L'assistance est encore plus nombreuse. Cette fois, le prêche de frère Rollin a mobilisé tous ceux qui s'intéressent à cette joute sur la foi. On remarque, dans le public, les femmes en très grand nombre. Le sermon est prévu tout de suite après la procession, avant la grand-messe. Les magistrats, les conseillers du Dauphiné sont présents au grand complet pour cette cérémonie officielle. Pierre de Sibiville est revenu, il ne veut pas manquer le prêche. Il se demande jusqu'où son confrère osera s'aventurer. Il est impatient, il trépigne...

Enfin, Maigret monte en chaire. Ses adversaires sont là, ils attendent. Il les prend directement à partie. Il dira tout ce qu'il pense, sans respect pour les «scolastiques théologiens» et les «docteurs académiques». Tant pis si cette église doit lui être interdite. Il saisit son scapulaire et son froc dans un grand mouvement d'indignation... Il fait mine de s'en défaire, s'il le faut, pour garder la liberté de penser et de parler selon l'Evangile.

Les dominicains, scandalisés, protestent, lancent des insultes pour le faire taire. Sibiville dit à frère Audry, son voisin : «Vous verrez qu'il dira merveille et soutiendra bien les opinions de Luther.» Mais le prédicateur n'a que faire de la thèse allemande. Il dit ce qu'il pense, jusqu'au bout, sans se soucier des interruptions et du tapage. Quand il accuse le diable d'avoir inspiré les règles religieuses, les cris couvrent sa voix, on ne l'entend plus.

A la sortie de la messe, les partisans de Maigret se regroupent pour empêcher les catholiques de le mettre à mal. Depuis Sibiville, on n'a rien entendu de plus scandaleux. Dans les boutiques, dans les familles, les opinions s'affrontent. Les clients du barbier, devant la cathédrale, perdent leur calme et menacent d'en venir aux mains. Des prédicateurs improvisés poursuivent l'action de Maigret et haranguent la foule sur les places, l'Evangile à la main. Il faut en finir, disent-ils, avec les moines menteurs et l'évêque voleur. Même si la municipalité de Grenoble était tentée par la Réforme, elle devait rétablir l'ordre. On ne vit plus Maigret dans la ville.

Après la capture du roi à Pavie, Marguerite ne pouvait plus protéger les prédicateurs. La reine Louise, régente, laissait faire à Paris la Sorbonne et le Parlement. A Lyon, les prisons étaient remplies par les inquisiteurs de la foi. Sibiville fut arrêté, condamné, brûlé vif à Grenoble en février 1525. Du Blet dut s'enfuir, ainsi que d'Arande qui prêchait à Mâcon. Maigret fut arrêté, de nouveau jugé à Lyon, puis transféré à Paris. Il passa deux ans en prison, et il aurait certainement connu le sort de Sibiville s'il n'avait été sauvé par son frère Jean Maigret, président à mortier au Parlement de Paris. La répression avait décapité le mouvement évangéliste à Lyon, comme à Meaux. Condamné au bannissement, Maigret passait, par Strasbourg, en Allemagne et terminait sa vie en Suisse.

La répression avait-elle extirpé l'évangélisme ? Une lettre de Sibiville écrite à Coct avant son arrestation peut permettre d'en douter. « Satan a éteint, disait-il, le fruit de l'Evangile en France pullulant, et même à Grenoble, ceux desquels plus tu espérais sont vacillants, et à moi a été imposé silence de prêcher sous peine de mort. Pour confabuler secrètement ensemble de l'Evangile, nul ne dit rien, mais d'en parler publiquement, il n'y pend que le feu. » Il était en effet impossible d'empêcher les adeptes de la réforme de se réunir pour prier à leur domicile. Les consuls de Lyon, pas plus que ceux de Grenoble, ne se seraient livrés à une persécution véritablement domiciliaire. Les Lyonnais devaient ménager les marchands et artisans étrangers. S'ils étaient arrêtés, ils se plaçaient sous la protection de leurs représentants. On peut penser que la persécution empêcha le développement de la réforme, au demeurant limitée, semble-t-il, au petit groupe de prédicateurs encouragés par Marguerite de Navarre, mais qu'elle n'avait pas la possibilité de traquer et de punir ceux qui, désormais, vivaient dans la clandestinité.

En revanche, l'Eglise se sentait assez menacée pour

recourir aux moyens spectaculaires, dans le dessein de reprendre son audience sur les foules. Les prédicateurs avaient fait douter du purgatoire ? On mit en scène une cérémonie d'exorcisme pour en offrir publiquement le démenti. Une religieuse venait d'être enterrée en dehors du cimetière, parce qu'elle était morte en état de péché mortel. Mais son amie, une jeune fille nommée Antoinette de Grolée, avait été hantée pendant son sommeil par son âme en peine. La supérieure du couvent en avait averti l'archevêque. Des dignitaires ecclésiastiques s'étaient rendus au couvent, dont Adrian de Montalembert, l'aumônier du roi. Antoinette, disait-il était possédée. Il fallait interroger l'esprit démoniaque qui la hantait. On avait fait dire à l'esprit que l'âme de la défunte était au purgatoire. Adrian de Montalembert avait publié, en 1528, la relation du « miraculeux événement » en la dédiant au roi. La jeune fille avait été libérée du démon, « à la confusion et extermination de la damnable secte des faux hérétiques luthériens et de leurs sectateurs », qui disaient et enseignaient que le purgatoire n'existait pas...

Le concile provincial réuni en 1528 confirme les inquiétudes de l'Eglise lyonnaise. Présidé, en l'absence du cardinal, par l'évêque de Mâcon, il retient six décrets, dont quatre contiennent la condamnation des doctrines de Luther. Deux seulement étaient consacrés à la réforme des mœurs. Il faut croire que les « frères » de Lyon, impressionnés par les dispositions de l'Eglise et de la cour, furent assez prudents pour échapper aux persécutions qui avaient frappé seulement les deux prédicateurs les plus en vue. Il est vrai que le consulat ne souhaitait nullement offrir à l'Inquisition le moindre prétexte à s'installer dans la ville. Il ne voulait pas de « chasse aux sorcières ».

L'influence des idées évangéliques continuait sans doute à s'affirmer dans les milieux proches de l'imprimerie lyonnaise. Il est douteux que les prêches aient obtenu une large audience populaire. Les lettres patentes signées par François Ier signalent seulement le refus de payer la dîme. Quant à la «grande rebeine» de 1529, elle fut une révolte frumentaire sans implications religieuses.

Le 25 avril, des placards révolutionnaires, signés «Le Povre», couvrirent les murs de Lyon. On sonna le tocsin. Une foule de mille personnes se souleva contre une taxe établie sur les vins, ameutée par les taverniers. Elle protestait aussi contre la cherté du prix du blé et les «accapareurs». On pilla quelques maisons de riches, et surtout un couvent dont le grenier était réputé. Un médecin originaire de Lorraine prétendit que l'on avait brisé sur la façade de sa maison trois statues du Christ, de saint Pierre et de saint Paul. Ce Champier donne à penser, dans sa relation des événements, que les meneurs de l'émeute étaient des «vaudois» et des «hérétiques», la plupart du temps étrangers à la ville. Il est le seul à avoir proposé cette interprétation, qui faisait des émeutiers de Lyon les frères des paysans souabes et alsaciens. Il est vrai que les consuls, qui étaient marchands et non pas, comme Champier, médecins, furent assez satisfaits de la répression qui envoya les meneurs à la potence. Il fallait bien protéger l'ordre, et le consulat s'en voulait de s'être laissé surprendre. Mais il n'avait pas envie de loger en ville une compagnie de lansquenets, il n'avait pas intérêt à laisser dire que les émeutes étaient le résultat d'une sorte de complot luthérien. Il ne voulait pas de provocation.

En toutes circonstances, le consulat cherchait à protéger le privilège des foires, à assurer la sécurité des étrangers. En 1534, un bourgeois de Berne, Baudichon de La Maisonneuve, avait trop parlé à l'*Hôtellerie de la Coupe*... Il disait, devant témoins, qu'il était inutile d'aller à confesse, que la messe n'avait pas de sens. Il fut dénoncé par un indicateur. Le tribunal de l'évêque, l'officialité, le fit arrêter et emprisonner. Il fut libéré sur les instances du consulat.

Les marchands étrangers pouvaient compter sur la protection du consulat et les réformateurs le savaient en Suisse et en Allemagne. Ils les utilisaient comme courriers. Quand il fut arrêté, le marchand de Berne était porteur d'une lettre de Farel pour un marchand venu de Paris, Etienne de La Forge. A l'hôtel, son comportement n'était pas celui d'un homme ivre qui ne tient plus sa langue, mais d'un fanatique toujours prêt à faire des recrues pour la foi. Avec son ami Le Colonier, il ne manquait aucune occasion de semer le doute dans l'esprit des Lyonnais de rencontre. «La paroisse de Saint-Didier est si grande, dit l'un d'eux à la table d'hôte, qu'il faut au moins 20 000 hosties pour faire communier les paroissiens. — Comment est-il possible, reprend Le Colonier, que Notre-Seigneur se puisse mettre en 20 000 parties?» Les deux amis laissaient traîner sur les tables des Evangiles en français, et, quand un voyageur s'en étonnait, ils en profitaient pour amorcer une discussion, commenter un texte. Ils ne se gênaient pas pour proposer aux Lyonnais de leur donner l'absolution, car, disaient-ils, «Dieu nous avait tous faits prêtres... Ils pouvaient aussi bien dire les paroles sacramentelles que nul autre». Etranges marchands, toujours prêts à répandre les livres et idées séditieuses, protégés par leur statut d'étrangers. Etrange faiblesse du consulat lyonnais... Comment interdire, dans ces conditions, l'exportation des livres? Comment interrompre le réseau secret des amitiés, qui mettait les Lyonnais, adeptes clandestins du nouveau culte, en constante relation avec Farel, qui, depuis 1532, prêchait à Genève et surveillait de près l'activité des «frères» de Lyon?

C'est un Lyonnais, Antoine Marcourt, un «mal sentant», qui rédigea à Neuchâtel, où il était pasteur, le texte célèbre des «placards», sur les presses de Pierre de Vingle, dit «Pirot». Il était connu pour son intransigeance et sa violence. En 1532, il avait voulu prêcher de force dans l'église de la comtesse de Valangin, bousculant serviteurs et desservants. Antoine Marcourt avait publié deux ouvrages violemment critiques, l'un contre le censeur de la Sorbonne : *Les Confessions de maître Noël Beda*; l'autre : *Le Livre des marchands, fort utile à toutes gens*, contre le pape, les évêques et les curés, assimilés aux marchands du Temple, et fort insolent à l'égard du « grand chapelier de Rome ». Il avait écrit deux livres contre la messe et ses « insupportables abus ». Avec les placards de Marcourt, la Réforme entrait dans une phase violente. Farel lui-même était dépassé : le petit groupe de Neuchâtel venait de braver le roi de France.

Des milliers d'exemplaires de cette petite affiche de 37 sur 25 centimètres avaient pris, de Lyon, le chemin de Moulins, d'où ils avaient gagné la capitale. Des centaines avaient été transportés par petits paquets sur les bords de la Loire, à Orléans, Blois, Tours. Le roi devait en trouver « jusque sur son drageoir », en son château d'Amboise. On les distribuait à Paris sous forme de tracts. Ils étaient collés sur les portes cochères. Nul ne pouvait manquer de les lire.

Ils étaient d'une incroyable violence et s'attaquaient uniquement à la messe. « J'invoque le ciel et la terre, pouvait-on lire, en témoignage de vérité contre cette pompeuse et orgueilleuse messe papale, par laquelle le monde (si Dieu bientôt n'y remédie) est et sera totalement désolé, perdu, ruiné et abîmé. » Par la messe, le Christ était « blasphémé » et le peuple « séduit et aveuglé ». Le Christ avait une fois pour toutes fait son sacrifice pour sauver les hommes. Il était impie et blasphématoire de réitérer ce sacrifice. « Le pape, et toute sa vermine de cardinaux, d'évêques et de prêtres », était un menteur. « Il ne se peut faire qu'un homme de vingt ou trente ans soit caché en un morceau de pâte. » La messe ne peut avoir qu'un sens commémoratif : elle oblige à se souvenir du sacrifice du Christ. Tout le reste est tromperie : « Le temps en est occupé en sonneries, hurlements, chanteries, vaines cérémonies, luminaires, encensements, déguisements et telles manières de sorcellerie. »

Attaquer la messe ? C'était aller bien au-delà des propos tenus à Lyon et à Grenoble contre les moines et leurs règles. C'était s'en prendre au cœur de la religion catholique. Ceux qui disent la messe, avait écrit Marcourt, étaient des «caphards» : «diseurs de messe» devenait une insulte. Etait-ce tolérable? La société seigneuriale dans beaucoup de provinces françaises ne pouvait que s'en indigner. La messe était, disait Lucien Fèbvre, «la revue générale des membres de la paroisse». Chaque dimanche, dans chaque village de France, «le curé, revêtu de ses ornements sacerdotaux, attendait patiemment, à la porte de son église, en domestique résigné, la venue du seigneur qui chaque jour l'employait à de menus travaux de jardinage ou de culture : le seigneur, non pas le divin Maître, mais le hobereau du village qui paraissait enfin à son heure, escorté de ses chiens aboyants et bondissants, suivi de mademoiselle sa femme dans ses beaux atours, et de messieurs ses enfants précédant les valets et les servantes du château : tout ce monde gagnait tumultueusement sa place au premier rang; le curé l'encensait». Détruire la messe? Fallait-il aussi raser les châteaux?

Il y avait plus : en anéantissant l'eucharistie, Marcourt annonçait sa volonté d'extirper de la religion son mystère cardinal, de la rendre accessible à tous, mais surtout claire pour tous. La présence de Dieu n'était plus à la merci d'un rituel obscur, dénoncé comme superstitieux, mais de la volonté personnelle de chaque croyant. De ce point de vue, les placards étaient une révolution. «Par cette messe, disait Marcourt à la fin de son texte, ils ont tout empoigné, tout détruit, tout englouti... Ils n'ont plus que la force. Vérité leur faut, vérité les menace, vérité les suit et les pourchasse, vérité les épouvante. Par laquelle brièvement seront détruits. *Fiat, fiat, amen!*»

L'audace de ce texte appelait à la répression : elle fut immédiate et féroce. On arrêta des quantités de suspects. On brûla, au hasard, ceux qui étaient déjà en prison. A Paris, le cordonnier Milon, le maçon Poille, le marchand Du Bourg furent les premières victimes. On brûla une maîtresse d'école sous prétexte qu'elle avait interdit à ses élèves de réciter les *Ave Maria*. «Dans Paris, dit la chronique, on ne voit que potences dressées en divers lieux.» Il y a plus de 300 arrestations, 35 bûchers. On arrête même des familiers du roi, comme le poète Clément Marot et son ami Jamet. Les libraires, les imprimeurs sont les premiers visés.

Une gigantesque procession est organisée en janvier 1535 pour montrer à la capitale toute la puissance du clergé, qui défile en bon ordre derrière le roi avec les châsses et les reliquaires de toutes les églises : Saint-Landri, Saint-Marc, Saint-Honoré, Sainte-Geneviève. On sort, d'un coup, toutes les reliques : les fragments de la croix, de la couronne d'épines, l'éponge, le «saint sang», le fer de la lance rapporté des croisades, la robe du Christ et même la verge de Moïse. L'évêque de Paris, sous un dais tenu par le dauphin, le duc de Vendôme, et les deux autres enfants royaux, porte le saint sacrement. Le roi, «seul, tenant une torche de cire vierge dans sa main, tête nue, en grande révérence», précède le peuple de Paris, et d'abord, en grand apparat, ses marchands. C'est une mobilisation générale. Des étapes ont été prévues sur les places et les ponts, où l'on invoque la Vierge et les saints. Des écriteaux donnent le texte des prières. «Avocate du genre humain, lit-on sur le pont Notre-Dame, Mère de Dieu, Vierge Marie, donne-nous secours, force et vertu contre les adversaires de l'eucharistie.» Et l'on demandait le secours des saints pour vaincre les hérétiques.

Après un long repas chez l'évêque, le roi, qui voulait ainsi marquer solennellement qu'il accordait sans équivoque sa pleine protection à l'Eglise catholique, avait reçu les notables de la capitale. Il leur avait dit sa volonté d'abattre définitivement les hérétiques. «Si son bras était infecté de telle pourriture, il le voudrait séparer de son corps...» Et d'ajouter : «Si ses propres enfants étaient si malheureux que de tomber en de telles exécrables et maudites opinions, il les voudrait tailler pour faire sacrifice à Dieu.»

Comment empêcher la propagation de la nouvelle religion, si les bûchers n'y suffisaient pas? En interdisant totalement de fabriquer des livres. Aberrant édit du 13 janvier, défendant «d'imprimer aucune chose sous peine de la hart», qui devait rester lettre morte puisque les parlementaires eux-mêmes refusaient de l'enregistrer. La nervosité du roi et de ses conseillers montrait l'ampleur du désarroi : les placards de 1534 avaient ouvert une nouvelle période dans l'escalade de la violence. Ils avaient contraint le roi à engager l'appareil de l'Etat dans la défense de l'Eglise catholique.

L'année des placards, en 1534, un certain Jean Calvin venait de s'enfuir à Bâle. Quand le roi de France, abandonnant sa politique de tolérance, s'était engagé dans la persécution, les réformés de langue française ne savaient pas encore qu'ils venaient de trouver un chef.

Jean Calvin avait alors vingt-cinq ans. Il en avait quatorze quand Farel et Lefèvre d'Etaples quittaient Meaux à l'heure des premiers bûchers. Il était depuis 1523 dans les collèges parisiens et n'avait pas pu ne pas être témoin de certains événements. Après un séjour dans les universités d'Orléans et de Bourges, il était revenu à Paris, en 1530, pour parfaire son éducation d'humaniste. On destinait le jeune clerc à de hautes fonctions ecclésiastiques. Mais il était déjà sensible aux idées nouvelles : il avait écrit le discours qu'avait prononcé, pour la rentrée des facultés parisiennes, le recteur Cop en novembre 1533. Le ton en était fort calme, mais le fond très favorable aux idées des évangélistes. Il avait été jugé assez séditieux par les parlementaires pour que le recteur, inquiété, fût obligé de s'enfuir à Bâle, et Calvin de se cacher en Saintonge.

Calvin avait rejoint Cop en Suisse, à la fin de 1534. Il y avait écrit la préface de l'*Institution de la religion chrétienne,* le premier livre de doctrine de langue française, dédiée à François Ier. Il voulait, disait-il, lui «faire connaître quelle est la doctrine contre laquelle d'une telle rage furieusement se sont enflammés ceux qui, par feu et par glaive, troublent aujourd'hui le royaume». Le moment était bien choisi : 1er août 1535. François Ier venait de rendre public, le 16 juillet, un édit d'amnistie mettant un terme provisoire à la persécution. Le roi feignait de croire qu'il n'y avait plus d'hérétiques en France. Le pape Paul III ne venait-il pas d'annoncer son intention de négocier avec les luthériens allemands ?

Dans sa préface, Calvin ne plaidait pas, il affirmait les principes d'une foi nouvelle. Il savait fort bien que les théologiens de la Sorbonne n'avaient pas désarmé : «*Non esse disputandum cum haereticis*», disaient-ils ! Mais le jeune clerc insurgé de Bâle n'en avait que faire : déjà, Farel l'appelait à Genève.

Puisque le royaume n'était pas sûr, autant rechercher un terrain favorable à ses portes. La République genevoise était mûre pour la Réforme. Ses bourgeois, ses habitants n'étaient pas, comme à Strasbourg, de langue germanique. Il fallait des prédicateurs français.

Depuis longtemps, les Genevois souhaitaient se détourner de la Savoie pour s'intégrer à la Ligue suisse. Les Italiens avaient, contre Genève, choisi Lyon. Il n'y avait rien à espérer des Piémontais. En revanche, les marchands de Fribourg étaient des partenaires commerciaux respectables ; les liens avec les villes suisses, qui étaient alors une puissance militaire en Europe, devaient tout naturellement se renforcer. En 1535, les Genevois avaient constitué, depuis dix ans déjà, une «combourgeoisie» avec Berne et Fribourg. Ils avaient chassé les Savoyards, réduit au silence le prince-évêque, constitué un Conseil des Deux-Cents pour s'administrer en république.

En 1528, Berne était devenue protestante. Il était inévitable que les Genevois fussent attirés par la religion de leur puissante alliée. Genève réformée ? Farel, protégé par les Bernois, y avait commencé ses prêches. Un bonnetier, venu de France, avait fondé en 1532 une communauté évangélique, avec un maître d'école et l'imprimeur Pierre de Vingle, qui venait de Neuchâtel. Bientôt, les prêches prirent une allure de guerre civile : en 1534, Farel, affrontant un dominicain, avait déclenché une petite émeute et s'était vu insulter par le parti savoyard, comme «ami des Suisses». Son premier sermon public, en mars 1534, avait eu lieu dans l'aile occupée d'un couvent, sous la protection armée du parti bernois.

Les magistrats, cependant, gardaient la neutralité religieuse. L'évêque n'était-il pas soutenu désormais par Fribourg, demeurée catholique? Comme à Strasbourg, les bourgeois de la municipalité ne voulaient pas de guerre civile. Ils punissaient ceux qui brisaient les statues et blâmaient Farel pour ses violences verbales.

Calvin arriva dans une ville en pleine révolution. Farel et ses amis avaient obstinément semé le désordre, malgré les interdits. La situation devint si menaçante que les magistrats avaient dû se résoudre, en 1535, à «suspendre» provisoirement la messe. Beaucoup de moines s'étaient enfuis à Annecy. Pendant l'hiver, les bourgeois avaient dû repousser l'entreprise d'un groupe d'agents français qui voulaient livrer la ville à François Ier, puis subir l'occupation de 6 000 soldats de Berne qui avaient chassé l'évêque. Le 25 mai 1536, le Conseil décida d'adopter «la sainte loi évangélique» et de créer une église. Trois mois plus tard, Calvin fit son entrée.

«Quand je vins premièrement en cette église, dit-il, il n'y avait quasi comme rien. On prêchait, et puis c'est tout. On cherchait bien les idoles et les brûlait-on. Mais il n'y avait aucune réformation.» La ville était ruinée. Le désordre régnait dans l'administration. Les paysans ne payaient plus les dîmes, et les biens ecclésiastiques étaient vacants. Il fallait reprendre en main le clergé des campagnes, installer la religion sur le terrain. La tâche était immense, et l'autorité de Farel contestée. Ses amis, appelés les «farets» (les «cierges consumés»), s'opposaient aux «artichauts», les partisans de Jean Philippe, qui commandait la milice. Ceux-ci ne voulaient pas d'une ingérence des pasteurs dans les affaires politiques. En 1538, le Conseil avait renvoyé Farel et Calvin. Ils furent rappelés deux ans plus tard. Seul Calvin, qui avait trouvé refuge à Strasbourg, se laissa convaincre de revenir. Farel avait rejoint Neuchâtel, où il devait finir ses jours.

Le véritable triomphe de Calvin dans Genève date de 1555. Quinze ans de luttes avaient été nécessaires pour qu'il pût l'emporter contre ses adversaires, qui protestaient contre l'influence du nouveau consistoire, créé par Calvin et dominé par ses pasteurs, sur les affaires de la cité. Si les Genevois se sont finalement ralliés à cette République de la Vertu, où l'on ne subissait que le « joug du Christ », qui interdisait de danser et de chanter même le jour des noces (un bon bourgeois, Amblard Corne, fut censuré pour ce motif et dut faire pénitence), c'est parce que Calvin proposait des choix clairs, originaux, rigoureux, une réforme qui ne devait rien à l'extérieur et qui avait pour corollaire la réorganisation de l'Etat. Si Genève devenait la « nouvelle Rome » des protestants français, c'est que Luther en avait été exclu par le Picard Jean Calvin, vers qui se tournaient désormais, en l'absence de Farel, tout particulièrement les Lyonnais. Genève trouvait ainsi sa revanche sur la ville aux quatre foires.

La répression, reprise dès 1538 dans le royaume, facilitait puissamment la propagande réformée. Désormais, les libraires lyonnais avaient à disposition, grâce aux colporteurs ou aux livraisons clandestines des marchands genevois, non plus les traductions besogneuses des ouvrages de Luther, accessibles seulement aux clercs, mais les livres alertes, faciles, sobrement écrits, de Jean Calvin. Il avait publié à Genève, dès 1537, un catéchisme commode, résumant parfaitement ses idées : L'*Instruction et confession de foi dont on use en l'Eglise de Genève,* qui faisait suite à la *Confession et la foi,* publiée l'année précédente. Jean Gérard, venu de Suse, avait installé dès 1536 une imprimerie dans la ville, qui publiait aussitôt le *Nouveau Testament* en français, les *Psaumes de David, l'Instruction des enfants* et de nombreux ouvrages de propagande. Il était, naturellement, l'éditeur attitré de Calvin. D'autres imprimeries, publiant des ouvrages religieux, devaient s'ouvrir les années suivantes : celle de Jean Michel, qui travaillait sur un matériel importé de Neuchâtel; celle de Michel Du Bois, venu de Paris, puis de Jean Crespin, de Conrad Bade, de Robert Estienne. De 1550 à

1560, plus de 130 ateliers seront en activité... De 1533 à 1540, on avait publié à Genève 42 ouvrages : 193 sortiront des presses de 1540 à 1550, et 527 de 1550 à 1564. L'*Institution de la religion chrétienne* devait à elle seule fournir 25 rééditions, dont 16 en français. *Le Catéchisme par demandes et réponses,* publié en 1541, connut aussi un immense succès. Naturellement, le plus large débouché pour les imprimeurs genevois était, par Lyon, le royaume de France.

La persécution n'empêchait nullement le développement des publications en langue française : en 1542, la Sorbonne avait rédigé une liste des ouvrages défendus, parmi lesquels ceux de Calvin, de Marot et de Dolet.

Le Parlement avait rendu publique une ordonnance très rigoureuse qui visait les librairies : ceux-ci devaient, «avant d'ouvrir leurs balles de livres nouveaux, en appeler à quatre libraires jurés pour assister à ladite ouverture». Les colporteurs de livres et les libraires étaient passibles du bûcher.

La justice avait désormais les moyens politiques de sévir. Le roi s'était engagé définitivement dans la répression par l'ordonnance de 1540 qui donnait à tous les agents de justice le droit «d'inquisition à l'égard de toutes les personnes, même ecclésiastiques». Les prévenus, aussitôt arrêtés, étaient jugés par les chambres criminelles des parlements, «toute affaire cessante». On ordonnait aux sujets du roi de «révéler les coupables à justice et de tout leur pouvoir aider à les extirper, comme un chacun doit courir à éteindre le feu public». La Faculté de théologie de Paris avait formulé, en vingt-cinq articles, le dogme de la foi catholique, et le roi en avait ordonné la publication dans tout le royaume : c'était, déjà, l'annonce de la croisade.

Les magistrats avaient fait du zèle, à Lyon comme ailleurs. Les intentions répressives du roi étaient si manifestes que la municipalité de Lyon avait dû s'y résoudre. En 1546, à Meaux, où l'on croyait avoir «extirpé l'hérésie», on avait surpris une assemblée de 61 réformés, groupés autour d'Etienne Mangin. 14 hommes avaient été torturés et brûlés vifs, un quinzième avait été pendu par les aisselles, pour qu'il pût assister au supplice de ses camarades, avant d'être fustigé et emprisonné à vie.

La terreur empêchait les Lyonnais de manifester leur foi, mais renforçait leurs convictions. Le supplice à Paris, place Maubert, du jacobin lyonnais Alexandre Canus en 1534 et du laboureur Jean Cormon à Mâcon n'avait pas, semble-t-il, «extirpé» l'hérésie puisque la chronique parle d'une petite «assemblée d'orfèvres et de bourgeois» qui se réunissait encore, après la mort de Canus, dans une maison de la rue Mercière. Le libraire Frellon, dans la même rue, avait accueilli en juillet 1535 Jean Calvin qui se rendait à Genève. La répression, organisée avec une vigilance particulière par le cardinal de Tournon, «superintendant et lieutenant général en Lyonnais, Forez, Auvergne, Dauphiné et pays de Piémont», décourageait toute manifestation publique du culte. Les dénonciations interdisaient tout prosélytisme. Les réformés connus dans la ville étaient une poignée.

Ils devinrent plus nombreux après les édits et ordonnances de 1540 qui permirent à Tournon de nouveaux excès : cette année-là, il fit brûler vif un marchand venu d'Annonay, parce qu'il avait refusé de s'agenouiller devant une statue au bord de la route. Le cardinal était suffisamment inquiet, en 1546, pour qu'il demandât l'envoi à Lyon de cinquante «chevaux» : on craignait des troubles à l'occasion du grand pardon et du jubilé de la Saint-Jean. A cette occasion, le clergé devait vendre des indulgences dans une atmosphère de kermesse. La présence de la troupe empêcha toute manifestation. Le vin put couler à flots dans les fontaines de la place Saint-Jean ; les moines purent confesser les fidèles dans toutes les églises et même, dit-on, dans les rues, «sous les tentes et feuillées».

Le nouveau prédicateur qui réunissait à cette époque les persévérants de la Réforme s'appelait Pierre Fournelet. Il rassemblait ses ouailles par groupes de quatorze ou quinze pour prier dans les maisons particulières. C'étaient, dit Théodore de Bèze, «de bons marchands et hommes d'apparence». Il dut quitter Lyon ainsi que ses successeurs Jean Fabri et Claude Baduel, qui travaillait chez l'imprimeur Gryphe. Ce dernier venait de Nîmes.

Quand il arriva à Lyon, en octobre 1550, il trouva la ville en pleine effervescence, et se plaignit des excès commis par les compagnons imprimeurs. Ceux-ci, écrivait-il alors, compromettent les chances de la Réforme et multiplient les provocations. «Avant mon arrivée à Lyon, dit-il, l'habitude s'était introduite de chanter des psaumes, le soir, après le souper, en parcourant les rues dans les divers quartiers de la ville. Quand j'ai pris la charge de l'Eglise, j'ai toléré sans le goûter beaucoup un usage qui n'avait rien de contraire à la bienséance, un petit nombre de personnes prenant part à ses chants et se comportant avec une suffisante gravité. Mais, avec le temps, le nombre et l'entrain des chanteurs se sont tellement accrus qu'on a vu un groupe de plus de cent personnes partir de l'Athénée au confluent du Rhône et de la Saône, et se diriger vers l'intérieur de la ville, en chantant à tue-tête. Tout cela m'a paru dangereux, propre à susciter contre nous la malveillance et à déceler nos réunions secrètes.»

Qui sont les braillards? Des ouvriers de l'imprimerie. Les typographes sont, dit-il, «dissolus, audacieux, prompts au mal et perdus de mœurs». Ils savent qu'un édit royal a interdit de chanter les psaumes dans la rue. Ils bravent la justice du roi. «La nuit même qui a suivi la défense, ils se sont rassemblés en grand nombre en parcourant la ville jusqu'au quai de la Saône, ont jeté vers l'autre bord de la rivière force insultes et sottises à l'adresse des chanoines et des comtes de Saint-Jean. La nuit suivante, ils sont revenus en armes à leurs chants, et le guet en a pris deux ou trois après les avoir grièvement blessés. Le dimanche, après cette prise, ils étaient plus animés que jamais et le soir, à neuf heures, une multitude d'hommes et de femmes a fait retentir la ville de ses chants.» Le pasteur a raison de s'inquiéter: de telles manifestations permettent de justifier la répression: en juillet 1551, Claude Monier, qui venait d'Issoire, est arrêté et brûlé vif, quelques semaines plus tard, sur la place des Terreaux.

Issoire, Clermont-Ferrand, c'est la route des marchands de draps du Poitou. De Lyon, les idées et les hommes ont gagné la province, et la répression du cardinal de Tournon n'a pu s'opposer à cette diffusion le long des «chemins». Par la route de Clermont, vient à Issoire, vers 1540, un «jacobin d'Allemagne». Il est pauvre, exténué, il a ses vêtements déchirés. Sa tonsure est à peine marquée. Il demande aux consuls d'Issoire la «passade», l'aumône pour un voyageur. Il est questionné, harcelé. Les consuls veulent tout savoir sur les événements d'Allemagne, de Genève, de Lyon. Il dit qu'il ne peut parler qu'en «un lieu solitaire et écarté». Ils l'invitent à dîner. Il est si convaincu de sa foi que les consuls se laissent gagner. Ils le retiennent pour prêcher le prochain carême.

Voilà le dialogue engagé. Le moine, très adroitement, s'avance à pas comptés. Il commence par persuader les fidèles d'effacer les croix sur les pierres tombales de l'église d'Issoire «pour ne pas les profaner en marchant dessus». Il explique ensuite que les messes privées dites par les moines mendiants sont «une insulte à la divinité». Il les persuade de renoncer au culte des saints. Il s'attaque au culte de la Vierge, leur montrant qu'elle n'a pas plus de pouvoir qu'une autre femme. Enfin, il détruit la doctrine catholique de l'eucharistie. «Prenez une feuille de papier, leur dit-il, écrivez dessus tout ce qu'il vous plaira; cela fait, pliez le papier et mettez l'écriture en dedans. Vous êtes assurés que l'écriture est réellement dans le papier, sans que vous la voyiez; le papier, pourtant, n'est point l'écriture ni l'écriture le papier. Il en est ainsi du corps de Notre-Seigneur qui est enclos dans le pain, le pain demeurant toujours pain, sans changer de matière.» Ainsi, point de miracle, point de superstition. C'est un moine qui l'explique. Pourquoi ne pas le croire?

Certains consuls, cependant, ont des doutes. Ils font

venir un cordelier de Clermont, qui traite le moine d'hérétique. Voilà Issoire divisée. « Retirez-vous, disent au cordelier de Clermont les consuls favorables au jacobin : vous êtes un cafard. La place est prise par un plus homme de bien que vous. » Le cordelier pénètre néanmoins dans l'église, et tous se battent à coups de bâton. Le jacobin doit quitter la ville, mais, selon la chronique, deux cents personnes sont acquises aux idées nouvelles. Il ne part pas seul : un moine d'Issoire le suit, sur la route de Genève, entraînant avec lui sa compagne, une fille « d'une rare beauté ».

La répression suit de très près ces événements. Le bailli de Montferrand fait arrêter quelques « religionnaires » qui promettent de revenir à la foi catholique, sous la menace de la question. Le bailli apprend qu'ils ont menti et qu'ils entretiennent une correspondance avec le moine, réfugié à Genève. Il revient à Issoire et arrête un certain Jean Brugière, receveur du cens. Il l'envoie à Paris, pour être jugé devant le Parlement. Le prévenu proclame son attachement à la religion réformée. Il est brûlé à Issoire, pour l'exemple. L'arrêt du Parlement précise : « Que la damnable secte luthérienne a pullulé en Auvergne et au bailliage de Mont-Ferrand. Qu'il sera publié dans les principales villes d'Auvergne ès desquelles il y a siège royal, à son de trompe et cris publics par tous les carrefours, que la cour, sous peine de feu, défend tous propos et blasphèmes contre Dieu et la Vierge et les saints. Défend, sous peine de feu, de lire ou faire lire aucuns livres en français et en latin, contenant des doctrines erronées et hérétiques, imprimés à Genève ou autres villes suspectes. » La cour ordonnait aussi aux curés des paroisses de dresser la liste de tous ceux qui étaient en âge de recevoir le sacrement le jour de Pâques et de « coter en marge ceux qui n'y seront pas venus audit jour ». Il fallait également « dénoncer les hérétiques, sous peine de feu »...

Comme à Meaux ou à Lyon, la répression ne décourage pas les progrès de l'hérésie à Issoire. Le martyre de Brugière impressionne la foule et suscite des conversions. Deux sont publiques. Les coupables sont arrêtés par le bailli et brûlés à Montferrand. Cela n'empêche pas d'autres «religionnaires» de multiplier les provocations; on vole les hosties consacrés, et des moines correspondent avec les Genevois. Par Issoire, l'Auvergne est en contact avec les villes libres de l'Est. Les muletiers apportent les lettres et les livres.

On les retrouve à Clermont, à Limoges et sur tout le «Grand Chemin». Mais aussi dans le Nord, sur le «chemin de Bourgogne». Mâcon, Beaune, Dijon sont des carrefours, des rendez-vous de marchands. Dijon est à deux pas de Dole où arrivent les routes de Suisse : celle de Neuchâtel, par le Jura et Pontarlier; celle de Genève, par Poligny. Au nord, on peut rejoindre Bâle par Montbéliard.

Dans chacune de ces villes, les prédicateurs ont fait leur œuvre. Michel d'Arande était à Dijon, quand Marguerite d'Angoulême résidait à Lyon. En 1530, un pasteur y était brûlé vif. Ce Pierre Masson, dit Latomus, n'était pas un Bourguignon. Il avait été arrêté sur dénonciation alors qu'il voyageait en compagnie d'un ami vaudois, Georges Maurel. Ils revenaient de Strasbourg. Seul, Maurel avait pu prendre la fuite, rejoignant ses coreligionnaires dans les montagnes du Dauphiné.

Les grandes Halles de Dijon étaient le rendez-vous des marchands venant de Suisse, et les agents du roi les avaient à l'œil. Ils n'avaient pas, comme les consuls de Lyon, de franchises à respecter. Ils assuraient avec zèle leur mission de surveillance et de répression. Jean Prallin, marchand de Genève, fut arrêté en novembre 1534 sur ordre du Parlement, «pour cause d'hérésie». Ordre fut donné au maire de Beaune d'être vigilant. Les «luthériens» couraient la campagne.

A Beaune, à Dijon, les arrestations se multipliaient. Comme à Lyon, les réformés n'avaient pas de culte public, leur activité était clandestine, et la répression ne les décourageait pas : on arrêta en 1535 Jean de Vaulx, parce qu'il avait acheté les œuvres d'Erasme. Nul ne pouvait empêcher les bourgeois, les marchands de

Beaune, les artisans de Dijon de se procurer les Bibles ou les Évangiles en français, les œuvres traduites de Luther, celles de Calvin ou d'Erasme, qui parvenaient sous le manteau de Lyon ou dans les ballots de marchandises transportés par les muletiers à travers le Jura. On arrêtait pourtant les voyageurs : Jean Philippin, Antoine Gillebert à Dijon en 1536 ; ils s'étaient fait remarquer par leurs discours à l'*Hôtel du Paon*. On arrêtait même les Suisses et les Genevois. On rappelait «aux hôteliers, cabaretiers et autres logeant gens, de rapporter incontinent et prestement à Monsieur le Vicomte mayeur toutes personnes étrangères qui viendraient loger dans leurs maisons, sous peine d'être frustrés de tenir hôtellerie, cabaret ni loger gens». En 1539, une douzaine de famille durent quitter Dijon pour échapper à la persécution. Il faut croire que toute la région était, dix ans plus tard, «infestée» de luthériens puisque la persécution était devenue féroce : on brûle à Dijon un jeune homme de dix-neuf ans, Hubert Barré. On bat de verges «jusqu'à effusion de sang» Jean Haynon, qui possède des livres interdits. On arrête aussi les femmes : Guillemette Texier, de Dijon, surprise à Arnay-le-Duc. On dresse des bûchers à Dijon, à Beaune, à Autun. La plupart des victimes sont des voyageurs, des prédicateurs ou marchands de livres venus de l'Est, ou des réfugiés qui cherchent à gagner Bâle, Genève, Strasbourg. La police des routes est active en Bourgogne.

Il faut croire que certains habitants de Beaune, de Dijon, de Mâcon sont organisés pour recevoir et cacher les voyageurs, pour recueillir et diffuser les livres interdits. Un grand nombre d'ouvrages édités à cette époque se trouvent aujourd'hui dans les bibliothèques de ces villes. Très surveillées par les agents du roi, elles ne pouvaient offrir aux étrangers des gîtes de tout repos. Encore moins pouvaient-elles développer dans leur enceinte de cultes séditieux. Comme Lyon, les villes de Bourgogne couvaient clandestinement la Réforme, et les convertis voyaient, la rage au cœur, s'allumer les bûchers sans pouvoir rien tenter pour sauver les victimes.

De l'autre côté de la Saône, en terre d'Empire, la Franche-Comté n'était pas moins protégée : moines et inquisiteurs se chargeaient de défendre la foi romaine ; à Besançon, d'abord, mais aussi sur le parcours du «chemin d'Allemagne» qui passait notamment par Gray. Bâle et Montbéliard n'étaient pas loin, Farel et ses amis très actifs. Dès 1528, on avait interdit de parler de Luther et de diffuser ses livres. En 1535, la cour de Dole avait pris la tête de la répression, recherchant particulièrement les lecteurs et diffuseurs de livres. Il était interdit de les posséder dans les écoles, et les maîtres furent l'objet d'une surveillance particulière, ainsi que les médecins et gens de lois. A Besançon, on envoyait au bûcher un secrétaire d'État, Lambelin. Dans la capitale de la Comté, résidaient, outre les Italiens, de nombreux Allemands et Suisses qui y faisaient étape avant de se rendre aux foires de Lyon. Les gens de Neuchâtel ou de Genève y fréquentaient aussi les auberges. La ville était pleine de voyageurs de passage, ouvriers sans travail et paysans sans terre qui avaient, comme disaient les chanoines, «le désir d'entrer en pensements de choses nouvelles». Enfin, les Bisontins de bonne famille avaient fait leurs études dans les universités d'Italie, de France ou d'Allemagne : ils connaissaient les idées nouvelles.

Lambelin avait eu le tort d'écrire un rapport à l'empereur, daté de 1534, où il attirait son attention sur les mœurs fâcheuses du clergé et les exactions de l'évêque, «gens dissolus, vivant en toute lubricité», pullulant dans la ville, dont le quart des habitants portait tonsure ! Tout le monde — même Calvin qui avait envoyé à Besançon le pasteur Jean de Tournay pour tâcher d'exploiter la situation à son profit —, tout le monde savait qu'il y avait entre les Bisontins et leur archevêque Antoine de Vergy une grave incompatibilité d'humeur. N'avait-il pas excommunié, en bloc, tous les habitants de la ville avant de la quitter ?

Comment Charles d'Autriche aurait-il toléré l'existence à Besançon d'une commune libre, regardant vers la Suisse ? Les Comtois ne voulaient pas d'une capitale acquise à la Réforme. Ils savaient que les Suisses en profiteraient pour étendre leur influence sur le pays. Le Parlement de Charles Quint fit entendre raison aux Bisontins. Comme à Genève ou à Lyon, la Réforme en Comté dépendait strictement des affaires politiques.

La répression de 1549-1550 fut féroce. Il s'agissait de barrer à Calvin et aux Genevois la route de la province et de répandre la terreur sur les chemins de Suisse et d'Allemagne. On brûle à Gray un Français sacrilège, un libraire et mercier d'étain à Dole, des prêtres à Saint-Martin-du-Mont en Bresse, un domestique venu de Savoie à Lons-le-Saulnier. Le parlement de Dole, qui veut reprendre Besançon sous sa coupe, est particulièrement vigilant pour le trafic des livres : il organise des missions d'enquêtes et multiplie les édits pour interdire les traductions en français des livres saints. Les ballots venus de Lyon sont fouillés ; ceux qui proviennent de Genève, et qui contiennent des livres, sont brûlés en place publique. La route de Lyon est surveillée de près : les poursuites sont actives à Orgelet, à Gray, à Lons-le-Saulnier, à Saint-Julien. La terreur décrite par Lucien Fèbvre gagne toute la province. «Crise terrible, dit-il, qui épouvantait les suspects, repliés sur eux-mêmes, cachant livres et papiers, vivant d'une pauvre vie chétive d'escargots apeurés. Alors, il fallait soigneusement renoncer à toute étude, à tout travail intellectuel, à tout enseignement libre ; alors, il fallait se cacher pour écrire une lettre en Suisse ou en Allemagne ; il fallait en retrancher toute allusion à des événements contemporains, vivre dans l'ombre, dans le silence, dans la crainte, s'interdire toute parole un peu haute, tout geste un peu large, toute pensée un peu indépendante.»

Ce climat de suspicion, dans toutes les villes du chemin d'Allemagne et de la route de Bourgogne, ne décourage certes pas les partisans de la Réforme qui continuent à cacher les livres et à protéger les voyageurs. Les émissaires de Farel et plus tard de Calvin circulent constamment, trouvent vivre et couvert, retrouvent les partisans connus et font des nouveaux adeptes. Lyon et ses traboules jouent dans cette activité clandestine des réformateurs un rôle central : c'est à Lyon qu'ils se cachent pour gagner les routes du Sud, celles qui descendent le Rhône sur la rive occidentale, vers les Cévennes et le Languedoc, mais aussi celles qui rejoignent, par le Dauphiné, les centres vaudois des Alpes, jusque dans la vallée de la Durance. Le réveil des vaudois, au contact des Allemands et des Suisses, n'est pas la moindre énigme de la guerre des Religions : comment ont-ils réussi à protéger pendant quatre siècles leurs croyances particulières ? Comment ont-ils pu, malgré la persécution et la dernière croisade, poursuivre leur résistance à toutes les formes d'oppression ? Nous avons rencontré, sur les chemins de Lyon vers Strasbourg, Bâle ou Genève, un certain nombre de ces vaudois. La route de Grenoble menait tout droit à leurs réduits. Ces indésirables du Dauphiné et de Provence, pour braver le roi de France, allaient-ils se jeter dans les bras des réformés ?

4.

Le massacre de Mérindol

Ils vivaient en paix dans les vallées abritées du Luberon; ils en avaient drainé les marécages, installé sur les pentes caillouteuses des cultures en terrasses. Ils cultivaient les terres qui étaient la propriété d'un seigneur de Piémont. Ils venaient d'Italie, d'où ils avaient été envoyés comme colons sur ces terres : pas plus d'une centaine de familles, à l'origine. Ils habitaient de charmants villages : Gordes, Cabrières, La Coste, Buous, Goult et Mérindol. Ils avaient planté la vigne et l'olivier, recueilli le miel des abeilles, semé le blé et nourri les brebis. Leurs seigneurs étaient contents d'eux : ils avaient rempli leur contrat.

La population de la plaine les redoutait un peu, car ils avaient une réputation de sorciers. Ils vivaient entre eux, n'avaient pas d'églises. Ils étaient différents. Leurs prêtres ? Ils les appelaient les « oncles » (*barbas*, dans leur langage). Ces *barbes* n'avaient pas de formation ni de mode de vie particuliers : ils étaient sages et « vénérables », des ancêtres des pasteurs. On leur prêtait un pouvoir mystérieux. Ils avaient, sur le peuple vaudois, une autorité singulière. Les gens d'Aix ou d'Avignon n'aimaient pas ces étrangers qu'ils redoutaient secrètement.

Les vaudois vivaient et se mariaient entre eux. Ils avaient des contacts avec leurs frères du Dauphiné et du Piémont. Ils savaient qu'ils avaient des frères dans l'Italie du Sud et même en Bohême. S'ils étaient venus en Provence, c'est sur les terres de seigneurs italiens. Ils se méfiaient de la population locale, ils se sentaient menacés.

Leurs frères du Dauphiné avaient subi la persécution : la croisade prêchée par Innocent VIII sur les instances de l'archevêque de Vienne avait échoué. Les paysans vaudois de la Vallouise et de l'Argentière n'avaient pas cédé, en dépit des violences déployées par le lieutenant du gouverneur du Dauphiné, Hugues de la Palu. L'Inquisition, au début du XVIe siècle, avait dû renoncer aux poursuites. Beaucoup de «frères» du Dauphiné avaient cependant rejoint, avec leurs familles, ceux du Luberon.

L'archevêque d'Aix était inquiet. Certes, la Réforme avait à l'évidence des sympathies dans le milieu universitaire, comme à Grenoble ou à Valence. Mais les clercs ne se manifestaient pas : à la grande colère de Farel, ils restaient prudents, ils hésitaient à faire publiquement état de leurs convictions, ils n'avaient pas encore la mentalité missionnaire. Le seul danger qui menaçât la Provence était la concentraiton d'hérétiques dans les vallées du Luberon. Si les vaudois passaient à la Réforme, ils pouvaient constituer un formidable réduit pour des prédicateurs venus du Nord.

On signale, autour de 1530, la présence dans la région du célèbre jacobin Jean de Roma, qui avait déjà sévi à Meaux. C'est, semble-t-il, revêtu de la charge d'inquisiteur de la foi qu'il «instrumenta» contre les vaudois... Peut-être avait-il été appelé en Provence par son parent, le co-seigneur d'Agoult. En tout cas, la chronique a conservé la trace de ses cruautés : il remplissait de graisse bouillante des bottes de cuir qu'il obligeait les vaudois à chausser, et leur demandait alors s'ils se sentaient à l'aise pour entreprendre leurs voyages.

On accusait, en effet, les vaudois de se déplacer sans cesse dans la montagne pour entretenir des rapports séditieux avec leurs frères dispersés. De Roma se faisait remettre les richesses des villages, l'or, l'argent, les bijoux. Il dut enfin s'enfuir à Avignon, car le roi avait saisi contre lui le parlement d'Aix. Il avait multiplié les victimes dans les villages d'Oppède, de Cabrières, de Mérindol.

A la suite de ces premières violences, deux *barbes* s'étaient mis en route pour chercher du secours et s'informer de la situation de leurs frères du Dauphiné. Ils avaient appris par Farel l'existence de Luther, de Bucer, d'Œcolampade à Bâle. Ces deux voyageurs avaient réussi à passer la frontière du royaume pour gagner la Suisse et l'Alsace. Ils avaient conféré avec les principaux chefs de la Réforme et confronté leurs points de vue. Ils avaient été reçus partout comme des frères par ces nouveaux chrétiens qui se cherchaient des ancêtres.

Ces *barbes* s'étaient déclarés « surpris », à Bâle, par la doctrine luthérienne de la prédestination. « Si toutes choses arrivent nécessairement, disaient-ils à Œcolampade, de telle sorte que celui qui est prédestiné à la vie ne puisse pas devenir réprouvé ni ceux destinés à la damnation parvenir au salut, à quoi servent les prédications et les exhortations ? » Œcolampade à Bâle, Bucer à Strasbourg les avaient persuadés qu'ils devaient réformer leurs croyances et se dégager définitivement des superstitions papistes. Ils leur avaient remis deux lettres qu'ils devaient produire, à leur retour, devant leurs frères de Mérindol. Un seul d'entre eux arrivait à bon port : il s'appelait Maurel. Son camarade Masson avait été brûlé à Dijon.

Maurel avait réuni tous ses frères dans la « ville sainte », Mérindol. Il avait exposé longuement les doctrines des Suisses et des Strasbourgeois. Il avait montré toute l'aide qu'on pouvait espérer de ces frères d'un nouveau genre. L'assemblée avait aussitôt décidé d'envoyer en Italie et en Dauphiné des messagers et de faire venir des « gens doctes pour aviser à une sainte réformation » : le dialogue était engagé.

La confrontation décisive se fit en Piémont, à l'abri des agents du roi de France et de l'archevêque d'Aix. L'assemblée de tous les *barbes*, à Angrogne, en 1532, permettait de fixer la doctrine. Farel, de sa voix tonnante et passionnée, avait réussi à les persuader qu'il ne fallait conserver que deux sacrements : le baptême et l'eucharistie, sans donner à celle-ci le sens mystique des catholiques romains. Les *barbes* avaient décidé de publier une Bible en français : elle serait réalisée par le cousin de Calvin, Olivétan, pour quinze cents écus d'or.

En six jours, les vaudois avaient été convaincus. L'éloquence de Farel avait fait merveille. Bronzé, débraillé, hirsute, il s'adressait à la foule en plein air, monté sur un cheval blanc. Gens d'ordre, les vaudois voulurent rédiger un texte, une sorte de confession où ils renonçaient par écrit à défendre le libre arbitre. « Quiconque établit le libre arbitre, disait l'article 19, nie complètement la prédestination de Dieu. » Ainsi écrivaient gravement les *barbes*, devant les sommets neigeux du pra du Tour. Ils étaient salués aussitôt avec enthousiasme, par Farel et ses amis, du titre de « fils aînés de la Réforme ».

Désormais, les vaudois ne se sentaient plus isolés ; ils étaient intégrés au puissant mouvement européen qui avait fait reculer l'empereur. Devenus — ou redevenus — missionnaires, ils accueillaient tous ceux qui trouvaient refuge dans leurs montagnes, en particulier les prêtres apostats, précieux éléments pour la propagande, car ils savaient lire. Le curé de Murs les avait rejoints, celui de Mérindol, à leur instigation, avait renoncé à la messe. Le pape, qui possédait le comtat Venaissin, était le voisin de ces communautés d'hérétiques déclarés. Il prit peur et promit une indulgence plénière à tous les vaudois qui abjureraient dans les deux mois.

En même temps, ses soldats saisissaient les femmes et les enfants pour les convertir de force. Ils avaient enlevé, en 1532, les filles d'un village vaudois, Cabrières-du-Comtat. Leurs pères, pour les délivrer, avaient pris les armes. Les soldats avaient arrêté sans difficulté ces paysans munis de fourches et de bâtons. Mais la nouvelle fit le tour des villages. Une bande se constitua spontanément, dirigée par un certain Eustache Marron, pour attaquer les gens du pape. Le sieur d'Agoult fut tué, ainsi qu'un juge d'Apt, parce qu'ils voulaient arrêter des vaudois à Roussillon.

Le pape Clément VII écrivit au roi de France pour lui signaler la montée de la violence aux portes de ses Etats. Le roi donna des instructions au parlement d'Aix, qui ne demandait qu'à sévir : en 1532, sept vaudois furent condamnés au bûcher, avec le *barbe* Serre. Une nouvelle forme de croisade était engagée : le Parlement demandait «aux vassaux et gens du roi de prêter main-forte aux juges d'Eglise contre les vaudois, et aux seigneurs hauts justiciers de les chasser de leurs terres, à peine de confiscation de leurs fiefs».

L'engagement du roi eut pour effet de pousser les communautés à la révolte : les seigneurs n'avaient aucun intérêt à expulser des colons qui leur rapportaient de solides droits féodaux et seigneuriaux. Ils ne purent les empêcher de prendre les armes, de s'emparer de Cabrières dans le Comtat, de La Coste en Provence, et d'en chasser les prêtres. Naturellement, les frères ne payaient plus de dîmes au clergé.

Les évêques de Sisteron, d'Apt et de Cavaillon réagirent : le mouvement de refus des dîmes pouvait gagner toute la Provence, si grand que fût l'attachement des populations rurales à l'Eglise catholique. Ils firent emprisonner les plus agités des vaudois, et certains furent condamnés au bûcher, comme Antoine Pasquet qui avait une réputation de sainteté. «Les vaudois sont maltraités ici, écrivait Jean Montaigne, professeur de droit à Avignon. Plusieurs ont été brûlés vifs, et chaque jour on en arrête d'autres. Plus de 6 000 hommes appartiennent, dit-on, à cette secte. On les poursuit parce qu'ils ne croient pas qu'il y ait un purgatoire, ne prient pas les saints, disent même qu'il ne faut pas les prier, estiment qu'on ne doit pas payer les dîmes aux prêtres.» Les vaudois, rendus furieux par l'attitude des tribunaux ecclésiastiques, prirent les armes, donnèrent l'assaut aux prisons d'Apt, de Cavaillon, de Roussillon, pour délivrer leurs frères. Le roi de France, informé, reçut presque en même temps la démarche des princes protestants d'Allemagne, qui lui demandaient grâce pour les vaudois. Il se décida pour la clémence, offrant aux hérétiques un pardon général à condition qu'ils abjurent dans les six mois. Tous les prisonniers qui n'avaient pas été libérés par leurs frères furent relâchés sur ordre du roi.

Pas un seul vaudois n'ayant accepté sa proposition, le roi demanda au Parlement, en 1538, de «punir à toute rigueur lesdits hérétiques» en les arrêtant et en confiscant leurs biens. Le gouverneur de Provence, comte de Tende, était chargé de l'application de l'arrêt. Le Parlement, qui avait longuement hésité, avait reçu du roi le pouvoir de juger en matière d'hérésie. Il avait longuement interrogé un prêtre apostat, Antoine Garbille, qui lui avait révélé les intentions des vaudois. Ils préparaient, dit-il, de la poudre et des armes pour soutenir un siège éventuel dans leurs villages transformés en places fortes. Les vaudois avaient dans toute la province au moins 10 000 partisans. Le Parlement prit peur. Il ordonna la «prise de corps» de 154 vaudois, dont 14 seulement étaient de Mérindol. Les dires de Garbille avaient été confirmés par un ex-prédicateur, Jean Serre, qui avait aussi fourni aux parlementaires une liste de suspects. Parmi les personnes arrêtées, certaines étaient illustres, respectées de tous, les frères Meynard par exemple, ou les Pellenc, ou encore le prédicateur Barbaroux, de Tourves.

Dans le climat de terreur qui régnait à Paris, on pouvait craindre le pire pour les vaudois. «Nous ne pourrons secourir nos malheureux frères que par des prières et des exhortations», écrivait, en mars 1540, Calvin à Viret. Un juge d'Apt mit le feu aux poudres en faisant arrêter et brûler le meunier Pellenc, du plan d'Apt. Il convoitait son moulin, qu'il confisqua après l'exécution. Les habitants de Mérindol prirent les armes et mirent le feu au moulin. Ils pillèrent aussi des fermes et s'emparèrent des troupeaux des nourriguiers catholiques.

Saisir des troupeaux? Le délit était d'importance, à cette époque où le mouton faisait la richesse des bourgeois d'Aix. Les parlementaires, saisis par les gens d'Apt, revinrent précipitamment de vacances pour ordonner l'arrestation immédiate de 19 habitants de Mérindol, dont 7 avec leur famille entière! La liste établie dans la hâte, sur dénonciations, était absurde. Les habitants de Mérindol en firent la remarque écrite: on voulait arrêter un enfant de trois ans, plusieurs femmes enceintes et même les enfants d'un homme qui n'en avait jamais eu! Ils demandaient aux parlementaires de venir voir sur place avant de publier leurs arrêts.

Les parlementaires comprirent qu'ils avaient été joués: un climat de panique régnait dans la ville d'Aix. On racontait que les vaudois «construisaient des forts dans les bois», qu'ils disposaient à Mérindol de 600 arquebusiers en armes, que des soldats déguisés en moissonneurs grossissaient leurs rangs tous les jours, enfin qu'ils étaient 8 000, armés jusqu'aux dents, attendant l'heure de l'assaut, cachés dans les grottes du Luberon.

En réalité, les Mérindoliens s'étaient enfuis dans leurs montagnes pour éviter l'arrestation. Ils furent stupéfaits de lire l'arrêt dit «de Mérindol», rendu par contumace le 18 novembre 1540, qui condamnait 19 d'entre eux à être brûlés vifs, en trois lieux différents: deux à Tourves, un à Apt et les autres à Aix. «Toutes les maisons et bastides de Mérindol seront abattues, disait l'édit, démolies, rasées, et le lieu rendu inhabitable, sans que personne n'y puisse réédifier ni bâtir si ce n'est par le vouloir et permission du roi.» Le château et les bois environnants devaient être rasés, les biens des vaudois saisis. A Mérindol, les parlementaires d'Aix voulaient faire le vide. Définitivement. Pour la première fois dans l'histoire de la guerre des Religions, on entreprenait l'«extirpation» de l'hérésie dans le sens le plus fort : l'élimination de tous les hérétiques.

Les archevêques d'Aix et d'Arles tiennent leur croisade. Au premier président Chassannée, un modéré qui n'est pas d'avis d'appliquer immédiatement l'arrêt, sous prétexte qu'il n'a pas les moyens nécessaires, ils offrent immédiatement des fonds importants. Le gouverneur est tout aussi hésitant. Il écrit au roi qu'il ne peut exécuter un tel arrêt, à moins qu'on ne lui envoie 2 000 soldats.

En Provence, l'émotion était à son comble. Le pays vaudois se terrait, comme si toutes les villes voisines dussent envoyer des contingents pour les exterminer : déjà, disait-on, les soldats sont levés au son du tambourin ; Farel, prévenu par courrier, intercédait auprès des villes suisses et allemandes pour qu'une action diplomatique fût aussitôt entreprise. Le roi en tint compte et chargea le gouverneur en Piémont, Guillaume du Bellay, de faire une enquête sur les vaudois. Il lui remit un rapport très favorable, insistant sur leur docilité à l'égard du pouvoir civil. L'évêque humaniste de Carpentras, Sadolet, intervenait en même temps auprès des *barbes* pour les supplier de modérer leurs attaques à l'égard de l'Eglise. François Ier ordonna de suspendre l'exécution de l'arrêt, mais exigea des vaudois qu'ils envoient leurs vieillards abjurer avant trois mois devant le Parlement. Le roi, qui venait de relancer la persécution dans tout le royaume, ne pouvait pas ménager les vaudois.

Le 6 avril 1541, les gens de Mérindol envoyèrent au parlement d'Aix non pas les vieillards pour abjurer, mais les *barbes* pour s'expliquer. André Meynard, en leur nom, lisait à la barre leur requête, «humble et chrétienne» : elle affirmait leur foi dans Jésus-Christ et dans les Ecritures, leur esprit d'obéissance «touchant les magistrats comme les princes et seigneurs et tous gens de justice». «Nous les tenons, disaient-ils, ordonnés de Dieu.» Ils acceptaient toutes les lois «qui concernent les biens et corps». Mais ils demandaient qu'on leur laisse leur foi, et qu'on ne les contraigne pas aux «coutumes superstitieuses, comme adoration d'images, pèlerinages et telles choses semblables». Ils prétendaient honorer les sacrements, mais n'en citaient que deux, le baptême et la cène. Ils affirmaient qu'ils n'étaient ni luthériens ni vaudois, «car nous ne savons rien de Valdo et de Luther ni de la doctrine qui procède d'eux, nous contentant de celle seule de Jésus-Christ Notre-Seigneur». Ils demandaient dans leur supplique qu'on leur réservât au moins le sort des Turcs à Venise ou des Juifs à Avignon...

«Un chacun est bien venu qui parle contre nous, disaient-ils, quelque méchant qu'il soit.» Les Juifs ou les Turcs peuvent se défendre, «mais à nous, tout est fermé». On les condamne sans les entendre. Ils veulent se justifier. Que leur reproche-t-on? De s'être enfuis? «Nous voyons qu'il n'y a si petite bête qui ne cherche lieu pour se sauver de celui qui veut lui faire du mal.» Que le roi leur donne audience, il sera convaincu de leur esprit d'obéissance. Ils sont des «pauvres oiselets qui fuient devant l'épervier», et non des gens armés et rebelles. Leur seul désir est de «labourer et cultiver la terre» comme ils l'on fait par le passé. Qu'on leur rendre leurs champs!

Les parlementaires intransigeants se réjouissent de cette «supplique», dont ils dénoncent l'audace. Au lieu d'abjurer, les vaudois, scandaleusement, réaffirment les articles de leur foi. Qu'on les menace, qu'on les somme! Le 11 avril, les gens de Mérindol doivent se résoudre à envoyer à Aix dix vieillards choisis dans les familles des notables. Leur mission est de supplier les parlementaires de leur faire grâce et de ne pas les contraindre d'abjurer.

De nouveau, le roi leur accorde trois mois de délai. Le Parlement envoie à Mérindol l'évêque de Cavaillon, un dominicain et un conseiller pour recevoir l'abjuration sur place. Ils y sont le 4 avril 1542. Ils font sonner les cloches, pour convoquer les villageois à la messe. Quatorze s'y rendent, avec cinq femmes. Le dominicain monte en chaire, lit le pardon du roi, demande l'abjuration.

Dans le silence absolu, un seul homme prend la parole. Il s'appelle Louis Pascal. Il explique posément, sans se troubler, qu'avant d'obéir à l'ordre du roi, il devait en discuter, lui et les siens, et que leur conseil en déciderait. Allait-on exécuter le terrible édit de Mérindol?

Une fois de plus, les vaudois obtinrent des délais. Leur ennemi le plus acharné n'était pas le roi de France ni son parlement d'Aix, mais le vice-légat du pape, à Avignon, et l'évêque de Cavaillon. Celui-ci lançait de véritables expéditions punitives contre les vaudois, raflant avec ses gens armés le bétail et les économies des villageois. Les bandes d'Eustache Marron leur répondaient, rendant coup pour coup, intervenant de nuit sur les Etats du pape. Pierre Johannis, le lieutenant du juge d'Aix, le poursuivait en vain. Il arrêta pourtant Chausses-de-Cuir, un lieutenant de Marron, qui était occupé à jeter dans l'eau, pour les cacher, des livres de Luther. Marron libéra aussitôt le prisonnier, et Johannis dut rentrer dans Aix bredouille, demandant, dans un procès-verbal, l'arrestation des vaudois qui l'avaient défié. Le vice-légat d'Avignon écrivit au roi pour demander main-forte. Le roi, en mars 1543, sembla se résoudre à ordonner l'application de l'édit de Mérindol, puisque les vaudois, qui n'avaient pas abjuré, multipliaient les provocations.

Mais, de nouveau, les protestants d'Allemagne intervenaient auprès de lui, poussés par Farel et Calvin. La Suisse était alors une puissance militaire, et François Ier devait en tenir compte. Les vaudois eux-mêmes, en avril 1544, présentèrent au roi une supplique pour qu'on leur fît enfin justice. Ils n'étaient pas des hérétiques, on leur reprochait leurs idées religieuses dans le seul but de s'emparer de leurs biens. Les juges des évêques et même les parlementaires s'enrichissaient des biens confisqués. L'action conduite contre eux «ne procédait que d'avarice et cupidité, et non du zèle de les réduire à la voie des vrais chrétiens».

Le roi connaissait l'avidité des évêques et du légat. Il savait aussi que les parlementaires d'Aix n'étaient pas à l'abri de tout reproche. Il fallait, pour réduire les vaudois, envoyer dans la lointaine province d'importants renforts militaires. Pourquoi ne pas rechercher un accord? Le roi décida d'envoyer sur place trois membres de son Conseil et un théologien, pour voir si les vaudois étaient ou non des «luthériens». Le parlement d'Aix fut dessaisi de la cause, confiée au parlement de Grenoble. Les vaudois auraient deux mois de délai pour abjurer, si la commission royale faisait la preuve qu'ils étaient des hérétiques. Leurs frères emprisonnés furent libérés par lettres patentes.

Les vaudois trouvaient le port. Ils étaient sûrs, maintenant, que le roi n'emploierait jamais contre eux la force, qu'il était leur meilleur défenseur contre la cupidité des princes de l'Eglise. Beaucoup de réfugiés affluèrent de Provence et du Dauphiné dans les vallées vaudoises, qui étaient désormais à l'abri des persécutions. Ceux de Genève pouvaient penser qu'ils avaient fait reculer le pouvoir royal.

Le 20 décembre 1543, Chassanée, mort mystérieusement, était remplacé par Meynier, seigneur d'Oppède, comme premier président du parlement d'Aix. Il avait juré d'obtenir la révocation des lettres de grâce et d'anéantir les vaudois. Le cardinal de Tournon, archevêque d'Aix et ministre du roi, entrait pleinement dans ses vues, il était l'ennemi déclaré de l'hérésie. Le légat du pape ne cessait de faire intervenir, à Paris, le nonce apostolique. Le gouverneur, de Grignan, confirmait le rapport d'Oppède, qui signalait que les vaudois représentaient une force armée de 10 000 hommes au moins et qu'ils étaient prêts à marcher sur Marseille.

Il est vrai que les vaudois, peu confiants dans les seigneurs d'Aix et d'Avignon, et craignant les intrigues de l'Eglise, avaient fortifié leurs villages, et notamment

Cabrières. Ils allumaient la nuit de grands feux dans la montagne pour convoquer les hommes à des réunions de guerre. Ces préparatifs ne passaient pas inaperçus, et l'action des chefs de bande, comme Chausses-de-Cuir ou Marron, était considérablement amplifiée à Paris. Le roi crut-il que les vaudois agissaient sur instructions venues de Suisse et d'Allemagne ? On avait, il est vrai, saisi des courriers sur les chemins de Bourgogne. Mais la liaison avec les Suisses n'était-elle pas, pour les vaudois, la seule sauvegarde ?

En 1545, la persécution, en France, a repris de plus belle. Les bûchers s'allument à Toulouse, à Bordeaux, à Grenoble, à Rouen. Dolet et les derniers survivants du groupe de Meaux mourront l'année d'après. A la paix de Crépy, l'empereur et le roi de France se sont promis, entre autres, d'exterminer les réformés sur leurs terres. Déjà, Charles Quint a engagé la répression en Belgique. Le moment est bien choisi pour demander au roi une intervention contre les vaudois.

Le 1er janvier 1545, il signe, sans les lire, les lettres de révocation de la grâce qu'il avait accordée. « Le roi, après avoir vu les arrêts du parlement de Provence ci-attachés sous le contreseing, mande à la cour d'exécuter lesdits arrêts sans aucun déport ni retardement. » Qui avait présenté et préparé ce texte pour le Conseil royal ? Le procureur du roi auprès du Conseil privé ne l'avait pas vu. Le texte avait été rédigé par son substitut, Guillaume Potel, à la demande de Courtin, huissier du parlement de Provence, mais il n'avait pas voulu le signer ; il estimait, dit-il, le dossier incomplet. C'est le cardinal de Tournon qui avait introduit en Conseil le texte préparé par le président d'Oppède. Le chancelier l'avait fait signer au roi sans l'avoir lui-même contresigné. Il portait la signature de L'Aubespine, un ministre, mais la pièce n'avait pas été « dressée » dans ses bureaux. Cet imbroglio administratif apparut plus tard, quand le roi demanda une enquête sur les vaudois. Avait-on voulu lui forcer la main ?

Un courrier spécial porta le texte signé dans ces conditions mystérieuses, inusitées, au président d'Oppède. Il les reçut le 13 février, six semaines après la signature. Le comte de Grignan n'étant pas dans Aix, tous les pouvoirs étaient rassemblés entre les mains du premier président. Comme lieutenant du roi, d'Oppède avait les pouvoirs militaires.

Pendant un mois entier, il n'en usa pas, tenant secret le texte royal au point de ne pas en informer ses collègues parlementaires. Il attendait l'arrivée en Provence d'un capitaine venu d'Italie, que le roi venait de nommer baron, Paulin de La Garde. Il était à la tête d'une bande de routiers mercenaires redoutables qui avaient combattu sous François Ier. Paulin avait annoncé son arrivée à Marseille pour le 6 avril. D'Oppède fit le voyage d'Avignon pour se concerter avec le légat du pape, puis se rendit à Arles pour lever la noblesse de Provence. Le 12 avril, un dimanche, il convoquait le parlement d'Aix pour l'informer de la décision royale et lui communiquer le texte venu de Paris. La cour ordonna aux troupes de se concentrer à Pertuis pour entreprendre l'action ordonnée par le roi. Des soldats et des vivres furent levés dans les campagnes provençales. Le Parlement donnait à une commission désignée en son sein le pouvoir de «procéder à la totale extirpation de tous ceux qui seraient trouvés tenir sectes hérétiques et réprouvées, en employant la force du gouverneur et lieutenant du roi». Le légat du pape, Antonio Trivulcio, alignait de son côté 1 000 hommes et 3 canons, pour venir à bout des vaudois.

Sur le pied de guerre, d'Oppède et les commissaires quittent Aix pour se rendre à Pertuis. Le juge d'Aix, monté sur une mule noire, l'accompagne. C'est Jehan Mairan, capitaine «des enfants de la ville». Le 15 avril, la troupe aixoise passe la Durance à Cadenet pour rejoindre les six régiments d'infanterie et la cavalerie du baron de La Garde, qui vient de Marseille. On apprend que 600 vaudois viennent de s'enfermer dans le village fortifié de Cabrières-d'Aygues. On marche sur le village. Tous les vaudois s'enfuient. Le capitaine Paulin de La Garde s'étonne : pourquoi employer son armée contre cette volée de moineaux ?

Peut-être faut-il essayer encore de convaincre. La dame du seigneur de Lourmarin s'y emploie. Elle se rend chez les vaudois, qui la connaissent et la laissent parler. Elle leur demande d'abjurer. Ils disent qu'ils préfèrent partir, ou mourir.

A Cadenet, les chefs de l'armée et du parlement d'Aix sont rassemblés : « Là fut arrêté et conclu que, voyant la pertinence desdits hérétiques l'on les prendrait au corps, et, à faute de ce, l'on brûlerait les maisons pour mettre les autres en crainte.» Les soudards de Paulin ne sont pas venus pour rien. Ils vont pouvoir piller et tuer.

Etrange armée : les seuls professionnels de la guerre sont les routiers du baron de La Garde. La colonne dirigée par d'Oppède rassemble les troupes de la province. Une troisième bande, conduite par Vaujuine et Redortier, vient d'être levée parmi des volontaires : il est toujours facile d'en trouver, parmi les errants des villes et des campagnes, quand le pillage est assuré.

Les routiers commencent à brûler quatre villages dont les habitants se sont enfuis à leur approche. Ces villages appartiennent à la famille de Bouliers. La vieille baronne, Françoise de Bouliers, se porte au-devant du capitaine et menace de porter plainte. Rien n'y fait : on incendie sa belle ferme, ses fours et ses moulins. Paulin donne la chasse aux laboureurs. Ceux qu'il trouve sont saisis, enchaînés, promis aux galères. Les soudards violent les femmes et leur coupent les seins.

La colonne d'Oppède brûle le 18 avril Lourmarin, Villelaure et Très-Emines pendant que La Roque accomplit la même besogne dans les villages de la rive gauche de la Durance, aidé par des volontaires levés à Arles. Il y a peu de victimes : tous les habitants se sont enfuis. A Lauris, d'Oppède rejoint La Garde, après avoir brûlé tout le plat pays. Ils se dirigent ensemble sur Mérindol, avec la colonne Vaujuine et Redortier devant eux.

Les troupes entrent sans difficulté dans le village désert. Le premier président ordonne de mettre le feu à l'église et aux fermes. Il s'installe sur la place du village, à l'ombre d'un ormeau, et on lui sert un repas. Un soldat conduit devant lui le seul prisonnier de Mérindol, un jeune homme de dix-sept ans. Il s'appelle Maurice Blanc. Valet de ferme. Le soldat veut le vendre pour les galères. Le président le lui achète, contre trois écus. C'est cher pour un hérétique. On lui demande de réciter un *Pater* et un *Ave*. Il ignore, dit-il, ces prières, mais peut parler de sa foi.

Le président veut le faire conduire à Aix pour qu'il y soit jugé. «*Crucifige eum!*» hurle l'avocat général Guérin, qui arrive à cheval. On l'attache à un tronc d'olivier. Il est criblé de coups d'arquebuses.

Les deux cents fermes de Mérindol brûlent maintenant dans la nuit. Où sont les habitants ? Ils se sont enfuis, a dit Blanc avant de mourir. C'est vrai, ils ont tous gagné la montagne, les femmes, les enfants, les troupeaux, comme au temps des grandes migrations. Ils sont partis la veille dans la forêt du Luberon. On leur a dit, de source sûre, que l'évêque de Cavaillon avait donné des ordres pour qu'ils fussent tous exterminés. Le 18, ils se sont cachés dans un ravin, une gorge encaissée. Ils ont appris que l'armée occupait leur village. Dans la nuit, ils voient brûler Mérindol. Ils laissent dans le ravin les femmes et les enfants, poursuivent leur route vers le sommet et gagnent, pour combattre avec leurs frères, les villages de La Coste et de Cabrières-du-Comtat.

Dans ce village fortifié, on décide de résister. Déjà, les colonnes sont entrées en terre papale, tuant tout sur leur passage, amis et ennemis. Les pillards maintenant suivent l'armée, dévastent même les églises. Ils volent les calices, les ostensoirs en or, les cloches en bronze... Les paysans participent au partage du butin, traînant chez eux des charretées d'objets volés. Les magistrats d'Aix voient vendre sous leurs yeux les hommes valides aux recruteurs des galères.

Les colonnes campent à Cavaillon avant de faire leur

jonction avec les troupes du légat Trivulcio. Cabrières est en vue, où se sont retranchés avec les habitants du village près de trois cents combattants vaudois. Les murailles ont été relevées, les rues barricadées. Les femmes et les enfants se sont réfugiés dans l'église. Ceux qui ne peuvent pas combattre se sont cachés dans les caves du château. L'armée encercle minutieusement le village, barrant toute issue. «"Rendez-vous!" crie Paulin de La Garde... A quoi ils ne voulurent obéir, dit la chronique, ainsi pour réponse lui baillèrent tout plein de paroles injurieuses, nommant les assiégeants cafards, idolâtres, adorateurs de pierres et de bois, pantoufles du pape.»

Les trois canons du pape sont mis en batterie : l'assaut commence ainsi, le dimanche 21 avril, par un bombardement. Les vaudois, dirigés par Marron, répondent de leur mieux. Les femmes passent aux hommes les munitions. D'Oppède doit faire venir des balles et des barils de poudre de Cavaillon. Des deux côtés, les morts et les blessés sont nombreux.

On parlemente. Les vaudois proposent d'ouvrir les portes si on les laisse partir pour l'Allemagne ou si on leur promet un jugement régulier. On promet. L'évêque de Cavaillon s'engage. Ils auront la vie sauve.

Marron et ses partisans sortent les premiers, avec les femmes combattantes. Se sont-ils rendus «à discrétion», sans promesse préalable, pour tenter de désarmer moralement les parlementaires? Ils sont aussitôt saisis, entraînés dans un pré et arquebusés. On n'épargne que le chef, Marron, et le pasteur Guillaume Serre. Le légat du pape les prend en charge. Ils sont conduits à Avignon pour y être jugés et brûlés vifs.

Les femmes combattantes sont enfermées dans un grenier à foin. Des soldats y mettent le feu. Elles périssent brûlées. Celles qui tentent de s'enfuir sont massacrées. On porte leurs têtes en triomphe au bout des pertuisanes. «Le commissaire de notre saint-père le pape, dit le chroniqueur Allagonia, dit et remontra que la sentence donnée contre eux portait qu'ils seraient tous mis à mort, leur mémoire abolie, et le lieu rasé.»

On cherche les survivants. Les soudards forcent le portail de l'église, violent tout ce qu'ils peuvent. Les corps des femmes égorgées ou éventrées tombent du haut du clocher. L'avocat général Guérin dira plus tard dans sa déposition : «Je pense avoir vu occire, dans cette église, quatre ou cinq cents pauvres âmes de femmes et d'enfants.» Il y a seulement quelques survivants : des femmes et des enfants que l'on vend comme esclaves à L'Isle-sur-la-Sorgue.

Les hommes, enfermés dans les caves du château, tentent de s'enfuir. Les soldats du pape les exterminent. Seuls, les hommes les plus robustes sont épargnés pour être vendus aux capitaines des galères. Le village de Corbières est entièrement rasé, avec ses murailles et son château. On élève une colonne sur la place centrale au nom de Jean Meynier, seigneur d'Oppède, premier président du parlement de Provence.

A-t-il été dépassé par la rage des exécuteurs? La volonté d'exterminer les vaudois est affirmée par des textes officiels publiés par le parlement d'Aix et par le légat du pape. Allait-elle jusqu'au génocide? Les soldats avaient-ils ordre de passer au fil de l'épée tous les hérétiques? N'ont-ils épargné que ceux qui pouvaient présenter une valeur marchande? La rage de tuer s'accompagnait manifestement d'un profit. On confisquait les terres, on saisissait le butin. Les archives des Bouches-du-Rhône contiennent le procès-verbal de la tournée effectuée par le bailli de Lambesc dans les villages de Roques, Mallemort, Mérindol, La Roque-d'Antheron, Saint-Estève-de-Janson, Alleins et autres lieux, afin de procéder à l'inventaire des biens et meubles «provenant des luthériens et des vaudois». Les troupes chargées de garder le butin étaient commandées par un juge royal du comté de Martigues, Antoine Bot, et non par un aventurier. On vendait jusqu'aux récoltes, pour faire rentrer l'argent nécessaire au remboursement des frais de l'expédition. On les bradait! Le conseiller Lafond avait vendu pour 13 000 écus des récoltes qui en valaient 100 000. Les biens meubles avaient été vendus à l'encan. Le bétail était laissé aux gens de guerre, qui le liquidaient eux-mêmes. Les terres des vaudois étaient saisies et bradées. On expropriait ainsi des régions entières.

Les seigneurs protestaient en vain. On ruinait leurs fiefs sous leurs yeux. On tuait leurs laboureurs, on brûlait les fermes, les granges, les réserves de paille et de foin. Les moulins et les fours n'étaient pas épargnés. On voyait des bandes de voleurs enlever jusqu'aux tuiles des maisons. Certains seigneurs participaient eux-mêmes au pillage, comme ceux d'Ansouis et de Cucuron. Les parlementaires de la commission auraient bien voulu légaliser le pillage. Ils étaient dépassés par leurs troupes et par une partie de la population. Le pape et le roi de France n'avaient-ils pas permis que l'on coure sus aux vaudois?

L'appel au meurtre est irrésistible. A La Coste, un bourg dépendant des seigneurs de Simiane, des vaudois se sont réfugiés. Ils ont dressé des fortifications sommaires. Le seigneur supplie les parlementaires d'Aix d'épargner ses biens. Il prend l'engagement de désarmer lui-même ces maudits vaudois et de remettre au parlement tous les présumés coupables, tous ceux qu'on voudra bien lui désigner. Il rasera lui-même les fortifications. Le seigneur de Simiane n'est pas suspect d'hérésie. Il offre de désigner des victimes expiatoires, choisies au hasard, que l'on tuera pour l'exemple. Il va faire ouvrir quatre belles brèches dans les murailles, pour que La Coste soit ouverte.

Les soldats se lancent à l'assaut, sans attendre, semble-t-il, les avis ou les ordres du premier président. On brûle toutes les maisons, après les avoir soigneusement pillées. Les hommes sont exterminés à l'arme blanche. Les femmes sont rassemblées à l'écart, dans un verger proche du château. «Les mères tenaient leurs filles étroitement serrées dans leurs bras, raconte le père Papon, un oratorien. Elles les disputaient aux soldats... et, lorsqu'elles furent forcées de les abandonner, elles leur jetaient un couteau et les exhortaient à se percer le sein, plutôt que de subir le déshonneur qui les attendait... On assure même qu'il y eut deux femmes qui se pendirent de désespoir, parce qu'on fit violence à leurs filles sous leurs yeux.» On viola une fille blessée à mort qui s'était jetée du haut des remparts.

Les capitaines Beaudoin et Labbé, responsables de la troupe, furent mis en état d'arrestation par le président d'Oppède. Mais, semble-t-il, ils ne furent pas châtiés. Les vaudois tenaient encore la montagne. On avait besoin des soldats. D'ailleurs, le légat donnait l'exemple des atrocités. Un espion avait dénoncé la population de Murs, qui s'était réfugiée dans les cavernes. Le légat donna des ordres. On tenta de faire sortir les «hérétiques» de leur trou en les arquebusant. Mais à quoi bon gaspiller des munitions? N'était-il pas plus simple de les enfumer? Aucun ne survécut.

D'Oppède, cependant, poursuivait les vaudois dans la montagne. Rentrant lui-même à Aix, le 3 mai, il chargea Redortier et Joseph d'Agoult de cette tâche. Au lieu de parcourir les bois, les soudards continuèrent à commettre les pires excès autour du Luberon. En un mois, on avait brûlé plus de 900 maisons, détruit 24 villages, massacré plus de 3 000 personnes et envoyé 670 hommes aux galères. On allait, en plus, faire mourir de faim les malheureux errants du Luberon. L'arrêt du parlement, le 24 avril, interdisait de leur porter assistance, sous peine «de confiscation de corps et de biens». On ramassait dans les champs les cadavres de vagabonds morts de faim. On dit que certains mangeaient de l'herbe pour survivre.

D'Agoult s'était installé, pour traquer les fugitifs, à la Tour-d'Aigues. Sa cavalerie rayonnait dans tous les villages voisins, multipliant les atrocités. Les paysans devaient faire le voyage d'Arles ou de Marseille pour retrouver leurs enfants et tenter de les racheter. Un certain Jacques Allard avait ainsi payé neuf écus pour reprendre sa fille, vendue par d'Agoult... Le président d'Oppède avait dû écrire à Redortier et à Vaujuine, le 18 mai, «que la cour et lui étaient avertis qu'ils ne font autre chose que piller et ravager les sujets du roi, bons et fidèles, n'ayant égard à personne, forçant et violant les femmes, qui sont choses scandaleuses». Le Parlement avait envoyé deux de ses conseillers pour enquêter. Ils étaient revenus épouvantés : les paysans, autour du Luberon, ne pouvaient plus travailler. Quand ils se mettaient aux labours, des soldats venaient s'emparer de leurs bœufs. Les femmes dans les champs étaient détroussées, on les laissait en chemise. On saisissait le bétail dans les étables. On voyait sur les chemins «une grande troupe d'hommes, de femmes, filles et enfants, courant et vaguant par le terroir de Roussillon». Il était urgent, dirent les parlementaires, «qu'on les mette à couvert et qu'on leur donne à manger». Sur leur rapport, le Parlement rendit un nouvel arrêt autorisant les autorités et la population à secourir les vaudois : c'était, enfin, l'apaisement. Redortier était désavoué.

Mais le coupable de la tuerie, le responsable, le premier président? Prenant les devants (car il n'ignorait pas que la répression avait causé de graves préjudices aux seigneurs du lieu), il dépêcha à Paris son gendre, Pourrières, qui avait lui-même participé aux opérations. Il remit au roi un rapport qui était déjà un plaidoyer. Celui-ci fit la sourde oreille. Il ne pouvait manquer d'être attentif aux plaintes de la dame de Cental, baronne de Bouliers, qui possédait des biens immenses dans le marquisat de Saluces, si utile au roi quand il faisait la guerre en Italie. La dame a perdu douze mille florins de rente et ne prend pas l'affaire à la légère. Elle a saisi le Parlement de Paris.

Le roi ordonne une enquête. Le parlement d'Aix doit rédiger un procès-verbal de l'expédition. Le cardinal de Tournon soutient à fond la cause d'Oppède. Par lettres patentes du 8 août 1545, François Ier approuve «tout ce qui avait été fait contre les vaudois» et demande que l'on mette tout en œuvre pour «exterminer cette maudite secte».

Calvin et Farel sont atterrés. Ils font le tour des villes suisses et vont jusqu'à Strasbourg pour réunir des secours en faveur des vaudois. Les Strasbourgeois acceptent d'écrire à François Ier. «Chers et particulièrement bons amis, leur répond-il, nous vous avons fait savoir que jamais nous ne nous sommes occupés, en quoi que ce soit, des coutumes et manières de voir de vos sujets... Nous sommes donc bien étonnés de voir que vous voulez intervenir dans les disputes de nos sujets et vous en mêler, ainsi que des punitions et instructions que nous donnons contre eux!» Il explique aux Suisses que les vaudois sont de mauvais sujets, et qu'ils ont été châtiés parce qu'ils ont refusé de payer les dîmes. Ni Calvin ni Farel n'obtiennent de secours des villes suisses... «Bénissons le Seigneur, dit Calvin à Bèze. Chacun de nous, qui sommes les confesseurs de la vérité, lui vaudra mille prosélytes, et chacun de ces martyrs dix mille.»

A la mort de François Ier, le vent tourne. D'Oppède, qui poursuit la persécution, a fait arrêter deux gentilshommes provençaux soupçonnés d'hérésie, François d'Albenas et Roland de Murs, qui ne manquent pas d'amis au Parlement. Le cardinal de Tournon, défenseur d'Oppède, est en disgrâce auprès du nouveau roi Henri II, qui désigne en 1550 une commission, la Chambre de la reine, pour juger d'Oppède, l'avocat général Guérin, ainsi que La Garde et le légat d'Avignon. Va-t-on punir tous les responsables du massacre?

Le réquisitoire d'Aubery, procureur général, est féroce à l'égard des parlementaires d'Aix, et particulièrement d'Oppède et de Guérin, accusé de malversation et de faux monnayage. Le roi, dit-il, a été mal informé: on l'a prévenu contre les hérétiques, qui voulaient négocier et seraient venus à composition. C'est d'Oppède qui a déformé la vérité. Il a retenu en Provence des troupes qui auraient été plus utiles au roi à Boulogne. Il a pris, sans ordres, la responsabilité des massacres. Il n'a pu empêcher celui de La Coste, le plus atroce. Enfin, en refusant les secours aux errants du Luberon, il les a condamnés à mourir de faim.

D'Oppède se défend lui-même, et son éloquence lui permit de sauver sa tête: il n'avait agi qu'en prenant conseil de son parlement et n'avait attiré les soldats qu'après en avoir référé au roi. Il ne pouvait être tenu pour responsable de massacres qui avaient eu lieu dans les Etats du pape. A La Coste, il n'était pas présent, et les capitaines avaient été dépassés par leurs troupes. Il n'avait, dit-il, aucun remords à avoir exterminé les vaudois. Il n'avait fait que se conformer aux désirs exprimés plusieurs fois, et publiquement, par les arrêts royaux.

D'Oppède était libéré, confirmé dans ses fonctions. Tous les prévenus étaient acquittés, sauf Guérin, qui fut condamné à mort pour d'autres motifs. Il fut pendu à Paris et sa tête fut envoyée à Aix pour y être exposée publiquement. Meynier d'Oppède devait être nommé par le pape chevalier de Saint-Jean-de-Latran et comte palatin.

Et les vaudois? Un certain nombre d'entre eux purent gagner Genève, où ils furent bien reçus. Leur pasteur, Jean Perrier, avait raconté comment ils avaient dû se sauver en chemise, lui et ses amis. On leur donna des secours. On les fit travailler aux fortifications de la ville. Ils étaient logés à l'hôpital. On leur distribua, par la suite, des terres incultes à Jussy et Peney.

D'autres vaudois furent assez heureux pour gagner les communautés du Dauphiné, et, du Vercors, passèrent en Piémont où ils reçurent également l'assistance de leurs «frères». Un certain nombre d'entre eux réussit à passer le Rhône à Avignon, à Pont-Saint-Esprit, pour s'installer clandestinement dans le royaume. Ils bénéficiaient, dans les villages de la rive droite, de certaines complicités.

Ainsi, les vaudois devenaient-ils les plus précieux auxiliaires du calvinisme militant : ils aidaient puissamment l'homme de Genève à prendre pied dans les Cévennes et le Languedoc.

5.

Huguenots de langue d'oc

Des deux côtés du pont Saint-Esprit, ou du pont d'Avignon, on parle la même langue. Les vaudois n'ont pas tous gagné Genève ; quelques-uns ont passé clandestinement le Rhône pour se retrouver en pays de langue d'oc.

De chaque côté du fleuve, les vallées se correspondent. De la Durance, on suit le Gard, puis le Gardon, jusqu'à la Cévenne. De l'Aygue, on rejoint la Tave ou la Cèze, ces charmants petits rapides où les truites se sentent à l'aise. Par Pont-Saint-Esprit, on débouche sur la vallée de l'Ardèche qui conduit à Aubenas.

Ces vallées ne sont pas perdues : les voyageurs de Lyon, d'Avignon, de Beaucaire, les remontent. Ils traversent aussi la montagne, de Lyon à Nîmes, par Bagnols-sur-Cèze, de Lyon à Montpellier, par Le Puy et Alès en Ardèche. Ceux qui travaillent la laine ou les peaux ont toujours les yeux fixés sur les grandes foires de Lyon. En s'installant dans les Cévennes, les vaudois, certes, ont cherché un refuge. Mais ils ont aussi voulu rester, par Lyon, en contact avec Genève où sont maintenant leurs frères.

Aux paysans, aux artisans qui les recueillent, ils évoquent les atrocités, ils donnent tous les détails possibles sur le génocide. Cela ne surprend pas en Languedoc. La tradition rapporte que, quatre siècles plus tôt, les seigneurs du Nord ont exterminé les habitants de Béziers. Le pape et les évêques donnaient alors la chasse aux cathares. Les cathares ont disparu, avec le temps. Mais non le souvenir de leur agonie.

Les réfugiés vaudois racontent aussi que les évêques et leurs soudards ont systématiquement pillé leurs terres. S'ils sont aujourd'hui «en chemise», c'est qu'on leur a tout pris : le bétail, les instruments de culture. On a même vendu, à l'encan, leurs récoltes sur pied.

Ces récits inspirent une émotion puissante aux habitants des Cévennes. Depuis vingt ans, les villageois ont reçu des moines étrangers, des prédicateurs venus du Nord qui dénonçaient les vices du clergé, la non-résidence des évêques, et demandaient le retour à la pureté. Mais le vieux pays cathare ne s'était pas aussi facilement réveillé aux accents germaniques d'une «Réforme» qui n'intéressait, à vrai dire, que les clercs des universités de Toulouse et de Montpellier. Il y avait beau temps que les descendants des cathares, les survivants des bûchers du XIIIe siècle, tapis dans les montagnes, s'étaient fait oublier. On ne trouvait plus, dans les villages, de candidats à la «perfection». Les moines prêchaient des convaincus. Ils savaient bien, les paysans des Cévennes, que les évêques étaient cupides et les curés ignorants. A quoi bon le leur répéter?

Les vaudois, en revanche, rappelaient une menace précise : celle de la persécution. Ainsi, l'Inquisition, de sinistre souvenir, était encore capable de tuer... La bête romaine n'était pas morte; elle pouvait de nouveau, comme les loups géants du Gévaudan, répandre la terreur.

Les paysans de Cabrières ou de Mérindol ne parlaient pas le français et n'avaient pas lu, comme les clercs de Montpellier, les livres de Luther. Peu d'entre eux connaissaient vraiment l'écriture. Mais ils savaient trouver les mots vrais pour évoquer la persécution. Ils racontaient l'impuissance de leurs seigneurs : la dame du Luberon qui n'avait pas su trouver grâce auprès du roi et le mauvais sire de La Coste qui voulait dresser lui-même la liste des victimes expiatoires. Pour garder leurs revenus, les seigneurs étaient prêts à livrer leurs hommes. Cela faisait réfléchir.

Le roi ? Tous les arrêts rendus en son nom, qu'ils fussent indulgents ou impitoyables, exigeaient la conversion. Le roi n'avait jamais admis leur foi. Il avait seulement changé de politique, levant finalement la main pour les livrer aux parlementaires d'Aix, quand l'intrigue nouée par le cardinal de Tournon, tête agissante de la répression, l'avait emporté dans son esprit sur les velléités de conciliation qui lui étaient inspirées par le souci de sa politique étrangère. Ni les Suisses ni les Allemands n'avaient pu les sauver.

C'était folie de penser que le pouvoir monarchique, engagé depuis 1540 dans une politique de persécution renforcée, pouvait être sensible à la tolérance. Le procès ouvert contre le premier président d'Oppède n'était pas destiné à réhabiliter les martyrs, mais à satisfaire les seigneurs plaignants. Il s'était terminé sans dommage : les parlementaires d'Aix et les incendiaires du Luberon étaient absous.

L'expédition avait donné toute satisfaction, comme une croisade. L'herbe ne repousserait plus à Mérindol. Les victimes n'avaient pas eu la moindre chance de survie. Les vaudois n'avaient pas, pour se défendre, une armée de seigneurs bardés de fer, comme jadis les cathares. Ils avaient résisté avec leurs pauvres moyens, mettant leurs villages en position d'autodéfense. On ne leur avait rien épargné : l'encerclement de la montagne, la levée de «volontaires» dans le pays, l'engagement de professionnels de la guerre.

Ils oubliaient, dans leurs récits, les «bons» évêques, comme Sadolet de Carpentras qui voulait éviter le massacre. Ils parlaient de l'évêque-soldat de Cavaillon qui tuait sans merci, ou d'Antonio Triculcio, le vice-légat. De village en village, ils soulevaient l'indignation et la crainte : était-on revenu au temps des grandes terreurs ? On les recueillait comme des frères, on les cachait, on les hébergeait, en dépit des arrêts du parlement de Toulouse qui ordonnait de les dénoncer. Calvin avait raison : les martyrs sont les meilleurs propagandistes. Les Mérindoliens parlaient la langue de leurs bienfaiteurs. Ce qu'ils disaient touchait infiniment plus que les dicours contre les idoles tenus par des moines étrangers.

Ils racontaient, en langue d'oc, comment ils avaient pu échapper à l'encerclement. Les plus faibles n'avaient pu soutenir l'épreuve. Des enfants, des vieillards étaient morts de faim. Les gens des Cévennes, en période de famine, avaient vu ce spectacle vingt fois. Mais ils frémissaient d'indignation en pensant que des chrétiens, et non les intempéries, avaient cette fois forcé d'autres chrétiens à manger de l'herbe pour survivre.

Qu'on ne s'étonne pas si la « Réforme » a aussi trouvé une audience profonde dans le tissu rural du Languedoc. Les rescapés de Mérindol ont fait le nécessaire.

Ils tombaient sur un terrain préparé : les temps étaient trop durs pour que les paysans ne songent pas à remettre en question leurs rapports avec les seigneurs-évêques et les seigneurs-abbés. La dîme, en période de disette, est le plus intolérable des impôts, quand il est dû à des gens qui ne résident même pas. Les villages entiers qui passent à la Réforme dans les plaines du bas Rhône n'ont pas attendu Mérindol pour entrer en dissidence ; ils avaient parfois à leur tête leurs curés et leurs syndics. A partir de 1530, les pierres de taille des constructions sont curieusement marquées au burin par les maçons : on y voit des moines à têtes d'âne…

1530, précisément, est une année de peste et de famine. Les cordeliers multiplient les prêches contre les abbés trop riches et les évêques scandaleux. On pend et on brûle certains de ces prédicateurs, à la demande du roi et du parlement de Toulouse. La Réforme est-elle liée à la crise ?

On a parlé, dans ces régions, d'une «tragédie du blé». Depuis 1526, les récoltes sont constamment mauvaises. La période de malheur dure jusqu'en 1534. Près de dix ans! Les responsables font ce qu'ils peuvent. Ils achètent et distribuent du blé d'importation qu'ils se procurent à Marseille. Ils ouvrent des centres d'accueil dans les villes, ils envoient des secours aux villages. Mais les affamés sont trop nombreux. Les familles s'endettent pour acheter la semence à des taux usuraires. Le prix du blé augmente, entraînant la hausse générale. Les paysans endettés sont chassés de leurs terres et viennent grossir l'immense troupeau de vagabonds que l'on signale, en 1532, aux portes des villes. En 1533, note Le Roy Ladurie, «le pays nîmois est infesté de mendiants, suite de l'extrême misère qui règne ici depuis quelque temps».

Jusqu'en 1560, la masse des pauvres s'accroît, même si la peste les abat plus vite que les autres. La crise marque la fin d'une période, celle où les campagnes pouvaient nourrir sans difficulté les couches nombreuses, issues de la reprise démographique de la fin du XVe siècle. Désormais, les usuriers ne font pas de quartiers. Ils ont souvent pris en ferme, pour les seigneurs-abbés, la levée des dîmes. Ils s'exécutent avec détermination, accaparant les ressources disponibles, recherchant les sacs de blé dissimulés dans les greniers. Qui est responsable de ces excès ? Les maîtres, évêques ou abbés, qui les laissent faire. Pourront-ils encore, demain, lever la dîme ?

Ces impôts, payés le plus souvent en nature, sont ceux qui rapportent le plus dans la pénurie. Qu'importe si leur levée condamne à mort des populations au bord de la famine. Il faut s'enrichir. Les chanoines du chapitre de Béziers n'ont jamais été plus gras. Ils héritent sans cesse de nouvelles terres. Pour accroître encore leurs revenus, ils rognent sur les salaires de leurs ouvriers agricoles dont ils diminuent les rations de vivres. La piquette, le pain de seigle et les jarres d'huile d'olive n'ont jamais été distribués avec plus de parcimonie. Les chanoines de Narbonne réduisent, en 1550, le nombre de porcs consacrés à la nourriture de leurs manœuvres. Le mécontentement des salariés du monde des cultures va croissant. La révolte gronde contre les maîtres, surtout s'ils portent soutane.

Le refus de payer la dîme, constaté chez les vaudois de Provence et dans le pays lyonnais, se généralise dans la vallée du Rhône pendant les années de disette. En 1540, il affecte le pays nîmois. A partir de 1550, il se répand dans les Cévennes. Dix ans plus tard, il aura franchi le seuil de Naurouze, jusqu'en Agenais.

Les « huguenots de dîme » n'obéissent certes pas aux mots d'ordre des pasteurs. Jamais les calvinistes n'ont prêché ce genre de révolte. Du moins, ceux de Genève. Mais les agents des évêques ont tôt fait d'assimiler les réfractaires aux « luthériens » et de les traiter en hérétiques. Ils sont poursuivis comme tels. Quoi d'étonnant si leur révolte spontanée, qui mettait en question un aspect de l'ordre seigneurial, les rend disponibles pour une autre révolte, de nature religieuse, qui leur est d'autant plus accessible qu'elle est prêchée en leur langue par les artisans des villages cévenols ?

Ces mangeurs de châtaignes, de plus en plus nombreux sur leurs terres, sont en même temps paysans et artisans. Ils ont cherché d'autres sources de revenus que la terre. Certains se sont faits orpailleurs, cherchant l'or dans le lit des torrents. D'autres ont exploité le « charbon de terre », dont les gîtes étaient nombreux autour d'Alès. Ils travaillent dans les « moulins à battre le fer », dans les moulins à huile, dans les moulins à fouler le drap. Les villages très peuplés des Cévennes — certains ont doublé en un demi-siècle — comptent de nombreux artisans-paysans qui sont tisserands, tonneliers, cardeurs de laine. Autour d'Anduze, s'est installée depuis le XIIIe siècle la « soie de montagne » qui se vend à Avignon. On plante de nouveaux mûriers dans la région, surtout à partir de 1540.

La soie, le cuir : le marché lyonnais en réclame. Les

tanneurs, corroyeurs, savetiers prolifèrent. Les muletiers et marchands «de grands chemins» viennent acheter leurs produits. Ils apprennent à compter, à signer, bientôt à lire. La langue du Nord a gagné déjà dans les villes de la plaine. Utilisée à Montpellier depuis la fin du XVe siècle, elle a forcé les portes d'Uzès, d'Alès, de Romans. Les écoles s'ouvrent, même au village. On a soif de s'instruire, et pas seulement pour le commerce : on veut savoir lire les catéchismes et les petits recueils de psaumes, dorés sur tranche, que les vaudois ont rapportés de la Durance. La langue française n'est pas seulement celle des juristes et des marchands, elle est aussi celle de Farel et de Calvin. Il faut l'apprendre. De Montpellier, de Nîmes, des petits «régents» grimpent dans les villages des gardons d'Alès et d'Anduze, dans les vallées du Vidourle et du haut Hérault. Les moins pauvres des paysans envoient leurs enfants dans ces écoles, ouvertes par les syndics, quand ils n'y vont pas eux-mêmes, le soir, pour apprendre à lire.

Pourquoi les artisans du textile, à Anduze comme à Lyon ou à Meaux, sont-ils avides d'idées nouvelles? Par haine du clergé? C'est vrai, on les voit se moquer de «Jean Blanc», le prêtre qui porte l'hostie consacrée. Comme les maçons du Rhône, ils ne veulent plus acheter d'indulgences aux moines ni obéir aux prêtres. Des témoignages montrent les cardeurs de laine ou les tisserands chanter au cabaret, en buvant, les psaumes de Marot. Pour le moment, chanter les psaumes, c'est demander la liberté. Le «correcteur» Calvin n'est pas encore passé par là. La Réforme est seulement l'expression joyeuse d'une révolte, une sorte de provocation. C'est l'ordre social qu'ils bafouent, avec l'Eglise.

Mais, à ce compte, tous les paysans opprimés, tous les salariés agricoles des chanoines seraient devenus très vite des huguenots... On ne le voit nulle part. Ceux qui se convertissent durablement le font à l'exemple des maîtres et, dans les «vallées des pasteurs», à l'instigation des plus instruits parmi les artisans de village, ceux qui peuvent lire et commenter les Ecritures. Les «huguenots de cuir», ces fougueux propagandistes, ne sont pas des «huguenots de cabaret». Ils prêchent dans leur boutique, en tirant l'alêne, et recrutent des adeptes dans leur clientèle. Ceux-là ne découvrent pas la religion des vaudois. Ils ont déjà entendu parler de Luther et de Calvin, par les marchands des grands chemins. Ils sont l'élite intransigeante du mouvement religionnaire, ils enseignent à leurs adeptes comment vivre selon l'Evangile. Leurs femmes sont particulièrement exigeantes sur les questions de morale. Pour ces nouveaux chrétiens, il ne suffit pas d'abattre les croix ni de briser des statues, ils veulent redécouvrir la vertu et l'imposer à leurs proches.

Les cardeurs et les tisserands, les cordonniers et les savetiers de village, les maîtres tanneurs, ces aristocrates des métiers du cuir, respectent et répandent la morale prêchée par Genève. Dans les campagnes, les conversions se font à l'instigation des chefs de famille, fort respectés dans les Cévennes. Il suffit que les patriarches décident d'obéir aux pasteurs, pour que les bancs se vident à l'église : les familles et la domesticité changent aussitôt de religion. Olivier de Serres, maître d'un grand domaine du Vivarais et agronome huguenot, a, plus tard, décrit dans son *Théâtre d'agriculture et mesnage des champs* ces nouvelles contraintes imposées au milieu rural. Avant d'être éducatrice, la Réforme devenait moralisatrice. Les valets de ferme étaient, dira Serres, d'une «humeur perverse». Il fallait combattre «le mal causé par leur mauvais naturel», car ils étaient «putains et larrons». L'agriculture était «commandée par la bouche de Dieu», elle était «l'occupation la plus sainte». Comment tolérer qu'elle soit pratiquée par des valets paillards? Il faut combattre la licence et même les excès de table. Les pauvres brassiers huguenots auront encore moins de piquette que les laboureurs des chanoines de Narbonne. «Etant votre maison reconnue comme celle de Dieu, dit Serres, Dieu y habitera, y mettant sa crainte.» Craignez, manants! Bientôt seront dénoncés les putains de hameaux et les adultères de vendanges. Le peuple des Cévennes a rejeté la contrainte des prêtres. Il apprendra à connaître celle des pasteurs. Paiera-t-il moins de dîme ? Il n'est pas question qu'il échappe à cet impôt sacré. Le nouveau maître ne tarde pas à lui recommander la ponctualité et l'obéissance. Ce Jean de Lancyre, décrit par Le Roy Ladurie, est chef d'exploitation dans les Cévennes et maître absolu d'une nombreuse parenté qui cultive avec valets et domestiques plus de trois cents hectares. Jean est un notable fraîchement converti. Il refuse, au nom de sa «tribu», de payer la dîme due au prieur. Mais il paiera, dit-il, «aux gens du saint Evangile». La morale est sauve, la société aussi.

Le modèle cévenol, où les artisans des bourgs et les maîtres de cultures assuraient la conversion et l'encadrement de la masse paysanne, se retrouvait plus au nord, dans les vallées du Vivarais, autour d'Aubenas et, plus au nord encore, autour d'Annonay. Les Lyonnais étaient directement responsables de la conversion des artisans du papier. Annonay avait accueilli des prédicateurs dès 1528. Elle avait été très vite touchée par la persécution. Un cardinal originaire de la ville y avait envoyé les reliques de sainte des Vertus, vierge et martyre, fille de sainte Félicité. Elles étaient enfermées dans une châsse d'argent et donnaient lieu à une procession, le jour de l'Ascension, où se multipliaient les manifestations de foi naïve. Chacun, ce jour-là, voulait toucher la châsse. Un fidèle trop entreprenant avait voulu regarder à l'intérieur. Il était devenu aveugle... Un moine, Machopolis, avait prêché violemment contre ces pratiques. On l'avait chassé. Un autre moine, Renier, avait été arrêté et brûlé vif. Il faut croire que les convertis étaient cependant nombreux à Annonay puisqu'un «régent», Jonas, était venu de Montpellier pour répandre la bonne parole en apprenant à lire et à écrire. Il avait été arrêté, avec vingt-cinq habitants. Un marchand riche, venu d'Annonay, avait été brûlé à Lyon pour avoir refusé de s'agenouiller devant une statue de la Vierge, lors d'une procession. Sa mort, aussitôt connue, fit sensation. Elle avait valeur d'exemple. Plusieurs années plus tard, en 1546, le parlement de Toulouse décidait d'allumer un bûcher sur les lieux mêmes de l'hérésie, dont les progrès étaient spectaculaires. Un certain François d'Augy y périt. Il n'était pas du pays. On lui fit avouer qu'il venait de Genève. « Courage, mes amis, dit-il en mourant, je vois les cieux ouverts et le Fils de Dieu qui s'apprête à me recevoir. » Quelle force pour la cause, que des martyrs de cette qualité !

La répression des parlementaires toulousains frappait à tort et à travers dans un pays sauvage, ignoré. Les victimes étaient dénoncées, arrêtées, aussitôt condamnées. On fit périr un pauvre marguillier, accusé d'avoir dérobé une hostie consacrée. Vers 1560, les autorités songeaient à envoyer la troupe à Annonay, tant la mission des parlementaires avait été inefficace. Comment interrompre, sur le chemin de Lyon, la circulation des hommes et des idées ?

De Lyon, venaient aussi, en Velay, les premiers prédicateurs qui furent brûlés au Puy. Marcellin, supplicié en 1531 place du Martouret ; Antoine d'Archis, d'origine picarde, arrêté en 1538 par l'official et conduit à Toulouse, où il devait mourir en prison. De Lyon ou d'Auvergne, l'Inquisition était particulièrement vigilante au Puy, où elle pouvait saisir les voyageurs, aisément repérables, dans les auberges de la ville. Les prédicateurs de Genève et les colporteurs de bibles y faisaient halte volontiers. En 1552, on coupe la langue à deux pasteurs pour les empêcher de chanter pendant leur supplice, place du Martouret. 12 000 personnes, si l'on en croit la chronique, y assistent en 1555 au supplice de Pierre Barbat, un Auvergnat de Bort, et de Jehan Fieure, un Auvergnat de Besse, tous deux porteurs de livres « luthériens ». Un colporteur, coupable d'avoir vendu des catéchismes de Calvin, est arrêté, condamné à l'amende honorable, en chemise et le fagot sur le cou, puis brûlé. Le parlement de Toulouse condamne aux galères un colporteur venu de Sembadel, en Auvergne. Les gens du Puy le réclament. Il subit le supplice dans la ville, pour l'exemple.

Lyon et Genève d'un côté, les Cévennes et le Languedoc de l'autre, les hautes vallées sont ouvertes aux missionnaires et aux marchands de livres. Ceux-ci ne touchent pas les paysans. Les Boutières ou le haut Vivarais n'offrent que des sentiers pour cavaliers endurcis. On y récolte les châtaignes, le blé dans les creux, le chanvre pour les habits. Il n'y a pas, comme en Cévennes, de tissu serré d'artisans de village. Mais, dans les villes, les liens avec Genève sont évidents. Les consuls, les syndics, les notables sont tout de suite sensibles à la propagande, à Aubenas comme à Privas. Jacques Valléry, qui prêcha le premier dans l'église de Privas en 1534, fut immédiatement suivi : ses adeptes mangèrent ostensiblement de la viande en carême. Valléry, vicaire de l'église paroissiale, n'était pas un étranger... Quand il dut s'enfuir, parce que ses prêches agitaient les paroissiens, il gagna Genève. Après son départ, la répression fut immédiate : deux prêtres furent massacrés, plusieurs notables arrêtés, torturés et brûlés. Maître de Suchèle, notaire dans la ville, fut banni. Comme tous ceux qui purent s'échapper, il trouva refuge à Genève.

L'action des prédicateurs est aussi efficace dans les villes de moindre importance, comme Villeneuve-de-Berg, Vals ou Vallon. Elles sont touchées plus tardivement. On y constate des troubles, un début de répression. Des notables sont arrêtés, d'autres s'enfuient. A l'évidence, les hommes de Genève ont établi des contacts réguliers et disposent d'un appareil clandestin, que la répression n'a pu éliminer.

Le parlement de Toulouse, responsable de l'application des édits royaux dans toute la région, n'a pu empêcher les infiltrations spectaculaires du Vivarais et du Velay ni le ralliement des «vallées des pasteurs». L'action secrète des vaudois n'est sans doute pas étrangère à la conversion des villages. Mais il faut aussi envisager la proximité des villes de la plaine, qui ont opposé aux mesures répressives une résistance sournoise, conforme à l'attitude traditionnelle des municipalités de Languedoc, toujours hostiles à l'ingérence du pouvoir royal dans leurs affaires.

Nîmes, Béziers, ne sont pas de grandes villes marchandes à l'italienne. Leur population ne dépasse pas 10 000 habitants. Elles sont en décadence depuis la fin du XVe siècle, car le trafic avec l'Orient se fait désormais par Marseille. Leur richesse vient de plus en plus de la terre. Avec ses 15 000 habitants, Montpellier fait figure de capitale. Enrichis par le grand commerce aux siècles précédents, les marchands y sont encore nombreux. Les bourgeois de robe et les professeurs d'université constituent un milieu cultivé, francisé, qui achète les livres de Genève et de Lyon, car il n'y a guère d'imprimerie dans la ville. Les «dynasties d'arrivistes, d'humanistes, et de gangsters», dont parle Le Roy Ladurie, dominent la municipalité et fournissent un modèle de promotion sociale, auquel les artisans sont sensibles. Les maîtres cardeurs, les tisserands, les drapiers veulent aussi envoyer leurs enfants à l'université. Les drapiers achètent l'alun du pape pour teindre eux-mêmes leurs étoffes, et leurs femmes fabriquent le «verdet», une teinture issue du vert-de-gris. Les artisans parlent le français et ont des liens étroits avec leurs collègues des Cévennes qui leur confient souvent leurs fils en apprentissage.

La promotion, pour tous les notables, c'est d'abord l'achat des terres, qui permet, plus tard, l'anoblissement et qui, dans l'immédiat, constitue le seul placement sûr. Ils ont d'abord racheté les parcelles des petits paysans que la crise mettait en difficulté. Ils ont engagé les paysans ruinés comme ouvriers agricoles, pratiquant le «faire-valoir direct» : 20 % de la population de Montpellier se composait de paysans sans biens, qui partaient le matin dans les campagnes proches pour travailler la terre des bourgeois. Les nouveaux propriétaires sont des maîtres très durs. Ils paient encore plus mal que les chanoines. Pour accroître les profits, ils abaissent les salaires sans vergogne. Pourquoi se gêner? La main-d'œuvre est nombreuse. Olivier de

Serres, en Vivarais, l'expliquera clairement. «Quant au salaire du mercenaire, écrit-il, il faut qu'il soit le plus petit possible.» Plutôt que de rechercher une amélioration des rendements (ils sont faibles, dans la région, de 6 à 8 quintaux de blé à l'hectare), les bourgeois engagent des ouvriers supplémentaires sur les terres nouvellement acquises. La main-d'œuvre est le fond qui manque et qui coûte le moins.

Le clergé reste le plus grand propriétaire de la région. Depuis le temps béni où il a confisqué, avec les seigneurs du Nord, les terres «en proie» des nobles cathares, il n'a cessé d'arrondir son avoir. On ne peut plus guère s'étendre en Languedoc qu'à ses dépens. Mais l'Eglise ne veut rien vendre. Elle profite comme les bourgeois de la crise agricole, elle continue d'engranger les dîmes en nature. A Nîmes, à Narbonne, chanoines et abbés surveillent eux-mêmes les cultures. Les bourgeois enragent de ne pouvoir racheter leurs terres. Un magistrat de Montpellier, Jacques de Sarret, s'est constitué un grand domaine de 360 hectares. Puis les chanoines, ses voisins, ne veulent rien lui vendre, il loue leurs terres et les exploite à son profit. Avec ses 25 paires de bœufs et sa main-d'œuvre infatigable, il a tous les moyens de s'enrichir. Il ne serait pas fâché que, pour des raisons politiques, le clergé fût contraint de vendre.

Avec les terres, les charges et les offices étaient un autre moyen de grimper dans l'échelle sociale : les artisans riches envoyaient leurs enfants à l'Université, comme les grands bourgeois, parce que les grades donnaient accès aux fonctions. Il fallait être docteur pour être magistrat ou officier du roi. Le tiers des bénéfices ecclésiastiques, qui rapportaient gros, était réservé aux gradués d'université. Les fils de marchands et d'artisans rêvaient d'être avocats, procureurs ou chanoines, sans s'estimer astreints aux devoirs religieux. Ils porteraient la barbe et négligeraient la tonsure, attentifs seulement au rapport de leurs charges. C'est pourtant parmi ces jeunes gens cupides et cyniques que se répandirent rapidement les idées évangéliques.

Il faut dire que l'université de Montpellier ne ressemblait à aucune autre. Elle était la seule en Languedoc qui ne dût rien au pape, peu au roi de France, et qui eût une tradition de totale liberté. Celle de Toulouse, sa rivale, avait été jadis créée par le roi, au lendemain de la croisade des albigeois, pour « franciser » le Midi et fournir aux évêques et abbés des théologiens d'une orthodoxie à toute épreuve — au besoin, des inquisiteurs. Les maîtres de Montpellier ne devaient rien à l'évêque de Maguelone, leur tuteur théorique. Ils recevaient quelques bienfaits du roi, qui avait créé un « Collège royal » de quatre régents pour la médecine. On savait dans toute l'Europe que les maîtres de Montpellier avaient hérité du savoir des Arabes et de celui des Juifs. L'université laïcisée accueillait des étudiants flamands, allemands, suisses, tous grands lecteurs de Luther et de Mélanchton, Ils vivaient en « nations », élisaient entre eux chaque année un « abbé de jeunesse » et donnaient dans la ville, à l'occasion du carnaval, des spectacles peu édifiants. Les juristes, qui apprenaient le droit canon, étaient plus calmes, mais les jeunes gens de la faculté des arts, qui recrutait beaucoup dans les Cévennes, en Provence, dans le Gévaudan, étaient fort agités. Nombre de prédicaturs et de régents des « vallées des pasteurs » furent formés à l'école mage de cette faculté où les professeurs, venus de Lyon, d'Orléans ou de l'étranger, encourageaient la lecture des humanistes et des évangélistes.

Les manifestations d'étudiants amusaient les bourgeois, mais inquiétaient les responsables. Certaines furent réprimées : elles menaçaient l'ordre monarchique. A la fête des Rois, en 1527, les étudiants en médecine avaient monté une « moralité » (un spectacle sur tréteaux racontant, avec des personnages de théâtre, une histoire soi-disant moralisante). Un de leurs personnages s'appelait « l'Etat d'Eglise », un autre « le Pouvoir royal répresseur », un troisième « Folle Putrescence ». On imagine la moralité... Quelques mois plus tard, toutes les fêtes étaient supprimées, même celle du roi de carnaval. Les étudiants protestataires étaient arrêtés, traduits en justice. Etienne Florimond, Guillaume Carvel et Etienne du Temple étaient excommuniés par l'Inquisition, emprisonnés à Toulouse. Ils ne furent sauvés que par l'intervention du Conseil d'Etat qui retira leur affaire à l'inquisiteur de Toulouse.

Ainsi, la Réforme avait pénétré largement le milieu étudiant. Tous n'étaient pas d'accord : les juristes restaient orthodoxes. Deux partis s'affrontaient. Mais les réformés étaient les plus remuants, les plus décidés. Un certain Le Comte, prénommé Apollon, révolutionnait la faculté de droit. Le directeur de l'école mage, en 1535, n'était autre que ce Jonas qui s'était distingué à Annonay. Le régent Poujol, de Jonquières, et Pierre Chamier, d'Uzès, étaient de rudes agitateurs. Un autre régent, Guillaume Lévêque, baptisé «Episcopus», devait devenir par la suite pasteur de Calvin. Le recteur Bonnail, neveu d'évêque et éminent juriste, devait passer à la Réforme avec toute sa famille. Il avait autour de lui un parti de professeurs (comme Nicolas Sanravy) et d'étudiants acquis à ses idées. On vit même le doyen de la faculté de théologie, Jean Caperon, passer à l'ennemi... Avec de tels maîtres, les étudiants de Montpellier seraient plus tard des juges, des officiers et des consuls bien suspects. Et, s'ils étaient chanoines..., l'évêque devrait regarder de près leur état civil, pour s'assurer qu'ils n'avaient pas contracté un mariage clandestin...

L'agitation universitaire, désordonnée, restait en vase clos. Pour qu'elle aboutît à un vaste mouvement évangélique, dans une région si prédisposée, il lui fallait une tête, un Farel, un Bucer, et des martyrs. Calvin crut reconnaître un fondateur d'Eglise en la personne du directeur du collège de Nîmes, Claude Baduel.

Les Nîmois avaient financé la création d'une école préparatoire d'arts libéraux, pour ne plus entretenir leurs enfants à l'université de Montpellier. Les consuls avaient décidé d'en nommer eux-mêmes les régents, sans rien demander à l'évêque. Le parlement de Toulouse n'avait fait que des objections de principe.

Baduel, fils d'un cardeur nîmois, était un protégé de Marguerite d'Angoulême, qui l'avait chaudement recommandé aux consuls. Homme d'Eglise (Baduel avait été prieur), le nouveau directeur du collège s'était marié peu après sa nomination, manifestant ainsi clairement sa volonté de mettre sa vie privée en accord avec ses convictions. Encore un directeur que nous ne pourrons garder ! se dirent les Nîmois.

Ils avaient eu beaucoup d'ennuis avec les précédents. L'école mage sentait le soufre. Le premier directeur, Ymbert Pécolet, ancien étudiant en médecine de l'université de Montpellier, avait été déclaré par l'official « suspect de foi ». Il était soupçonné de lire tous les dimanches l'Evangile à ses écoliers et d'organiser des prêches à son domicile. Il avait été arrêté par l'évêque. Son remplaçant était un éminent latiniste, Gaspard Cavartz. Il n'avait pas été accepté. Les consuls avaient dû beaucoup s'avancer pour imposer Baduel, dont la foi était jugée « chancelante ». C'était le moins qu'on pût en dire.

Pour le neutraliser, l'Eglise lui dépêcha un concurrent, Bigot, qui était régent à Montpellier où il jouissait d'un immense prestige. Le débat théologique engagé par Bigot, redoutable polémiste, tourna à la confusion de Baduel, qui repartit pour Montpellier. Le combat était gagné, sans victime... Baduel n'avait pas réussi à s'affirmer.

La religion réformée n'en continuait pas moins ses progrès, mais chez les notables et les étudiants. S'ils s'inscrivaient à Montpellier, connaissant la réputation de l'université, c'est, à vrai dire, qu'ils s'attendaient à trouver des maîtres qui partagent leurs opinions : Christophe Fourre, alias Fabri, alias Libertet, venait de Lyon, Beat Comte du Dauphiné, Pons Codur de Provence, et François La Roche des Cévennes. Ces étudiants étaient en réalité des agents clandestins du calvinisme : aussitôt formés, ils deviendront missionnaires. On trouve beaucoup de noms de prédicateurs et de pasteurs dans la liste des matricules d'étudiants de cette époque. Quant aux professeurs, ils fourniront au calvinisme ses cadres : Nicolas de La Marlière, par exemple, ou Christophe Simon. Pour recruter ses pasteurs, Calvin n'aurait, à Montpellier, que l'embarras du choix.

Les anciens étudiants de l'université faisaient des recrues chez les notables et dans certaines familles nobles ; les jeunes seigneurs fréquentaient aussi les écoles et poussaient leur entourage à se convertir. Plus d'un devait être poursuivi pour hérésie, comme ce Dominique de Narbonne, seigneur de Poussan, qui avait fait chasser de la paroisse, par son «beyle», un prédicateur de l'ordre de la Merci, provoquant ainsi un beau «tumulte»; ou encore Bernard de Mandagout, seigneur de Fons, qui avait fait venir de Montpellier le régent «Episcopus», lui donnant la charge de pasteur. Dans la région de Fons ou de Gallargues, les maîtres des terres étaient les magistrats de Montpellier, ceux de la cour des aides notamment : ils encourageaient chez eux la diffusion du calvinisme. Le parlement de Toulouse notait, en 1557, que la région montagneuse au nord de Nîmes et de Montpellier, mais aussi la plaine du littoral languedocien «étaient envahies par aucuns prêcheurs, séminateurs d'erreurs et fausse doctrine». Bien que Montpellier n'eût pas alors d'imprimerie, les livres ciculaient librement dans le sac des colporteurs ou des fils de marchands. Le plus important libraire de la ville, Jean Le Coing, était en relation avec les Genevois, par Lyon. Les frères Bernard, de Lyon, tenaient boutique à Montpellier, à Nîmes, à Uzès. Ils diffusaient même des libelles où l'on expliquait que la religion nouvelle avait supprimé non seulement le culte des saints et les jours chômés, mais aussi les dîmes et les redevances au clergé. Le parlement de Toulouse, saisi, dut ordonner à l'autodafé.

Qui lisait ces livres ? Les notables, les artisans peut-être, et surtout le clergé. Les gens d'Eglise étaient contaminés par l'hérésie. L'évêque ne montrait pas une vigilance à toute épreuve. Il avait désigné en 1539, comme prédicateur du carême, le dominicain Badet, prieur de Limoux. Ce Badet était l'intime de Jean de

Caturce, qui venait d'être brûlé vif à Toulouse. Il se flattait de prêcher «Luther tout cru» et bravait ainsi l'Inquisition, à une époque où la répression faisait rage dans toute la France.

Il est vrai que les clercs, comme les bourgeois, donnaient toutes les apparences de la soumission, même s'ils partageaient les idées à la mode. On ne pouvait les prendre en défaut de messe. S'ils ne respectaient pas le carême, ils s'en faisaient dispenser pour raisons de santé. L'évêque Pellicier, un lettré qui protégeait les régents compromis, se réservait l'octroi de ces dispenses. Il voulait à tout prix éviter le scandale et la persécution.

Le peuple ne suivait pas l'élite dans sa griserie pour les idées nouvelles. Ceux que les prédicateurs avaient convaincus de l'inutilité des sacrements et de l'indignité des clercs attaquaient bruyamment les églises, brisaient les statues, profanaient les hosties. En 1548, à Montpellier, la procession était compromise par des manifestants qui rossaient les chanoines. On signalait, dans de nombreux villages, des refus de dîmes et des manifestations violentes.

Mais, bien souvent, les villageois s'affrontaient entre eux. Beaucoup voulaient garder leurs saints de pierre et de bois, leurs châsses de martyrs, sources de miracles. Dans leur majorité, ceux de la plaine de Languedoc étaient hostiles à la Réforme. Même les jardiniers de Montpellier, qui couchaient en ville et travaillaient le jour les champs des bourgeois, refusaient de suivre leurs maîtres dans l'aventure évangélique. Faut-il s'en étonner? S'ils jetaient des pierres sur les prédicateurs, c'est qu'ils n'avaient pas, comme les jardiniers de Strasbourg, de Bucer à admirer. Ils connaissaient déjà le maître laïque, plus dur que les chanoines, avide à prendre les terres et à ruiner le pauvre diable. Ils ne voulaient pas partager avec lui l'amour du Christ. Ils n'avaient plus, comme les paysans cévenols, de «patriarches» à respecter. Ils avaient appris, dans les fossés de Montpellier, à haïr les riches.

Le samedi 5 janvier 1554, les étudiants de Montpellier se réveillent de bonne heure. On ne manque pas, à l'époque, une exécution capitale. Le bûcher a été dressé à la «portalière des Masques». Un masque, dans le langage de l'époque, c'est un sorcier. La «portalière» est l'endroit où l'on brûle les sorciers.

Un grand gaillard porte le condamné sur ses épaules, pour que tout le monde puisse le voir. Il s'appelle Dalençon et il est inconnu dans la ville. Ce n'est pas un sorcier. C'est un huguenot.

Deux autres condamnés suivent Dalençon : un homme de bonne mise, qui peut être un bourgeois ou un noble, et un tondeur de drap en chemise. Tous les deux portent une botte de paille sur le dos.

Devant le bûcher, la foule contenue par les gardes est immense. Dalençon s'assied sur les marches. Il pose sa chemise, la plie soigneusement ainsi que ses autres vêtements. Il s'adresse à ses deux compagnons, condamnés à assister à son supplice. Il veut leur faire chanter des psaumes. Il leur parle longuement, avec chaleur. Les chanoines, montés sur des mules, s'approchent : «Il faut en finir!»

Dalençon s'assied au sommet du bûcher, tout contre le poteau. Le bourreau lui passe la corde au cou, avec un nœud coulant qui doit l'étrangler et abréger ses souffrances. Il lui attache les mains et place autour de lui les livres saisis, tous en provenance de Genève. Dalençon reste calme, il lève les yeux au ciel. Quand les flammes lèchent les livres, le bourreau tire sur la corde. La tête tombe. Bientôt, le corps disparaît dans les cendres.

Ce récit d'exécution est dû à un étudiant montpelliérain du nom de Platter. Il décrit aussi l'amende honorable des compagnons de Dalençon. On a dressé une estrade devant l'église de Notre-Dame-des-Tables, surmontée par une statue de la Vierge. Le tondeur, ému par le supplice de son compagnon, est revenu sur son abjuration. La foule l'attend en vain. On le garde pour un autre supplice. Enfin, l'homme bien mis, le noble s'agenouille au pied de l'estrade, un cierge à la main. Il récite à voix forte les formules que lui dicte un notaire. Il a la vie sauve : on l'envoie aux galères.

Le mardi suivant, on exécute le tondeur de drap. Un spectacle manqué. La pluie inonde le bûcher, et le malheureux, étranglé à demi, doit attendre que le bourreau enflamme des bottes de paille avec de la térébenthine. Platter n'est guère ému par ces atrocités : après le supplice, il va danser et tirer les Rois avec ses collègues.

Les condamnés sont les premières victimes montpelliéraines du parlement de Toulouse. Les temps sont changés et l'indulgence n'est plus de mise. L'évêque de la ville, Guillaume Pellicier, est en prison. C'est un humaniste, un lettré, partisan de la réforme douce. Il avait été nommé à vingt-huit ans grâce à Marguerite d'Angoulême et à Michel d'Arande. Un évêque de cour, au brillant passé de diplomate, qui avait réussi à éliminer Baduel de Nîmes.

Il avait des évangélistes dans sa propre famille ; sa nièce avait épousé Gassin, de Salon-de-Provence, un farouche disciple de Calvin. Baduel et Gassin avaient dû s'enfuir à Genève, en 1551, malgré la protection du premier président du parlement de Toulouse, Jean de Mansencal, qui était gagné à leurs idées. Quant à l'évêque, il avait été arrêté par un inquisiteur de la foi et incarcéré à Beaucaire, où il devait rester sept ans !

Les bûchers n'étaient pas dus à la volonté répressive des parlementaires de Toulouse, qui avaient toujours suivi l'évêque dans sa modération. Des suspects avaient été arrêtés, dont Pierre Sanravy, général à la cour des aides, le chanoine Philippi, un greffier, Pierre Dumas, quelques artisans, armuriers ou serruriers, et des clercs. La plupart avaient été relâchés. Mais le sénéchal présidial de Montpellier avait fait du zèle, avec un magistrat d'humble origine, Pierre de la Coste, juge mage de la ville. Ils avaient envoyé Dalençon, puis le tondeur de drap, au bûcher, malgré les conseils de modération des juges de Toulouse. C'est tout juste si le premier président avait pu arracher au supplice un autre détenu,

Pierre Borgas, ami de Mansencal. Le prêtre montalbanais Dalençon, accusé d'avoir diffusé des livres de Calvin, devait servir d'exemple.

Incroyable injustice, qui entraînait les parlementaires toulousains dans la voie de la répression : seraient-ils débordés ?

Ils envoient deux commissaires sur place, qui font rire. Ces derniers parcourent les villages de Languedoc et demandent, à son de trompe, aux paysans de dénoncer les hérétiques. Les incidents se multiplient sur leur passage. Ils condamnent les suspects à des peines légères, pour ne pas semer le trouble. Le seigneur de Narbonne doit payer 600 livres d'amende. Ils donnent à Montpellier un spectacle burlesque. On brûle en effigie René Gassin et sa femme Marguerite Pellicier. Les mannequins, selon l'usage, sont traînés en ville sur des claies. Les trompettes appellent la foule au lieu d'exécution, place des Cévenols. Le feu gonfle le chaperon de Marguerite, qui s'élève dans les airs comme un ballon...

Les notables soupçonnés n'ont pas attendu la visite des parlementaires pour prendre le large. Beaucoup se cachent, attendant des jours meilleurs ; d'autres préparent l'avenir, à Genève. La répression est-elle plus dure à Nîmes ou à Beaucaire ? Les procès des « prévenus de la foi » au présidial de Nîmes, de 1548 à 1559, font apparaître une modération manifeste. On n'arrête que de pauvres bougres qui ont fait des déclarations imprudentes sur dénonciations de commères. Des tanneurs convaincus de luthéranisme, en 1550, sont condamnés à de simples peines d'amendes. Ils ne sont pas torturés. Ils ne subissent ni le « rossignol » ni les « mordasses ». On ne cherche pas à leur arracher des aveux. Une peine légère frappe le curatier Jean Vallat, qui avait fait moissonner le jour de la Saint-Jean. Le chapitre d'Uzès, réputé pour ses idées hérétiques, n'est pas inculpé. A Bagnols-sur-Cèze où les calvinistes sont nombreux, une action est intentée, mais on ne peut saisir les prévenus : ils se sont enfuis dans la montagne. Les peines les plus sévères sont la fustigation « jusqu'à effusion de sang» et l'amende honorable. Les «mariés de Nîmes», Rabuteau et Valère, y sont condamnés ainsi qu'un certain Antoine Laroche. Celui-ci écope de cinq ans de galères.

Aucun des prévenus n'est connu dans la ville. Les bourgeois, qui constituent la majorité des calvinistes, échappent à la répression. Quand ils sont pris, c'est presque de plein gré : un certain Jean Fraissinet, de Saint-Jean-de-Gardonnenque, «baille» de son état, vient faire une protestation de foi luthérienne à la cathédrale, en pleine assemblée du clergé. Le procès, qu'il faut bien engager, établit que, dans la paroisse du prévenu, l'église est abandonnée, dépourvue de tout objet de culte. Le maître d'école apprend le «catéquisme» (*sic*) aux enfants et aux parents. Il fait des prêches au cimetière du village les dimanches et jours de fête, l'école étant trop petite. Le baille est destitué, condamné à l'amende honorable et à payer 100 francs au roi, 100 francs à la justice.

En 1551, date de ce dernier procès, les consuls de Nîmes ferment les yeux sur l'activité des calvinistes. Quand on les interroge, ils répondent «qu'à part quelques étrangers, il n'y a pas de luthériens à Nîmes». Les magistrats partagent cette prudence. En 1553, ils sont devant un vrai cas d'hérésie : Etienne Geynet, de Beaucaire, a déclaré à l'instruction qu'il ne croyait ni au purgatoire ni au saint sacrement. Va-t-il mourir?

Le lieutenant criminel, rapporteur, propose effectivement d'étrangler le prévenu et de brûler son corps pour jeter ses cendres dans le Rhône. Mais les magistrats ont été sensibles à l'opinion de l'official, Jean Duport, qui s'est prononcé contre «la peine de sang». Le prévenu est seulement condamné à l'amende honorable, au fouet et au bannissement, avec confiscation de ses biens. Il sauve sa tête.

Si les justices locales donnent parfois l'exemple de la mansuétude, comment le parlement de Toulouse, qui compte en son sein de nombreux sympathisants, ferait-il aux calvinistes une chasse inexpiable? La foule des greffiers, des procureurs, des avocats, qui se presse au vieux château narbonnais — ex-résidence des comtes de Toulouse devenue le siège du parlement — a connaissance de toutes les causes importantes de la région du Quercy à la Gascogne et du Rouergue au Languedoc. Les juges sont-ils encore conscients qu'ils doivent être les agents du roi dans les pays du Languedoc, et soutenir fidèlement sa politique?

L'existence de ce parlement est récente : 1444. Le roi avait alors récompensé Toulouse de sa fidélité pendant la guerre de Cent Ans. C'était un parlement à part entière, dont les membres étaient de puissants seigneurs, recrutés dans les élites locales, largement dotés en épices et en cadeaux, très influents dans les municipalités.

Comme tels, ils ne pouvaient pas être insensibles aux motivations des consuls, capitouls, beyles et autres «bailles» qui ne ressentaient nullement le progrès du calvinisme comme une insupportable agression. Ouverts aux idées nouvelles, très cultivés, bien fournis en livres par les correspondants locaux des libraires lyonnais, ils étaient trop accoutumés à la décadence de l'Eglise pour ne pas souhaiter, comme l'évêque Pellicier et tant d'autres ecclésiastiques, un profond renouvellement. La faculté de théologie ne montrait pas elle-même, dans la lutte contre les hérétiques, un zèle particulier. Pourquoi les parlementaires auraient-ils pris la tête de la répression?

Il est vrai que l'Eglise toulousaine était alors un «troupeau sans pasteur». Les archevêques nommés au XVIe siècle étaient des politiques ou des diplomates qui résidaient rarement dans la ville. La réforme des ordres avait été superficielle. Les augustins, les moines mendiants, carmes ou franciscains ne brillaient pas par l'énergie purificatrice. Les écarts de leur vie privée défrayaient souvent la chronique.

La seule réforme sérieuse fut celle des bénédictins de la Daurade et des sœurs augustines de la Madeleine..., que les protestants de Montauban prendraient joyeusement pour épouses, après les avoir converties.

Le milieu clérical fut, avant le parlementaire, favorable aux thèmes évangéliques. L'augustin Thadée commentait l'Evangile devant un public choisi. Les clercs n'étaient pas tentés par la réforme interne de l'Eglise, mais par les idées venues de l'extérieur, répandues par les régents de l'Université. L'Inquisition dut réagir. Un moine, Jean de Caturce, qui fréquentait chez Thadée, avait été brûlé en 1532. Etienne Dolet, alors à Toulouse, avait assisté à cette exécution. Il avait hurlé son indignation, insulté les parlementaires. Ils ne lui en avaient pas tenu rigueur. Arrêté, l'humaniste avait été libéré sur l'intervention de ses amis toulousains. L'un d'eux, Jehan de Boyssonné, l'avait recommandé à l'imprimeur lyonnais Sébastien Gryphe qui l'avait aussitôt engagé comme correcteur.

Six ans séparent cette première exécution de la seconde, celle de Louis Rochette, en 1538. Il s'agit encore d'un religieux, membre de l'Inquisition, un provocateur qui proclamait bruyamment sa foi nouvelle. On ne lui fit pas grâce. A Toulouse comme ailleurs, le martyre servit la cause : l'université fut très largement gagnée, comme en témoignent les incidents multipliés par les étudiants qui prennent à partie les moines prêcheurs et troublent les processions. Le parlement n'est-il pas capable de faire respecter les édits royaux dans sa propre ville ?

De 1540 à 1548, il instruit environ 200 procès pour toute la région, sur recommandations réitérées du roi. Alors que le calvinisme a gagné les régions de Castres, de Montauban et d'Albi au nord, l'Agenais au sud, le parlement frappe avec ménagement : 200 cas retenus et 18 exécutions capitales, deux ou trois par an... Les résultats de cette action sont tellement disproportionnés avec le progrès notoire de l'hérésie en pays de langue d'oc que le pouvoir parisien s'inquiète et prend l'initiative de former au sein du parlement de Toulouse une délégation spéciale, avec un président et douze conseillers, pour mettre enfin un terme au prosélytisme huguenot. Quelles sont les premières victimes ? Deux parlementaires, Antoine de Lautrec et Antoine de Saint-Germier. Ces grands seigneurs, prévenus à temps de l'imminence des poursuites, se sont enfuis à Genève. On les a brûlés seulement en effigie.

En 1553, les calvinistes toulousains ont pris peur et les parlementaires ont redoublé de prudence. Ceux qui sont, à Toulouse, acquis à la religion nouvelle se gardent de toute activité missionnaire. Comblés par le pouvoir parisien, qui a fait du Parlement et de l'Université les instruments de francisation et de centralisation, ils veulent rester en toutes circonstances les bons sujets du roi de Paris. Ils craignent les troubles et redoutent la guerre civile. Leur adhésion à la Réforme est intellectuelle, non militante, pas encore politique. Les livres de Bâle et de Genève achetés chez Jean Claret, puis chez Georges de Bogne, correspondant de Buyer, voisinent dans leur bibliothèque avec ceux des humanistes italiens, et peut-être aussi de Rabelais. Ils désapprouvent violemment les troubles populaires.

Quand on mutile, en 1555, les statues des saints dans l'église Saint-Etienne, le peuple s'ameute dans les rues de Toulouse, on crie «A bas les luthériens!». Qui sont les protestants? Le parlement les estime, en 1561, à 4 000 dans la ville : des clercs, des étudiants, des régents. Certes des capitouls, des avocats, des procureurs et même des officiers royaux entendent volontiers les prêches des gens de Calvin. Mais ceux qui provoquent les tumultes sont des irresponsables, des jeunes gens en colère. Les parlementaires ne veulent pas en faire des martyrs, mais ils veulent les châtier, même s'ils partagent leurs idées.

Pour être en règle avec les édits qui se multiplient après 1534, ils envoient dans les villes et villages ces commissions que nous avons vues à l'œuvre en Languedoc. Les commis procèdent avec la plus grande maladresse et ne cherchent certainement pas cette «extirpation» de l'hérésie souhaitée, à Paris, par la Sorbonne. La modération de la répression explique sans doute le développement tranquille du calvinisme qui gagne les esprits cultivés sans effort, de même qu'elle justifie la prudence des bourgeois, peu soucieux de comparaître devant les instances du château narbonnais. Les parlementaires étaient, il est vrai, contraints à plus de sévérité dans certaines régions. C'est que les réformés de Castres, d'Albi ou de Montauban n'avaient pas l'extrême réserve de leurs frères toulousains ou nîmois.

L'axe de pénétration de la Réforme en pays toulousain passe par le «chemin de montagne» : il contourne la ville au nord pour gagner Castres, Gaillac et Montauban. Il évite le Rouergue, qui reste catholique.

Cette résistance du Rouergue n'est pas due, comme on l'a suggéré, au naturel fruste de ses habitants, mais à l'action de son évêque François d'Estaing, prodigieux réanimateur de l'orthodoxie. Sans égard pour Marguerite de Navarre, cependant comtesse du Rouergue, ce grand seigneur, ami des Tournon, sait fort bien que l'évêché est parcouru de routes dangereuses, habité en ses grands marchés par des bourgeois de commerce qui sont, aussi bien que ceux de Nîmes ou de Béziers, en rapport avec Lyon. Les banquiers de Rodez et les marchands de Villefranche n'ont rien à envier à ceux de Montpellier. Leur ville est sur la transversale Montpellier-La Rochelle et sur l'axe Lyon-Toulouse : on voit souvent des Allemands aux foires de Saint-Antonin. Le combat de l'Eglise contre la Réforme n'est pas plus facile en Rouergue. Les routes y sont aussi fréquentées par les écoliers et les colporteurs.

Mais l'évêque a une activité débordante. Cet ancien vice-légat en Avignon ne craint pas de mettre au pas les ordres monastiques. Il ordonne aux prêtres de «porter des habits longs, fermés, d'avoir les cheveux courts et les oreilles découvertes, de s'interdire les auberges, les jeux, la compagnie des femmes et les autres soins peu convenables». Il entre en conflit avec les moines de Conques et de Saint-Antonin, qui refusent la Réforme, et recrute en abondance de nouveaux prêtres, qu'il veut instruits et de bonnes mœurs. Ils doivent à leur tour assurer l'instruction de leurs ouailles et ouvrir des écoles dans les villages. Pour les illettrés, il multiplie les images dans les églises, des peintures ou des tapisseries représentant des scènes de la vie religieuse. Il fait célébrer, tous les samedis, un office en l'honneur de la Vierge dont il développe partout le culte. Il accorde lui-même les indulgences, dans ses tournées pastorales, aux fidèles les plus méritants. Il n'hésite pas à excommunier les sorciers, les usuriers et même les prêtres indignes. Il multiplie des messes pour les morts. Il fait, en somme, tout ce que haïssent les calvinistes. Il va jusqu'à prêcher lui-même en rouergat, pour mieux se faire entendre de ses fidèles... A sa mort, en 1530, le renouveau est si manifeste dans le diocèse que son successeur, Georges d'Armagnac, ne peut que poursuivre son œuvre. Il n'est pas un instant tenté d'orienter dans un sens favorable aux idées nouvelles la réforme de son clergé. Pourtant, Georges d'Armagnac était un ami et protégé de Briçonnet ainsi que de Marguerite de Navarre. Mais cet ancien du groupe de Meaux ne pouvait lutter contre la volonté d'orthodoxie que son prédécesseur avait puissamment enracinée dans le Rouergue.

Aucun évêque de cette trempe n'avait accompli la même œuvre dans les trois évêchés du Tarn : Castres, Albi, Lavaur ; le vieil Albigeois, pris entre le Languedoc, le Quercy et la région toulousaine, avait sans doute gardé du cauchemar de la croisade des souvenirs obsédants, même si les cathares n'avaient pas laissé d'héritage visible. Les Albigeois avaient en tout cas conservé une solide haine du clergé, si l'on en croit la chronique : quand Olivier Maillard, le célèbre prédicateur franciscain, avait été chassé de Paris, il avait obtenu un succès considérable dans l'Albigeois en traitant les moines de «chasseurs, ruffians, ribauds, paillards, ignorants, ambitieux, aveugles, les yeux bandés *hujusmodi*, dissipant le bien des pauvres avec des personnes honteuses, putains et bêtes sauvages». L'Albigeois accueillait volontiers tous ceux qui venaient jeter des pierres dans le jardin des évêques ou des abbés. A Castres, dès 1527, le cordelier qui avait prêché le carême avait fait beaucoup d'adeptes «en remontant les abus de l'Antéchrist». On l'avait arrêté, et l'on nous assure qu'il mourut en prison à Toulouse, empoisonné par un pâté de bécasse... Le cordelier Marcii, qui devait être également arrêté, était passé par l'Albigeois ainsi que le jacobin Martini. Les moines, venant de Toulouse, prêchaient aussi bien à Castres qu'à Albi. C'est à Castres que Martini avait été supplicié, parce qu'il avait prêché contre le purgatoire.

Ces prédicateurs soulevaient non seulement la curiosité, mais aussi l'émotion du public. Le libraire Maréchal, de Castres, et son ami François Raymond avaient fait le voyage de Genève pour en rapporter les livres dont on faisait si grand cas. Il distribuaient des livrets de propagande et des alphabets. Les marchands de la ville, Pierre Gâches et Bernard Guiraud, devenaient les correspondants de Calvin, auquel ils devaient bientôt demander un pasteur. Le parlement de Toulouse avait frappé à Castres : les notables avaient aussitôt fait front contre l'Eglise. De la capitale, le mouvement avait trouvé le chemin des villages : plus de vingt communautés existaient dans le Castrais, autour des bonnetiers de Roquecourbe, des tisserands de Vabre, des foulons de Mazamet, des patriarches des campagnes. Les travailleurs de la laine, tout au long de la rivière Agout, avaient retrouvé spontanément les voies de l'hérésie.

Les maîtres du pastel toulousain, dans la région de Lavaur, étaient dans les mêmes dispositions. Marchands et drapiers étaient présents à toutes les foires de Lyon, de Paris, des Flandres, et des moulins à pastel abritaient les premières assemblées secrètes. On y vendait la Bible sous le manteau, et les missionnaires venus de Lyon ou de Montpellier y trouvaient aisément asile.

A Puylaurens, à Réalmont, les consulats étaient acquis depuis longtemps aux idées nouvelles, ils cachaient les prédicateurs. Dans ces bastides industrielles, la Réforme trouvait le même tissu que dans les Cévennes. Les ralliements ne concernaient pas seulement les élites, mais aussi les ouvriers de la laine et les artisans du cuir ou du pastel. La crise des subsistances qui durait depuis 1529 n'était certes pas étrangère à cet état d'esprit. Les paysans de Puylaurens avaient souffert en 1538 d'une insupportable sécheresse et en 1545 d'une famine générale. Même la riche vallée du Tarn, qui produisait en abondance le blé, les fruits et le vin, était touchée. On note dès 1536 des sympathies pour la Réforme à Rabastens, où le prieur est accusé par les cordeliers de protéger l'hérésie. Ce Dardenne ne fait-il pas ses prêches en français et en langue d'oc? A Gaillac, capitale du vignoble, un riche marchand, Aragon, fait venir des prédicateurs et les cache aux enquêteurs du parlement. A Albi, les magistrats, gens de justice, bourgeois et marchands se réunissent de nuit pour pratiquer la religion de Genève. On voit, d'après la chronique, des notaires et des greffiers commenter l'Ecriture, des chirurgiens chanter les psaumes. Tout le long de la route pavée qui rejoint Toulouse à Albi (*lou cami ferrat*), l'hérésie s'est installée à chaque étape. Les parlementaires toulousains ont fermé les yeux.

Ils n'étaient pas moins impuissants à Mautauban, où l'évêque demanda une commission d'enquête, en raison des progrès de l'hérésie. Les écoles de la ville, animées depuis 1547 par Jean Calvin, avaient formé des missionnaires. L'un d'eux, Dalençon, était mort à Montpellier. Pendant longtemps, l'Eglise, désarmée, n'avait pas réagi : l'évêque, Jean de Lattès, s'était enfui à Genève avec une belle... Dans le faubourg du Moustier, un petit nombre de réformés se réunissait régulièrement. Le parlement hésitait à intervenir : comme les consuls, il ne voulait pas de martyrs.

Le maître d'école de La Rogeraye avait été cependant arrêté : il faisait chanter des psaumes à ses élèves, «le soir, sous les arbres». Les élèves prirent d'assaut la prison pour le libérer. Le parlement dut envoyer des enquêteurs. Le sénéchal de Quercy menaça de pendre les consuls s'ils refusaient de déposer devant la commission. Ils ordonnèrent de fermer les portes, récusant les enquêteurs, sous prétexte qu'ils étaient accompagnés d'arquebusiers à cheval. Ils revinrent à Toulouse bredouilles. Les prêches continuaient à Montauban.

Le parlement de Bordeaux n'était pas mieux armé pour la répression. Il était encore plus récent que celui de Toulouse, et pour cause : la Guyenne avait été tardivement récupérée par les Français, le roi n'avait pu la doter d'un parlement qu'en 1462. Il faudrait attendre 1551 pour que la région fût quadrillée de tribunaux inférieurs, les présidiaux. Encore certains d'entre eux (Auch et Lectoure) devaient-ils rester sous l'obédience du parlement de Toulouse. Quant au Béarn «indépendant», il avait depuis 1519 son propre tribunal, un «Conseil souverain».

L'agitation religieuse n'était pas assez préoccupante pour que le parlement s'en mêlât avant 1532. Certes, la vie religieuse en Bordelais était loin d'être exemplaire : les églises aux mains de prêtres ignorants étaient comme ailleurs le lieu de rencontre de fidèles assoiffés de foi naïve et de spectacle. La représentation des mystères donnait lieu à des mascarades. Le culte des reliques et l'ignorance des prières élémentaires caractérisaient la foi populaire.

Celle des clercs, en dépit du relâchement des mœurs, restait intacte. Jadis, Pey Berland avait commencé la grande réforme ecclésiastique, qui se poursuivait malgré la non-résidence des archevêques mondains nommés à Bordeaux : Gramont, puis Jean du Bellay. Les prédicateurs populaires, comme cet «Illyricus» qui, en exaltant la Vierge, enflammait les foules, aidaient puissamment le mouvement réformateur en stigmatisant les abus. Les mineurs et les religieuses de l'Annonciade, réformées par le frère Gabriel Maria, devenaient des exemples de piété. La fascination de l'évangélisme n'affectait guère les chanoines, tous de grandes familles bordelaises et souvent parlementaires eux-mêmes. Les avocats, les procureurs, les notaires se montraient fort dévots. Les parlementaires estimaient que l'Eglise catholique garantissait l'ordre social et le pouvoir monarchique. Ils ne voulaient pas l'affaiblir. Montaigne lui-même se faisait le défenseur de l'orthodoxie.

« Combien c'est d'impiété, écrivait-il, de n'attendre de Dieu nul secours simplement sien et sans notre coopération. Je doute souvent si, entre tant de gens qui se mêlent de telle besogne, nul s'est rencontré d'entendement si imbécile à qui l'on ait en bon escient persuadé qu'il tirait vers son salut par les plus expresses causes que nous ayons de très certaine damnation, que, renversant la police, le magistrat et les lois en tutelle desquelles Dieu l'a colloqué..., il puisse apporter secours à la sacro-sainte douceur et justice de la parole divine. »

Nul ne songe, parmi les parlementaires bordelais, à « renverser la police ». C'est par excès de scrupule et de foi que certains d'entre eux se sentent attirés par l'évangélisme. Par excès de culture aussi. On ne trouve guère dans leur bibliothèque les écrits de Luther et Farel, qui fait un prêche à Bordeaux en 1523, avant d'être chassé de la ville. Mais le premier président de Belcier, le procureur général de Lahet et le président de la chambre des enquêtes Sauvat de Pommiers sont des humanistes qui encouragent la création, en pleine ville, du collège de Guyenne en 1533. « Une colonie de maîtres parisiens, comme dit Lucien Fèbvre, s'installa sur la Garonne. » Les plus éminents sont Claude Budin, qui meurt catholique, et André de Gouvéa, dont Bataillon nous assure qu'il suivait Erasme et Lefèvre, mais non Luther.

Sans doute, les régents ne tardent pas à se signaler par un début d'action militante. Ils distribuent des bibles en français aux étudiants, ils commencent leurs leçons sans faire le signe de la croix ; ils les réunissent, le soir, pour apprendre les psaumes. « Ils parlent de religion en privé et comme en se jouant », nous assure Florimond de Raymond, chroniqueur catholique. L'un d'entre eux, Jean Collassus, ouvre une école primaire où il fait lire l'Evangile. A partir de 1532, le mouvement connaît un certain succès dans la société bordelaise : des nobles, des clercs et des bourgeois se réunissent clandestinement dans certains châteaux.

Dès 1532, le parlement a pris une position théorique

contre l'hérésie, proscrivant les livres condamnés par la Sorbonne et les prêches réprouvés, mais il n'a pas engagé de persécution. Faut-il interdire le livre publié en 1533 par la sœur du roi, la tendre Marguerite ? L'auteur du *Miroir de l'âme pécheresse* réside à Nérac, dans l'Agenais, où elle a reçu toutes les têtes du mouvement français : Farel et Lefèvre, Calvin jeune, Roussel, d'Arande. Faut-il repousser ses interventions, quand elle défend le régent André Mélanchton, accusé d'hérésie, ou quand elle soutient la candidature à la charge de conseillers de catholiques aussi suspects que Charles de Candeley ou Jean Dupont ? Le mouvement évangélique bordelais est bien protégé. Il est assez modeste pour n'inquiéter personne.

Pourtant, après l'affaire des placards, les parlementaires donnent un coup de semonce. Sans vouloir, comme à Toulouse, faire des martyrs, ils décident d'épurer le collège de Guyenne. On interdit, en novembre 1534, aux professeurs et aux étudiants de faire usage des livres condamnés par la Sorbonne. Les maîtres connus pour leurs opinions quittent la ville et gagnent Genève, Grenoble, Lyon. Un Ecossais renommé, George Buchanan, rentre dans son pays. Les régents les plus agités se réfugient dans l'Agenais, où ils se sentent en sécurité. L'official, en 1537, fait arrêter et juger onze personnes suspectes d'hérésie. Elles sont seulement condamnées à l'amende honorable. L'archevêque de Gramont peut dormir tranquille : les honnêtes bourgeois favorables aux idées nouvelles se taisent et se terrent.

Investi directement, à partir de 1538, des procès pour hérésie, le parlement se croit obligé de montrer du zèle. Il envoie, comme celui de Toulouse, des commissaires en enquête. Les résultats sont aussi modestes : environ 500 causes sont jugées, de 1541 à 1559. On ne relève dans les archives que 22 condamnations à mort suivies d'effet, 34 par contumace ; 78 prévenus ont été élargis, faute d'informations ; 157 condamnations diverses ont été prononcées. 1 prévenu sur 10 seulement était bordelais. Les autres étaient de Lannes, de Saintonge, de l'Agenais...

A Bordeaux, c'est l'évêque qui stimulait les parlementaires. Charles de Gramont, encouragé par le pouvoir parisien qui recommandait «l'extirpation de cette pernicieuse vermine», voulait des sanctions très dures. Le premier président de Lage, puis Christophe de Roffignac partageaient au parlement cette dangereuse intransigeance. Ils demandaient sans cesse de nouveaux bûchers. Mais les modérés étaient nombreux et influents. Certains d'entre eux étaient gagnés aux idées de réforme. Le premier président de Lagebaston, à partir de 1555, put sauver de nombreux prévenus de la mort.

Les condamnés apparaissent toujours comme des provocateurs, qui refusent de se rétracter et font devant le tribunal des déclarations de foi hérétiques. Une des premières victimes de la persécution bordelaise s'appelle Aymon de La Voye. C'est un Picard, du pays de Calvin. Il a converti la petite ville de Sainte-Foy, qui n'a plus ni prêtres ni églises. Les parlementaires ont fini par l'arrêter. Soumis à la torture et longuement interrogé, il fait, selon Léonard, «l'exposé le plus complet des croyances des premiers réformés français». On le brûle au cœur de la ville de Bordeaux en 1542. Marguerite de Navarre n'a pu le sauver. La même année, quatre autres hérétiques périssent dans les mêmes conditions.

«Quand le mal a gagné le pied, disait Florimond de Raimond, ces publics et tristes spectacles par justice sont de dangereux remèdes, et plus propres souvent pour allumer le feu que pour l'étouffer.» De fait, une communauté clandestine subsiste à Bordeaux, comme à Nîmes, comme à Toulouse. Théodore de Bèze écrit en 1557 à Calvin pour lui signaler que les Bordelais demandent un pasteur. Combien sont-ils? Une poignée, 700, peut-être 1 000. Ils se réunissent les uns chez les autres, à Saint-Laurent-de-Grave, aux Chartreux. Ils sont assez nombreux, à coup sûr, pour que la répression puisse être considérée par les catholiques comme un échec.

Ce qui passe relativement inaperçu dans une grande

ville s'étale au contraire dans les bourgades de l'Agenais, durement frappé par les parlementaires de Bordeaux. L'Agenais avait une capitale spirituelle, Nérac, dont le château était la résidence favorite de Marguerite, sœur du roi, duchesse d'Angoulême, veuve du vieux duc d'Alençon, remariée en 1527 à Henri d'Albret, roi de Navarre, qui avait onze ans de moins que sa femme. La petite partie française de l'ancien royaume de Navarre est essentielle au roi de France : elle lui garantit la maîtrise des routes d'invasion qui viennent d'Espagne. La Navarre est choyée, protégée, pratiquement indépendante. Son roi y est le maître, un roi très chrétien qui n'est cependant pas insensible aux idées évangélistes de sa femme. La nouvelle reine dispose, dans le Sud-Ouest, de terres d'accueil bien protégées. De Nérac au Béarn, il n'y a qu'un pas. Tous les hommes de la Réforme menacés dans la capitale la rejoignent à Nérac : Lefèvre d'Etaples avant sa mort, d'Arande, et surtout Roussel, qu'elle garde longtemps comme confesseur avant de le faire nommer abbé de Clairac en 1530, puis évêque d'Oloron dans les Pyrénées. Marguerite s'est aménagé, en Bigorre, à Odos, une vaste maison où elle se repose, mais qui ne sert pas seulement de refuge aux poètes. De son fief d'Albret, dont Nérac est la capitale, cette femme infatigable soutient de toute son énergie les régents persécutés par les parlements de Toulouse et Bordeaux, les émissaires envoyés de Genève, les libraires qui diffusent dans le Sud-Ouest la littérature interdite. Elle n'en continue pas moins à accueillir les poètes : ils sont fascinés par son charme, son inépuisable générosité, son délicat mysticisme. Même Rabelais. Il a la coquetterie de lui dédier, en vers son *Tiers Livre*, en lui demandant de sortir de «son manoir divin» pour lire «les faits joyeux du bon Pantagruel»...

Non loin de Nérac, la petite ville d'Agen est étonnamment riche en bons esprits. Un médecin d'origine italienne, Jules César Scaliger, attire les humanistes. Convié à Agen par l'évêque, il s'y est fixé, et son fils Juste Joseph, écrivain et savant, prend la nationalité française. On vient de toute la région pour rencontrer Scaliger, dont la bibliothèque fait l'admiration des lettrés de Bordeaux ou de Montpellier. Quand la persécution se déchaîne dans les grandes villes, Scaliger attire les fugitifs, qui viennent surtout de Bordeaux. C'est ainsi qu'Agen devient un repaire de réformés.

Ceux-ci sont souvent des régents, qui trouvent aussitôt un emploi dans la ville. Agen compte un certain nombre de familles bourgeoises, soucieuses de donner à leurs enfants une éducation moderne. Philibert Sarrazin, le plus connu de ses régents, devient précepteur des fils de Robert de Godailh, qui a la charge de trésorier du roi. Sarrazin, qui a fait des études de médecine, enseigne les lettres ; mais, comme les autres régents, il apprend surtout aux enfants à connaître les textes sacrés et à chanter tous ensemble les psaumes de Marot.

Ces manifestations sont connues du public. Il ne les approuve pas toujours. Les paysans de l'Agenais se rappellent des années de peste, où les bourgeois quittaient la ville les premiers : en 1531, les consuls et les jurats s'étaient enfuis. La peste sévissait tous les quatre ou cinq ans. Depuis 1520, le blé était rare, des bandes de brigands couraient les campagnes, les inondations de la Garonne détruisaient les fermes et noyaient le bétail. Les paysans ne voulaient pas que l'on détruisît leurs saints patrons, seule protection contre les calamités.

Les «gens de bien» défiaient le ciel en mangeant de la chair en carême, en déplaçant des statues dans les églises, en refusant de communier à la messe. Les paysans de l'Agenais n'avaient pas de tendresse pour les moines et abbés décimateurs. Mais ils redoutaient que l'inconduite des messieurs de la ville ne provoque de nouveaux châtiments du ciel. Déjà, beaucoup d'artisans, des cordonniers, des boulangers les imitaient et se réunissaient dans des lieux secrets. On les dénonça à l'Inquisition.

L'enquêteur venu de Toulouse n'était autre que Louis de Rochette. Il fut surpris de constater les progrès de l'hérésie dans la ville et dans la région. Les régents, qui se sentent protégés par la proximité de Nérac, ont ébranlé la foi catholique des habitants de Sainte-Foy-la-Grande, de Tonneins, de Villeneuve-d'Agenais. A Clairac, Roussel est actif. Agen a des consuls indulgents, comme les autres petites villes. De famille à famille, l'hérésie se développe par le prêche, les réunions amicales. On ne signale pas de violences, les bourgeois les réprouvent. Parmi les chanteurs de psaumes, on compte les notables agenais amis de Scaliger, le général des Finances Pierre de Secondat, le greffier de la sénéchaussée Thouard, ou le trésorier Godailh. Faut-il arrêter toute la ville ?

L'inquisiteur Rochette hésite. L'humaniste Scaliger ne lui fait pas l'effet d'être hérétique ; il a d'ailleurs les plus hautes protections. A Toulouse, on s'impatiente. Que fait donc Rochette ?

Une nuit, les avertissements qu'il a fait placer sur les portes des églises sont lacérés par des hommes en noir. Rochette est rappelé à Toulouse, accusé de mollesse et de complicité. On sait que le parlement fait un exemple en l'envoyant au bûcher.

Les sanctions prises sur place sont bénignes : les amis de Scaliger, prévenus à temps, ont pu s'enfuir. Lui-même dédaigne de partir. Qui oserait le mettre en cause ? Quelques amendes honorables, quelques peines d'emprisonnement. La seule victime est un récidiviste, le régent Jérôme Vindocin. Il avait réussi à gagner Genève, mais il était revenu, l'année d'après, pour continuer son action. Il fut dénoncé, arrêté, jugé sur place par l'official d'Agen. Il ne fut pas nécessaire de le torturer pour lui faire avouer sa vraie foi. Vindocin avait l'âme d'un martyr. Il fut condamné à la dégradation et brûlé sur le Gravier, à Agen, le 4 février 1539. Les Agenais, dit la chronique, «ne pouvaient croire que celui qui, mourant, ne parlait que de Jésus-Christ, n'invoquait que Jésus-Christ, fût condamné à mort».

Il y a d'autres exécutions, et la pression du parlement de Bordeaux ne se relâche pas dans la ville. 30 % des causes jugées viennent de l'Agenais. La Réforme gagne les «gens de peu» : les artisans, cordonniers, tisserands, menuisiers. A partir de 1550, se multiplient les actes de violence, les croix brisées, les statues détruites, les attaques d'églises. Les réformés développent une propagande active, n'hésitant pas à faire venir dans la ville, en 1553, une troupe de théâtre, «Les Enfants sans souci», pour se moquer dans une farce de l'Eglise et du parlement. Bordeaux condamne et menace. 18 000 livres d'amende pour les consuls coupables d'avoir toléré ce spectacle. S'ils récidivent, ils perdront leur charge. En 1559, une bande de jeunes gens se répand dans les rues, de nuit, réveille le vicaire avec une clochette, l'insulte, brise les «images» dans l'église. Des bandes analogues sévissent dans les villages d'alentour, fortes de quarante ou cinquante jeunes. Ils sont artisans, boulangers, apprentis serruriers. Les consuls doivent les arrêter et les punir.

A quoi bon? Les prêches clandestins, les réunions nocturnes se pratiquent dans tout le pays, et loin vers le sud, en Bigorre, en Béarn. On retrouve au nord de la Garonne l'influence de Marguerite, à Angoulême où Calvin s'était réfugié en 1533, accueilli par Louis du Tillet, chanoine de la ville. Dans tous ces pays de Languedoc, en Périgord comme en Angoumois, en Limousin comme en bas Poitou, des groupes de réformés se soutiennent, diffusant les livres et les idées jusque dans les pays de langue d'oïl comme l'Aunis et la Saintonge. Il est vrai que le plus grand centre huguenot au nord de la Garonne n'est pas Angoulême, mais Poitiers, dont l'université rayonne sur toute la région.

A Poitiers, Calvin a jadis bénéficié de l'aide du lieutenant général de la sénéchaussée et du procureur Philippe Véron, surnommé «le Ramasseur» en raison de ses succès dans les conversions. Poitiers, dont le port le plus proche était La Rochelle, était une grande ville marchande comptant de nombreux artisans. Les maîtres drapiers du Poitou, qui vendaient dans les Flandres et aux foires de Lyon, étaient les premiers touchés: l'un d'eux, Beauce, fut le meilleur appui de Jean Calvin. Il avait pu très vite compter sur les professeurs et les étudiants de l'université, tel cet Albert Babinot, dit «le Bon Homme», célèbre par son ardeur évangélique. En moins de trente ans, la route de l'Océan, de La Rochelle à Lyon, était entre les mains des hommes de Genève qui disposaient, tout au long, de relais efficaces. Les livres, dans les bagages des marchands de draps, gagnaient les villes de l'Ouest. Le mouvement «religionnaire» s'y était affirmé à partir de 1540. Les premières arrestations à La Rochelle étaient de 1542, les premiers martyrs de 1552. A cette date, les actions des iconoclastes se multipliaient dans toutes les villes, d'Angoulême à Poitiers et même à Limoges. Le temps des violences fanatiques approchait.

Ainsi, du Limousin jusqu'aux sables de Montpellier, le grand arc-en-ciel cathare est parcouru, en sens inverse, par le calvinisme, sans que l'on puisse trouver une causalité dans cette similitude des itinéraires. Calvin, dans le Midi, reste seul en lice. Luther a été arrêté aux frontières, à Metz, à Lyon. Les évangélistes ont préparé le terrain des envoyés de Genève. Ils bénéficiaient de certaines protections, et notamment, dans tout le Midi, de la vigilance de la reine Marguerite de Navarre.

La sœur du roi est partout présente, et diligente. Cette femme hors du commun, dont se réclament tous les grands esprits de l'époque, poètes, théologiens, écrivains, éditeurs, humanistes et savants, soutient la cause sans faiblir et fait le lit de Calvin, tout en gardant à la foi catholique de son enfance une tendresse étrange. Elle est sans cesse en déplacement, suit le roi son frère à Lyon, à Narbonne, le roi son mari à Pau, invite ses protégés à Nérac, nomme et soutient ses disciples à tous les postes en son pouvoir. Elle aide Calvin à Angoulême, Roussel plus tard à Oloron. Ce qu'elle n'a pas réussi à Lyon, elle le tente dans le Sud-Ouest où des minorités réformées agissantes se cachent dans la plupart des villes.

Des groupes prêts à l'action, impatients de se produire au grand jour, existent dans tout le Midi. La persécution entreprise, sur ordre de Paris, par les parlements n'a pas eu l'efficacité que souhaitaient les gens d'Eglise. Les quelques martyrs de langue d'oc ont fait plus d'adeptes que les prêches, et soudé, épuré, confirmé la résistance. Dans aucune ville du Midi, à Agen pas plus qu'à Nîmes, à Bordeaux pas plus qu'à Montpellier, les consuls enclins à l'indulgence et souvent complices des hérétiques ne sont allés jusqu'à la révolte, sauf peut-être à Montauban où ils ont fermé leur porte au nez des parlementaires de Bordeaux. Nulle part, les calvinistes n'ont réussi à former des communes libres à la strasbourgeoise ni à mettre les curés hors des remparts.

C'est qu'ils recrutent essentiellement parmi les bourgeois, gens d'ordre et de mesure. Si les parlementaires toulousains ont des sympathies pour la Réforme, comme les officiers royaux de Bordeaux ou les notables d'Agen, ils sont loin de rechercher le martyre et montrent surtout beaucoup de prudence dans leurs relations avec le pouvoir. Tous ces notables veulent rester bons sujets du roi. Ils chantent les psaumes la nuit et vont à la messe le jour. Ils se cachent pour ne pas faire carême ou communion.

Le soutien populaire au mouvement calviniste ne se constate que chez les paysans des Cévennes, influencés sans doute par les vaudois, ou ralliés par les artisans des villes, capables de lire les livres et tracts interdits. Souvent ces tanneurs, ces serruriers et ces tisserands sont les premières victimes de la répression. Ils ont pour chefs ceux qui leur apprennent à lire les Ecritures, les régents et étudiants engagés dans l'action missionnaire, formés aux universités décidés à gagner sur le terrain. Ces gibiers de bûchers sont connus à Genève. Ils ne sont pas isolés dans les campagnes du bas Poitou ou de l'Agenais. S'ils sont menacés, on les cache, on leur donne un itinéraire clandestin, avec gîtes d'étapes, pour gagner Genève. Ces agitateurs sont des chefs de réseau, fonctionnant en liaison avec les émigrés, leurs «frères». Ils attendent avec impatience le signal de la révolte, celle qui va faire basculer toute la région dans le camp de Calvin.

Ils savent qu'ils doivent compter, dans les villes surtout, sur une opposition populaire, dans la mesure ou leurs plus récentes recrues, les artisans et ouvriers du textile ou du cuir, n'ont pas la prudence des bourgeois. Le peuple, resté très attaché aux pratiques «superstitieuses» de l'Eglise, n'admet pas que l'on chahute la messe et que l'on gêne les processions. A Montpellier comme à Lyon, à Bordeaux surtout, cette opposition s'est manifestée par des rixes. Que les régents prennent garde : le grand soulèvement pourrait bien être le début d'une guerre civile.

Sans doute peut-il encore être évité : si impopulaires que soient, dans les pays de langue d'oc, les gens d'Eglise, l'autorité du roi n'a été nulle part mise en question. Bon gré mal gré, les parlementaires et les notables ont appliqué les consignes de répression sans provoquer de soulèvements. La raison va-t-elle l'emporter? Au seuil des guerres de Religion, le long déchaînement de violences, qui ne s'interrompt guère depuis 1534, ne laisse finalement en présence, en tête-à-tête, que deux villes et deux pouvoirs : Paris et Genève.

6.

Paris - Genève - Paris

Le pouvoir parisien s'est à la fois affaibli et durci depuis François Ier. Ses hésitations ont permis le développement, dans le royaume de langue d'oïl, de nombreux foyers protestants, notamment en Brie, en Picardie et en Normandie, ainsi que sur les bords de la Loire et dans les villes universitaires. La Sorbonne et le Parlement de Paris voient leurs ennemis se multiplier, et d'abord dans la capitale.

On s'était cru libéré des «luthériens» par la dispersion du groupe de Meaux et par les exécutions expiatoires. Troyes, Dijon, Rouen, Poitiers avaient vu s'allumer les bûchers. L'«affaire des placards», en 1534, avait révélé d'un coup la profondeur de la subversion et le caractère nouveau de l'action des «religionnaires», qui ne reculaient pas devant la provocation. Il n'était plus permis de fermer les yeux : c'est le roi lui-même que l'on défiait.

La répression ordonnée dans la capitale par François Ier était spectaculaire, mais peu efficace : une vingtaine d'exécutions pour tout le royaume, deux cents peines de bannissement. Moins d'un an plus tard, en 1535, l'édit de Coucy permettait aux hérétiques de rentrer en France. Le roi leur pardonnait. Il leur suffisait de se dire bons catholiques. Beaucoup en profitèrent pour rentrer en grâce, comme le poète Marot, valet de chambre de Marguerite d'Angoulême.

Pour se décider à la persécution intransigeante, à la lutte inexpiable contre les réformés du royaume, le roi aurait dû changer de politique extérieure, renoncer à sa «politique de concorde» avec les protestants d'Allemagne, constamment maintenue sous François Ier.

A la fin du règne, les déboires de la politique extérieure avaient fait triompher à Paris le parti de ceux qui ne voulaient plus s'entendre avec les princes luthériens. Le connétable de Montmorency et le cardinal de Tournon prônaient le rapprochement avec Charles Quint, le renversement des alliances. A la paix de Crépy-en-Valois, en 1544, le roi s'était engagé à se déclarer ouvertement contre les protestants ; il avait alors attribué au Parlement (par l'édit de Fontainebleau) les procès d'hérésie. Les tribunaux ecclésiastiques, jugés trop indulgents, avaient été dessaisis. Non seulement les parlementaires, mais les baillis, les sénéchaux et les simples seigneurs pourvus de droits de justice devaient faire la chasse aux «luthériens» sur leurs terres. On encourageait les dénonciateurs : ils recevraient le quart des biens confisqués sur jugement du tribunal. La Sorbonne, pour éclairer la justice, dressait à la fois le catalogue des erreurs théologiques, guidant les futurs interrogatoires, et l'index des livres interdits, permettant les actions policières, visites domiciliaires et saisies de stocks chez les libraires. Le roi disposait ainsi de l'instrument qui devait lui permettre de liquider en quelques mois les vaudois, les survivants du groupe de Meaux et les imprimeurs imprudents, comme le malheureux Etienne Dolet, brûlé vif place Maubert, le 3 août 1546...

Dix ans plus tard, la première église calviniste s'ouvrait dans Paris. La répression n'avait désarmé que les hésitants. Les convaincus s'étaient organisés. Pourtant, depuis la mort de François Ier, le Parlement avait fait des coupes sombres dans la végétation sauvage de la Réforme parisienne. Henri II avait commencé par confirmer la nomination, faite par son père avant sa mort, de l'intransigeant inquisiteur du diocèse de Paris, Mattieu Orry, grand pourvoyeur de bûchers. Ce prieur des frères prêcheurs était l'adversaire farouche des évangélistes, des évêques de cour et des abbés trop férus de doctrines allemandes. Depuis 1547, le roi avait créé une nouvelle chambre au Parlement de Paris, uniquement concernée par les affaires de foi. Cette «chambre ardente», ainsi baptisée par les réformés, devait prononcer entre 1547 et 1548 de nombreuses sentences de mort. Un des éléments du programme des fêtes prévues pour le couronnement de Henri II, était l'autodafé des livres interdits, sur le parvis de Notre-Dame. Pour être vraiment roi, Henri II se devait de faire brûler Calvin.

Les nouveaux conseillers de la couronne, les Guise, le poussaient à l'intransigeance. Le duc François de Guise et le cardinal de Lorraine voulaient en finir avec les contradictions du précédent règne, qui, dans le dessein chimérique de se concilier les princes allemands, avait laissé les petits hommes en noir venus de Genève investir les parlements, les écoles, les municipalités et peut-être même les églises. Il y avait trop d'évêques tolérants, de Briçonnet, de Pellicier, de Du Bellay. La Basse Eglise était contaminée. On voyait des cordeliers critiquer la politique du roi, des jacobins prêcher contre la levée des décimes, ces droits que le roi levait sur l'Eglise. Les moines prêcheurs, ces chevau-légers de l'orthodoxie, étaient-ils encore sûrs?

En 1549, le Parlement avait fait une enquête : les résultats étaient inquiétants. Luther et les réformateurs figuraient en bonne place dans de nombreuses bibliothèques de cordeliers et de jacobins. Les augustins (l'ordre de Luther) étaient encore plus suspects. Interrogé sur le moral de ses moines, leur général avait répondu qu'il faisait son possible pour lutter contre la rébellion... L'enquête parlementaire révélait des fissures à Rouen, à Chartres, à Tours, à Toulouse. On poursuivait des carmes suspects d'hérésie dans toute la France. On brûlait des jacobins et des cordeliers. Calvin avait beau jeu : les gendarmes de la foi romaine désertaient devant l'ennemi. Et le Parlement faisait la guerre — en plein accord avec la Sorbonne — à ce nouvel ordre des jésuites qui, depuis 1540, s'efforçait d'établir dans Paris des collèges afin de lutter contre la subversion de la jeunesse étudiante. Il n'y avait que les Guise pour les aider.

Ils réussirent à décider le roi, qui, comme son père, hésitait devant les supplices. En 1550, mécontent de ses parlements, il avait de nouveau chargé les tribunaux ecclésiastiques des procès d'hérésie. On lui avait raconté que, dans les Flandres, on enterrait les femmes vivantes. A Tournai, le grand inquisiteur d'Espagne répandait la terreur. Il envoyait aux pires supplices les épouses des magistrats, des greffiers, des riches bourgeois. Les bourreaux des Flandres étendaient les corps nus sur des lits de charbons ardents et les retournaient avec des crocs. Voulait-on installer en France une terreur à l'espagnole ?

Les Guise l'exigeaient. Ils avaient recours à tout pour convaincre le roi. Sa maîtresse, Diane de Poitiers, avait cinquante ans. Elle était de vingt ans son aînée. Pour garder son pouvoir sur Henri II, elle faisait le jeu des Guise, éliminant impitoyablement tous les conseillers du feu roi. Les Guise la persuadèrent de se prêter à une mise en scène. Il s'agissait de convaincre Henri qu'il devait employer, contre l'hérésie, les armes terribles des Espagnols.

Un domestique employé dans l'atelier du tailleur du roi était convaincu de calvinisme. Le roi le connaissait bien. Il l'avait vu souvent dans les séances d'essayage. Diane de Poitiers retint ce domestique dans sa chambre, puis elle fit venir le roi. On interrogea longuement le malheureux. Il se défendit comme il put, protestant de sa loyauté. Mais quand Diane, pour mieux le perdre, lui posa elle-même des questions, il eut une réponse cinglante : « Contentez-vous, Madame, d'avoir infecté la France de votre infamie et de votre ordure, sans toucher aux choses de Dieu.» Cette sortie, devant le roi, le condamnait à mort. Henri II vint le voir mourir. «L'homme, raconte Michelet, immobile et comme insensible, tint sur lui un œil de plomb, un regard fixe et pesant, comme la sentence de Dieu. Le roi pâlit, recula, s'en alla de la fenêtre. Il dit qu'il n'en verrait jamais d'autres de sa vie.»

Ainsi, les hérétiques sont sous son toit, dans sa maison. Le voilà entraîné dans l'horreur, il ne peut plus se dérober. L'édit de Châteaubriant, en 1551, précise minutieusement les modalités de la répression. On augmente les peines qui frappent les libraires, éditeurs et diffuseurs de livres interdits. Pour s'assurer de la résolution des juges qui doivent condamner, on exige de tout candidat à un office de justice, mais aussi à un emploi municipal, une sorte de certificat d'orthodoxie. On ne fait plus confiance aux parlementaires, aux conseillers, aux baillis, aux consuls, aux jurats. Qui va distribuer ces certificats? On se défie des parlementaires et des évêques. Ils seront signés par des notables choisis nommément par le roi et ses représentants. Les bases d'une véritable épuration sont ainsi jetées.

Les dispositions de l'édit sont très dures pour le clergé : désormais, l'évêque est tenu de résider dans son diocèse. Il doit être au premier rang du combat. Le temps des évêques diplomates, humanistes, conseillers de cour, est terminé. L'évêque, comme le magistrat, devient une sorte d'auxiliaire de police. Les cardinaux qui détiennent plusieurs évêchés doivent en choisir un seul et se démettre des autres. Le cardinal de Lorraine donne l'exemple, résignant son évêché de Metz. On ordonne d'écarter des chaires tout individu suspect, tous ceux qui ont été déjà censurés dans leurs opinions. Le Parlement doit demander aux curés de fournir trois mois à l'avance la liste de leurs prédicateurs. Voilà le clergé repris en main.

Quant à l'Université, elle est mise en demeure de

rejeter l'hérésie. Elle doit renvoyer tous les maîtres qui ne disposent pas d'un certificat d'orthodoxie. Tous les rapports des universitaires avec Genève ou Strasbourg sont interdits. Les biens des émigrés sont confisqués. Il est défendu de leur écrire et de leur envoyer de l'argent. Ils n'ont pas le droit de transmettre leurs biens, avant d'émigrer, à des parents ou à des amis. Ceux qui auraient l'imprudence de les recueillir seraient poursuivis comme complices. On mettait les parents en garde contre le danger d'engager, à leur domicile, les précepteurs suspects.

D'autres édits armaient la justice en distinguant les peines applicables aux hérétiques et aux blasphémateurs. D'après l'édit de 1547, ces derniers étaient soumis à une série de supplices : le carcan de huit heures du matin à une heure de l'après-midi ; si le coupable persistait, on lui coupait la lèvre supérieure jusqu'à ce que les dents apparaissent. A la huitième récidive, on arrachait la langue.

Quant aux hérétiques, ils n'étaient justiciables que d'une seule peine, la mort. L'édit de Compiègne, en 1557, en avait ainsi décidé. En réalité, la cour avait toujours la possibilité de modifier le châtiment selon l'attitude du condamné. La finalité des supplices était d'édifier l'assistance, nombreuse, qui se pressait autour des bûchers. Il n'y avait pas de mort assez horrible pour ceux qui persistaient dans l'erreur. On pouvait les tenailler, les retourner sur le gril, comme Saint-Laurent, les brûler à petit feu. S'ils se repentaient publiquement, s'ils s'engageaient à mourir en silence, on leur faisait la grâce de les étrangler, « après avoir un peu senti le feu », et de ne pas leur couper la langue.

Le Parlement de Paris était compétent pour tous les pays de langue d'oïl, sauf la Normandie, la Bretagne, la Bourgogne et le Dauphiné. Il jugeait en Picardie et en Champagne, sur les bords de la Loire et dans les provinces du Centre. Sa compétence allait jusqu'en Poitou et en Aunis. C'était la moitié de la France. Les accusés, nombreux (plus de 4 000 en trois ans, de 1547 à 1550), s'entassaient dans les deux terribles prisons de la capitale, attendant leur tour pour la torture. L'instruction commençait en effet par la «question», donnée au préalable. On n'entendait pas, à la Conciergerie, les cris des suppliciés. La prison, humide et froide, avait ses salles spécialisées en dessous du niveau de la Seine. Certaines années (comme en 1548), on évacuait à la hâte les malheureux entassés dans les cellules : la peste était parmi eux. On les transportait ailleurs, quand ils n'étaient pas touchés par la maladie : par exemple, dans les cellules du Grand Châtelet, aux noms significatifs : «le Puits», «la Fosse», «la Fin d'Aise». Les réformés, soumis au régime du droit commun, avaient les pieds dans la boue et ne pouvaient ni se dresser ni se coucher. Ils attendaient, accroupis, l'heure de la question ou du jugement.

Ces prisons étaient insuffisantes pour accueillir la masse des prévenus. On avait pris le parti de les enfermer aussi au Petit Châtelet, dans la forteresse de la Bastille ou dans les geôles de l'officialité. On arrêtait à tour de bras dans toutes les provinces du ressort du Parlement de Paris. Les étudiants, les clercs étaient les premiers frappés. Les châtiments prononcés contre eux étaient exemplaires : un écolier de Lisieux avait brisé des statues de la Vierge et des saints; il avait placardé sur les murs de son collège des invectives et des blasphèmes. Il fut condamné d'abord à trois amendes honorables successives : torse nu, la corde au cou, flagellé une première fois devant la cathédrale, une deuxième devant son collège, une troisième devant les Carmes de la place Maubert. Il fut exposé trois jours au pilori. Est-ce en raison de son jeune âge? Il ne fut pas brûlé, mais emmuré vivant dans un couvent. La nouvelle de sa condamnation devait être publiée à son de trompe et cri public à tous les carrefours de l'Université.

Les étudiants et les régents sont soumis, dans Paris, à une stricte surveillance policière. Un arrêt spécial du Parlement leur interdit de faire chanter des psaumes aux écoliers. Nul ne peut ouvrir d'autres «petites écoles» que celles du Chantre de Notre-Dame. Un nouvel arrêt, en 1557, ordonne de conduire les écoliers à la messe le dimanche et demande expressément aux commissaires du Châtelet, aux recteurs de l'Université, aux procureurs de chacune des «nations» des diverses facultés, d'organiser la surveillance des enfants et des jeunes gens.

Le roi a peur, et d'abord de cette jeunesse. Les jeunes gens qui fréquentent les différents collèges de la capitale sont rarement des pauvres, appartenant à des familles obscures. Ils sont de noblesse ou de bonne bourgeoisie. Ils sont loin d'avoir les mêmes opinions et certains reprochent au roi, comme les Guise, sa trop grande timidité en matière de répression. Ceux-là applaudissent aux tortures et assistent aux sinistres exécutions de la place Maubert.

D'autres, cependant, continuent à briser les statues aux carrefours et à chanter les psaumes de Marot, le soir, sur le Pré-aux-Clercs. Ni le pilori, ni les bûchers, ni les amendes honorables ne les découragent. Ils sont au contraire fascinés par le courage des martyrs. S'ils assistent aux supplices, c'est pour les aider à mourir.

Dans la nuit du 4 au 5 septembre 1557, les élèves du collège du Plessis, rue Saint-Jacques, remarquent dans la rue un manège étrange. Ces jeunes gens sont tous catholiques, certains de grande famille. Ils vont aux cours l'épée au côté et ne supportent pas que l'on mette en doute leurs croyances. Ils détestent les régents calvinistes et les étudiants à l'accent allemand.

Sous leurs yeux, des ombres se glissent, furtivement, vers la porte d'une vaste maison appartenant à un chanoine, occupée par un jeune avocat au Parlement. Quatre ou cinq cents personnes sont entrées. Il faut agir.

Les jeunes gens sortent de leur collège, les armes à la main. Ils ameutent la foule, toujours prompte à prêter main-forte au sac d'une maison bourgeoise. Ils crient que les huguenots font ripaille, qu'ils célèbrent des messes noires, que les femmes s'y rendent pour des orgies. Le guet arrive, ferme les rues avec des chaînes pour que personne ne puisse s'enfuir. Les fenêtres de la rue Saint-Jacques s'illuminent de chandelles, de lampes à huile. On peut voir le visage de ces femmes de mauvaise vie.

On donne l'assaut. La porte est forcée. Les calvinistes, réunis pour prier, sont surpris en plein prêche. Certains sautent par les murs du jardin, l'épée à la main. L'un de ces gentilshommes est pris, lapidé, déchiré par la foule qui abandonne son cadavre méconnaissable au cloître Saint-Benoît. On connaît quelques-unes des victimes : un avocat, des étudiants, des artisans parisiens, des brodeurs, des cordonniers. Beaucoup d'étrangers ou de provinciaux : un médecin de Lisieux, deux étudiants du Languedoc, un jeune Allemand... Beaucoup de femmes parmi les 130 personnes capturées et garrottées : l'une d'entre elles, Mme de Graveron, vient d'accoucher, elle a vingt-trois ans. Des dames de la cour, d'Overty, de Rentigny et de Champaigne crient à la fenêtre que l'on alerte la justice. Le procureur du roi vient en personne, averti par le guet. Il ne peut rien faire : la foule menace de brûler les femmes.

Ces dames de l'aristocratie étaient venues au prêche avec leurs femmes de chambre. Quand elles sortent de la maison, au petit jour, après une nuit d'angoisse, elles sont battues, dévêtues, insultées. On les arrache à grand-peine à la populace pour les jeter dans les cellules sinistres du Châtelet. Le roi est effrayé par le grand nombre de nobles et de femmes nobles qui figurent sur la liste des arrestations : plus de 30 sur 130. Il croyait sincèrement que le calvinisme était une religion de pauvres et de domestiques.

La répression est rapide, impitoyable : les exécutions se succèdent, hommes et femmes périssent avec courage. La jeune dame de Graveron a la langue coupée. Elle a les pieds et le visage brûlés par les flammes avant que le bourreau ne lui fasse la grâce de l'étrangler. Un jeune étudiant demande à être parmi les premières victimes. « Jésus ! Jésus ! dit le vieux président qui l'interroge à son procès, qu'a donc cette jeunesse pour vouloir ainsi se faire brûler pour rien ? »

A vrai dire, cette réunion clandestine n'était pas la seule à inquiéter les parlementaires. Depuis 1555, ils étaient alertés régulièrement par le procureur général sur les progrès récents de l'hérésie et sur ses liens avec Genève : le 14 mars 1556, il avait fait un rapport officiel, indiquant les lieux où se tenaient les assemblées clandestines. La maison la plus suspecte était celle d'un gentilhomme manceau, de La Ferrière, qui habitait non loin du Pré-aux-Clercs. La maison de la rue Saint-Jacques est vite repérée. On sait que les réformés sont en contact avec Genève et que Calvin a décidé d'organiser une église parisienne. Deux pasteurs, La Ferrière et Le Maçon, originaire d'Angers, en ont été chargés. Un autre fondateur, Morel, est obligé de quitter Paris en 1557 parce qu'il est surveillé de trop près par la police. L'église clandestine dispose déjà de nombreux fidèles, d'un consistoire, de ministres et de diacres. Elle peut compter sur le dévouement de jeunes fanatiques, comme cet Antoine de La Roche-Chandieu, pasteur à vingt ans.

Elle n'est pas démantelée par la répression qui suit l'affaire de la rue Saint-Jacques. Les fidèles ne sont pas tous des Parisiens, et tous les réformés parisiens n'étaient pas au prêche de la maison du Plessis... L'église « plantée » de Paris accueille les voyageurs de toute la province, leur permet de reprendre contact avec Genève, organise à deux pas du Louvre et du Parlement la résistance à la persécution. Il est plus facile de se cacher dans la grande ville de 300 000 habitants que dans les petites cités de la Loire ou de la Normandie. Les réformés encouragés par Genève. Ils assurent, dans la France du Nord, la liaison entre les communautés pulvérisées dans les provinces, commotionnées par la persécution. Les pasteurs parisiens transmettent à Genève les messages et les informations sur les progrès de la Réforme autour de la capitale. Ils sont en contact avec les Picards. Ils savent que, depuis 1548, le prévôt de Noyon a été chargé par le Parlement de poursuivre et d'exterminer les réformés. Dans la région d'Amiens, des réunions clandestines existent depuis longtemps. Les hérétiques sont nombreux aussi autour de Laon, assez puissants pour braver les magistrats de la ville en se retranchant dans le château du comte de Rouci, en 1552. A partir de 1555, le mouvement des conversions reprend, et les églises clandestines d'Amiens et de Noyon se fortifient. A cette date, les persécutés de Meaux ont repris courage : ils sont assez nombreux pour prendre d'assaut l'église Saint-Thibaut, où ils brisent les autels et les statues, emportant les restes du saint. Sur le grand marché de Meaux, est célébré publiquement, en 1554, un mariage à la mode de Genève. Le guet intervient et saisit les assistants. Les mariés réussissent à s'enfuir. La communauté huguenote s'est reconstituée dans l'ombre. En 1558, Calvin lui envoie un pasteur.

Dans la Champagne proche, les réformés parisiens connaissent l'influence de l'évêque libéral Jean Caraccioli, grand lecteur de Calvin. Il a laissé s'organiser, à partir de 1550, une petite église réformée dans son diocèse. Certes, il a par la suite désavoué les hérétiques, mais ils se sont groupés autour de pasteurs dans Troyes, Langres, Sens et Sézanne. Le Maçon est prié de prêcher à Troyes, où le parti huguenot est très fort. On lui raconte qu'en 1558, les protestants ont réussi à délivrer un de leurs frères, violemment pris à partie par la foule pour avoir refusé d'ôter son chapeau en passant devant la cathédrale. Catholiques et protestants se mesurent. A la moindre provocation, le sang coule.

Vers le sud de la capitale, les villes de la Loire, d'Orléans à Blois et Angers, sont depuis longtemps sensibilisées à la Réforme. La grand-route d'Orléans n'est pas fréquentée que par les marchands : les clercs de l'université, en contact avec leurs frères parisiens, assurent le transport clandestin des livres interdits, qu'il fournissent aussi à leurs camarades de l'université de Bourges. A Bourges comme à Blois et à Issoudun, les premières églises clandestines furent fondées par Simon Brossier, prédicateur infatigable, qui allait de ville en ville, multipliant les assemblées qu'il tenait de nuit, dans une ambiance de société secrète. Le pasteur Desmérenges, envoyé en 1558 par Genève, faisait prêter serment aux nouveaux adeptes « de renoncer à jamais à toute la papauté et de ne révéler à homme vivant les assemblées ». On considérait ces précautions comme indispensables pour ne pas « exposer les perles aux chiens et aux pourceaux ». Les assemblées se tenaient en dehors des villes ; à Blois, les fidèles se rendaient en groupe, tard dans la nuit, dans une tuilerie appelée « les Bondes ».

De Blois, d'Orléans, de Tours, de Chinon ou du Mans, les réfugiés se cachaient à Paris quand ils avaient été dénoncés ou suspectés dans leurs quartiers par des catholiques vigilants. Les églises clandestines existaient tout au long du fleuve, et Calvin leur envoyait régulièrement des pasteurs. Celle d'Alençon, fief de Marguerite de Navarre, était particulièrement active. Celle d'Angers avait été décimée en 1558 par la persécution et nombre de ses membres étaient venus chercher refuge dans les maisons huguenotes de la capitale.

Les Parisiens étaient également en contact avec les églises normandes et poitevines. Depuis le début du siècle, les Normands manifestaient à la fois de l'impatience devant le poids des impôts royaux et ecclésiastiques et de l'indignation devant les abus du clergé. Cette province, qui était en moyenne deux fois plus alphabétisée que toutes les autres provinces du royaume, devait à sa richesse une grande perméabilité aux idées nouvelles. Les Normands lisaient volontiers les traductions imprimées à Rouen (le troisième centre français pour l'imprimerie) des ouvrages allemands ou les textes de Lefèvre et Calvin. Leurs fils, à l'université de Caen, se frottaient à la fois d'humanisme et d'idées séditieuses ; même dans les campagnes, où les paysans étaient en même temps, très souvent, des tisserands de draps pour Rouen ou des cardeurs de laine, la religion réformée trouvait un terrain favorable, une élite d'artisans sachant lire, disponibles pour la révolte...

Depuis 1530, les bûchers s'allumaient. Les Normands avaient leurs martyrs : le curé Etienne Lecourt en 1534, le gardien des cordeliers Nicolas Roussin. Une chambre spéciale avait été créée au parlement de Rouen pour le jugement des hérétiques : les moines en avaient été les premières victimes. Dès la fin du règne de François Ier, les églises clandestines fonctionnaient de nuit dans les maisons de Rouen, de Caen, de Saint-Lô, d'Evreux et de Vire. En 1549, trente-deux augustins de Rouen s'enfuyaient vers Paris. Ils avaient été convaincus d'hérésie. A cette époque, beaucoup de petits nobles du Cotentin s'étaient ralliés. Le sieur de Gouberville hésitait. Ses paysans n'allaient-ils pas aux prêches ? Comme les bourgeois et les artisans de Caen et de Rouen, comme les curés et les moines, les gentilshommes normands étaient tentés : le pays était trop riche pour ne pas saisir l'occasion de peser sur les destinées du royaume.

L'Ouest était gagné : un premier groupe de huguenots existait à La Rochelle en 1552. Trois de ses adeptes avaient subi le supplice. Une cinquantaine de calvinistes intransigeants avaient réussi à échapper aux fouilles, arrestations, interrogatoires et dénonciations, en changeant sans cesse de lieux de réunion pour les assemblées nocturnes. Les plus menacés s'enfuyaient à Paris, à moins qu'ils ne cherchent à gagner directement Genève, par la route de Poitiers et de Limoges.

A Poitiers, les «caches» étaient nombreuses pour les voyageurs menacés. On y avait, jadis, caché Calvin lui-même. Les huguenots du Poitou s'étaient organisés. Ils n'avaient pas de temples et n'osaient pas célébrer leur culte dans les églises. Mais les anciens et les diacres faisaient passer les mots d'ordre de réunion aux nombreux fidèles en leur recommandant de se rendre de bonne heure aux lieux fixés, pour empêcher les perturbateurs de les précéder. Sans être publiques et reconnues, les assemblées avaient lieu cependant de jour, au su des autorités. Le Poitou était en avance.

Ainsi, dans toutes les provinces de langue d'oïl, même en Bretagne où Calvin avait envoyé deux pasteurs (une église existait au Croisic), des groupes de protestants, surtout dans les villes, célébraient leur culte en liaison avec leurs frères parisiens, mais surtout avec les ministres de Genève. Le pouvoir royal n'ignorait pas que les provinces étaient sillonnées par les envoyés de Calvin. Il ne pouvait les brûler tous. Il aurait fallu surveiller en permanence les portes et les ports.

De Genève, Calvin organisait méthodiquement l'investissement du royaume. Il disposait, avec les réfugiés français, d'une masse croissante de missionnaires en puissance. Vers 1550, la ville de Genève ne comptait guère plus de 10 000 habitants. Entre 1550 et 1560, on estime à 5 000 le nombre des immigrés, dont la plupart venaient de France. Les Normands étaient à égalité avec les Languedociens. Rouen fournissait autant d'émigrants que Paris.

Les villes de la Loire : Orléans, Blois, Tours, avaient leur contingent, ainsi que la montagne des Cévennes, la Provence des vaudois et la région lyonnaise. La région parisienne avec Meaux, Beauvais, Troyes, et le Centre avec Poitiers et Bourges étaient bien représentés. Les protestants d'Aunis et de Saintonge étaient moins nombreux. Sans doute, embarquaient-ils pour trouver refuge en Angleterre.

Certains de ces immigrants, les Français du «premier refuge», devenaient genevois à part entière, achetant la citoyenneté et la bourgeoisie.

Ceux qui avaient ainsi trouvé place dans le rôle des impôts de la ville étaient généralement des notables, des riches, des hommes d'entreprise et de commerce qui rendirent à Calvin les plus grands services : les imprimeurs, par exemple. Laurent de Normandie avait habité avec lui à Noyon. Il devint le plus grand libraire de la ville. Crespin, juriste d'Arras, devait éditer le martyrologe. Avant 1540, l'imprimerie genevoise ne comptait guère sur le marché européen. A l'arrivée de Robert Estienne, en 1550, elle se développa très vite. On y comptait 76 éditions en 1561, avec plus de 200 ouvriers, d'origine française pour la plupart, ou allemande. Le grand psautier calviniste fut tiré à près de 30 000 exemplaires, avec les textes de Marot et de Théodore de Bèze. Laurent de Normandie avait édité plus de 35 000 livres à lui tout seul, dont les ouvrages de Calvin, les bibles et les psautiers. Entre 1550 et 1564, on fit à Genève plus de 160 éditions de Calvin. La ville devenait une des premières places d'édition.

Mais l'activité des imprimeurs y était scrupuleusement surveillée. La profession était pratiquement, comme le dit Chaix, «sous la coupe de l'Etat». Un édit réglait minutieusement les rapports entre compagnons et maîtres, pour parer aux grèves qui, depuis 1539, mettaient l'imprimerie lyonnaise en difficulté croissante. Le Conseil genevois obligeait même les compagnons à une certaine tenue morale et matérielle «pour éviter les débauches et retardements des labeurs», ce qui aurait été impossible à Lyon. Les imprimeurs de Genève sont responsables de la qualité des tirages. Ceux qui font défaut sont menacés d'être exclus de la profession. Pour être imprimeur, il faut en effet être reconnu par les autorités qui fixent à chacun le nombre de presses utilisables. A la mort de Calvin, 34 presses sont autorisées pour 24 imprimeurs agréés.

Aucun ouvrage ne peut être mis en vente par les libraires sans une autorisation du Conseil. On vend les livres sur des «hauts bancs», sortes d'éventaires construits en bois, le long des façades des maisons bourgeoises, à l'abri des avant-toits. Seuls, les «marchands libraires» ont boutiques et pignons sur rue; ils sont en même temps éditeurs, comme Artus Chauvin ou Laurent de Normandie. Celui-ci fournit en livres les petits libraires des «hauts bancs» et entretient de nombreux colporteurs, qui vont vendre en France.

Dangereux trafic : depuis avril 1548, le commerce des ouvrages genevois est rigoureusement interdit dans le royaume. L'édit de Châteaubriant vient de renforder, en 1551, l'arsenal légal. Les autorités genevoises ne peuvent intervenir pour favoriser les exportateurs. Ceux-ci doivent vendre, à leurs risques et périls, et organiser eux-mêmes les filières de la distribution, en bravant le roi de France.

Jean de Normandie dispose, dans les foires internationales, de correspondants et de revendeurs : à Lyon, c'est Jean Bode, marchand de Provence ; il envoie aussi directement les livres dans des tonneaux fermés à Josse et à Bocheron, marchands libraires à Metz ; à Martin, de Sisteron ; à Loys de Hu, de Reims. Mais les plus importants revendeurs sont les colporteurs, qui portent les livres, au milieu d'objets innocents, sur leur dos. Ils reçoivent une marchandise destinée à approvisionner telle ou telle région et livrent souvent les commandes des régents ou pasteurs. Ils sont les commis voyageurs anonymes de la Réforme. A Provins, note le curé Haton, arrivent de Genève «grand autre nombre de petits livrets, comme les psaumes marotiques et blésiens... et, outre lesdits psaumes..., autres livrets intitulés le *Catéchisme de la Vraie Religion, Le Bouclier de la foi, Le Bâton de la foi* et autres infinis livres..., tous bien reliés en peau de veau rouge et noire, les aucuns bien dorés»... On connaît le nom des colporteurs, quand ils sont arrêtés et brûlés : Hector de Poitiers, par exemple, qui approvisionnait les vallées du Dauphiné, mort en 1556 ; Archambault Séraphin, Philippe et Jacques Cène, brûlés vifs à Dijon en 1557. Un certain Nicolas Ballon, émigré à Genève, est volontaire pour le colportage. Il demande des livres à Laurent de Normandie. Passé en France, il est arrêté à Poitiers où il est condamné à mort. Il s'échappe de la prison et continue le colportage. Il est repris, brûlé vif à Paris deux ans plus tard. Les colporteurs ne sont pas toujours des professionnels : certains sont des avocats, des apothicaires, comme ce Guillaume Husson qui subit également le supplice. Le martyrologe calviniste est rempli de leurs noms.

Calvin s'intéresse personnellement à ce trafic, très efficace, et veille à ce que les colporteurs ne transportent pas en France des ouvrages qui auraient échappé à sa censure. Il fait saisir les abécédaires et les catéchismes pour enfants qui ne sont pas conformes au nouveau dogme. Il condamne les livres de Rabelais, «ce rustre» qui brocarde vilainement l'Ecriture sainte et multiplie les «ordures et vilainies». Les petits écoliers de Genève qui sont surpris à lire Rabelais sont condamnés au fouet. Le livre doit servir la Réforme, et les imprimeurs ne doivent pas s'égarer sur les sentiers luxurieux de la Renaissance. Le commerce du livre est œuvre de propagande. L'Etat doit à la fois l'aider et le contraindre.

Pour mieux diffuser, on autorise toutes les ruses. Le nom de Genève et celui de l'imprimeur ne figurent pas sur les titres. On oublie même le nom de Calvin sur les *Nouveaux Testaments* publiés en français. On travestit le nom de la ville : Genève devient «Hierapolis», ou «Villefranche», ou «Venège». Il s'agit de tromper la vigilance des quatre libraires assermentés qui, à Paris, ont la charge d'ouvrir les ballots de livres, pour faire saisir ceux qui sont interdits.

La littérature imprimée à Genève, en langue française, est destinée au plus large public. On veut mettre le dogme à la portée de tous et rendre la théologie populaire : on y réussit assez bien. Les interrogatoires des accusés hérétiques confirment, s'il en était besoin, la culture théologique indéniable qui vient de Genève, et s'affirme même chez les artisans ou gens du peuple. Les textes imprimés sont destinés à être lus à haute voix dans les assemblées. Viret les rédige sous forme de dialogues, avec des mots très simples. Son *Brief Sommaire de la doctrine chrétienne* est destiné à fournir des arguments pour la religion réformée aux régents qui font les prêches, la nuit, dans les réunions clandestines. Ils disposent, avec l'*Abrégé de la doctrine évangélique et papistique,* d'une sorte d'exposé contradictoire des grandes questions du dogme, très simplifiées, permettant de confondre les objections des «papistes». C'est une littérature militante, qui donne des armes à ses partisans. Elle est tirée sur papier bon marché en petits formats. Il faut que tous puissent acheter.

Calvin donne l'exemple, avec ses *Commentaires de l'Ecriture sainte.* Il a manifestement pour but de fournir des thèmes de sermons à ses pasteurs. Michel Cop, reçu ministre en 1545, était ami de Calvin à l'Université de Paris. Il l'aide à rédiger des textes simples, accessibles à tous, sur les questions de foi. On édite aussi l'œuvre d'un moine d'Avignon, Jean Garnier, ministre à Strasbourg et dont la foi ardente est bien vue à Genève. Il a écrit la *Brève et Claire Confession de la foi chrétienne, contenant cent articles, selon l'ordre du Symbole des apôtres.* Chaque article commence par les mots «JE CROIS» imprimés en capitales. C'est un mémento pour missionnaires. On publie aussi l'*Exhortation au martyre, par laquelle les fidèles sont admonestés à constamment mourir pour le témoignage de la vérité de l'Evangile,* de l'Italien Giulio da Milano, qui contient un récit de quelques supplices édifiants. En 1549, Calvin a préfacé lui-même cet ouvrage. En 58 pages, l'auteur fait tout pour impressionner et frapper l'imagination. Publié en petit format, le livre, sans indication d'origine, est un des instruments les plus efficaces de la propagande.

Pour plus d'efficacité, on met parfois la polémique en images. L'*Antithèse des faits de Jésus-Christ et du pape* oppose constamment, par des gravures sur bois qui se font face d'une page à l'autre, les grands thèmes de la discorde avec Rome : par exemple, le Christ est représenté sur la page de gauche, lavant les pieds d'un apôtre ; sur la page de droite, c'est le pape entouré d'évêques agenouillés. Une autre double page oppose le Christ portant la croix et le pape voyageant en litière.

Un des ouvrages les plus efficaces pour la propagande calviniste est un in-octavo intitulé les *Actes des martyrs* dont la première édition a été imprimée par Crespin lui-même en 1554. Mais les ministres de Genève se préoccupaient autant d'instruction que d'édification : on publiait les psaumes en très gros caractères, pour que les vieux puissent apprendre à les lire. Des manuels de grammaire sortaient des presses genevoises, des ouvrages scolaires, des dictionnaires de grec et de latin. On publiait même des petits abécédaires appelés «palettes», sous forme de feuilles volantes à mettre entre les mains des enfants des écoles. Des almanachs épurés, où le culte des saints ne figurait plus, étaient substitués à ceux de la «papisterie». Seules, subsistaient les grandes fêtes chrétiennes. Des psaumes adaptés remplaçaient les colonnes des saints. Jusque dans le détail, la Réforme genevoise voulait extirper les traces de la religion romaine.

Avec les livres, Calvin avait ses munitions : avec les réfugiés, il disposait d'une armée nombreuse, en contact permanent avec les militants de l'intérieur, ceux qui, restés sur place, risquaient tous les jours la prison et le bûcher.

Il fallait maintenir, entre tous ces fidèles, une cohésion doctrinale. Calvin croyait aux textes et aux institutions. Celles de Genève furent formulées dès 1541 par les *ordonnances ecclésiastiques,* promulguées par le Conseil de la ville, sur le modèle strasbourgeois.

Quatre offices étaient créés pour le gouvernement de l'Eglise : les pasteurs, les docteurs, les anciens et les diacres. Les anciens composaient une vénérable assemblée, le consistoire, qui avait une mission de surveillance d'éducation, d'encadrement des fidèles, ainsi que de gestion du temporel. Il devait, par exemple, se procurer l'argent nécessaire à l'entretien des ministres. Les membres du consistoire étaient désignés d'abord spontanément, puis par cooptation. Les anciens se réunissaient une fois par semaine, après le prêche du dimanche matin. Ils étaient généralement choisis parmi les notables et ne touchaient aucune rémunération. Ils avaient la charge d'assister aux réunions des églises et de correspondre avec les autres églises. Ils choisissaient les ministres et arbitraient, en une sorte de tribunal des mœurs, les conflits des familles, des professions, de la communauté réformée. Ils donnaient leurs avis pour les mariages et les fiançailles. Ils contrôlaient la foi et la pratique des fidèles, ils intervenaient au besoin dans leur vie privée. Ils jugeaient des fautes contre la foi, mais aussi contre la morale, obligeant les coupables à se confesser publiquement devant eux. Ces notaires, ces commerçants, ces médecins avaient ainsi la lourde tâche de juger souverainement de la moralité dans le cadre de leur église (ils étaient de six à neuf membres par église) et de condamner à l'excommunication ceux qui s'étaient rendus coupables des fautes les plus graves : l'hérésie, l'abjuration, la rébellion...

Les ministres désignés par eux n'exerçaient pas, comme les prêtres catholiques, un sacerdoce. Ils ne recevaient pas d'ordination : choisis parmi les fidèles, ils ne devaient en rien s'en distinguer. Leur rôle était de distribuer les deux sacrements reconnus par Calvin : la communion et le baptême. Ils pouvaient seuls prêcher devant l'assemblée. Pour cette raison, ils étaient choisis parmi ceux qui avaient des notions de théologie et pouvaient lire et commenter les Ecritures. Pour les former, Calvin devait fonder une Académie à Genève, animée par Théodore de Bèze. Cet ancien élève de l'université d'Orléans, puis de Bourges, fils d'un bailli du roi à Vézelay, avait connu Calvin en France et l'avait rejoint en 1547 à Genève. Il avait été nommé par Viret professeur de grec à l'Académie de Lausanne avant d'être rappelé par Calvin, en 1558. Il s'entoure de professeurs français qui sont des humanistes, la théologie étant du ressort exclusif de Calvin lui-même. Les réfugiés affluent dans ce séminaire huguenot, d'où sortiront de nombreux pasteurs.

Les groupes de protestants restés en France écrivent à Calvin pour lui en réclamer. Des courriers nombreux, venus de Languedoc, de Normandie, de la région parisienne, décrivent en termes bibliques le besoin d'enseignement que ressent le «nouveau peuple de Dieu». Tous veulent un pasteur instruit, mais humain, capable de séduire et de convaincre. Il doit pouvoir s'exprimer facilement dans la langue du peuple comme dans celle des clercs. On souhaite qu'il possède les qualités nécessaires (la «prudence») pour apaiser les plus agités des militants, ceux qui compromettent la cause en brisant des statues ou en troublant les pèlerinages. Les convertis des villages et des quartiers n'ont plus de prêtres ; ils demandent avec insistance, attendent avec angoisse, celui qui pourra distribuer les sacrements.

A partir de 1558, Calvin organise des départs réguliers de ministres pour la France. Ils ont été formés à

Genève ou dans d'autres villes suisses, et choisis pour leurs qualités de missionnaires. Ils sont intronisés par la «Compagnie des pasteurs de Genève». Cent, environ, sont envoyés en France, de 1555 à 1562. Ils ont pour mission de «dresser» partout des églises et de résister à la répression.

Ils n'ont pas d'habit ecclésiastique ni de signe de reconnaissance. Les chapeaux noirs à larges bords, représentés dans l'iconographie de l'époque, ne sont pas une obligation, pas plus que les robes longues à cols et rabats blancs. Ces missionnaires ne cherchent pas à se distinguer des civils, ils portent l'habit qui est celui de leur profession : les «régents», professeurs et magistrats ont effectivement des robes longues, mais les artisans ont gardé leur habit de travail et les nobles portent l'épée au côté, comme cet Antoine de Faye, pasteur dans Paris, qui se singularise par son pourpoint jaune et son manteau violet...

Leur formation était à la fois pratique et théorique. Ces lettrés, ces notables, ces bourgeois de robe ou d'office, ces anciens prêtres ou moines, ces médecins et ces avocats recevaient d'abord, à l'Académie, l'enseignement théologique de Calvin lui-même. Les artisans, les paysans étaient rares parmi eux.

Les candidats arrivaient à Genève avec une formation souvent universitaire. Calvin leur recommandait de suivre toutes les études proposées par Théodore de Bèze, et notamment les cours de grec, de latin et d'hébreu. Ils recevaient ensuite une affectation dans les villages proches de Genève où ils accomplissaient une sorte de stage, au contact des fidèles. Ils exerçaient dans les paroisses rurales des fonctions précises : diacres, ils étaient chargés de l'assistance et des œuvres; régents et maîtres d'école, ils enseignaient aux enfants à chanter les psaumes; ils pouvaient même remplacer le pasteur et distribuer les sacrements. Ils revenaient ensuite à Genève où ils subissaient un dernier examen : on leur offrait un thème de prêche, et le jury, composé de pasteurs et d'anciens, jugeait de leur aptitude au ministère. Ils devaient, avant d'exercer, jurer de rester fidèles aux dogmes et aux principes de l'Eglise calviniste. Ils étaient alors intronisés par le plus ancien du jury. La cérémonie impliquait l'imposition des mains.

Ainsi, Calvin avait reconstitué un rituel, et l'organisation de son Eglise mettait tous les ministres dans son pouvoir. Genève devenait la Rome protestante, la métropole incontestée des huguenots français. Il reste que les pasteurs ainsi désignés (beaucoup l'étaient sans passer par Genève, par le simple accord des assemblées locales) devaient être, avant de pouvoir exercer, agréés par les églises où ils se rendaient. Certains pouvaient être refusés, pour le simple fait qu'ils n'étaient pas entendus. En Languedoc, en Bretagne, en Poitou, et même en Auvergne, le français n'était pas toujours compris. Le public populaire voulait que le prêche fût prononcé dans sa langue natale, et non dans la langue officielle du royaume. Calvin veillait à ce que les pasteurs fussent choisis en fonction de leurs aptitudes linguistiques. Mais il leur imposait d'apprendre à leurs fidèles la lecture et l'écriture, pour qu'ils pussent lire en français les prières essentielles, les psaumes, et correspondre éventuellement dans cette langue avec les communautés d'autres régions. L'éducation était toujours le corollaire de l'instruction religieuse.

Le candidat pasteur devait prononcer trois prêches devant l'assemblée des fidèles avant d'être définitivement admis. Il recevait alors un logement, un traitement pour sa famille, qui était généralement nombreuse : les pasteurs étaient mariés et leurs unions étaient fécondes... Calvin avait même, de Genève, fixé une sorte de barème pour assurer à ses envoyés des gages décents. Matériellement, le pasteur dépendait étroitement de la générosité des fidèles ou des consuls des villes. Il y avait une grande disparité de traitement selon les paroisses.

Calvin insistait, chaque fois qu'il envoyait en France un nouveau pasteur, pour qu'il empêchât les fidèles de se livrer à des actes de violence ou de contester l'autorité. Il réprouvait l'attitude anarchiste des anciens moines convertis à sa doctrine, et dont les prêches ne correspondaient ni à la *Discipline* de Genève ni à la volonté du fondateur de ne rien faire pour mettre en question l'ordre social et politique. Ces renégats encourageaient souvent les fidèles à refuser le paiement des dîmes et même des impôts royaux. Calvin décida qu'un ancien moine devrait désormais, pour être pasteur désigné, recevoir l'agrément d'un synode, et non le simple avis de quelques ministres. Les synodes régionaux pouvaient également déposer pour hérésie les pasteurs qui n'avaient plus la confiance de Genève.

Cette organisation suscitait des critiques. Des voix s'élevaient pour reprocher à Calvin la rigidité de l'institution, son éloignement des vrais désirs populaires. A quoi bon rejeter la «papisterie», si c'était pour fonder une nouvelle Rome? Un noble d'Ile-de-France, Morelli, seigneur de Villiers, écrira un *Traité de la discipline et de la police chrétienne* pour demander que la désignation des pasteurs et des anciens soit confiée au peuple, et non aux consistoires. Les thèses exprimées par Morelli furent assez sérieusement considérées pour que plusieurs synodes prissent la peine de les condamner comme «anabaptistes». Genève voulait rester maîtresse du jeu.

Le 13 mai 1558, la foule se presse au Pré-aux-Clercs. C'est un terrain vague, le long des vieilles murailles construites au temps de Philippe Auguste, sur l'emplacement de l'actuelle rue du Bac. D'habitude, les étudiants viennent s'y détendre. Le dimanche, les bourgeois de Paris y prennent le frais.

Ce jour-là, des milliers de personnes s'y rassemblent, mais elles n'ont pas l'innocence des promeneurs. De toutes les paroisses de la capitale, sont venus des centaines, des milliers de protestants, attirés là par un mot d'ordre. Car ce rassemblement est un défi : deux mois plus tôt, pour se manifester publiquement, les protestants avaient déjà chanté des psaumes au Pré-aux-Clercs. Les badauds, les curieux, les étudiants avaient chanté avec eux. On avait dit au roi que les huguenots organisaient des assemblées séditieuses. Il les avait fait interdire.

Le 13 mai 1558, par milliers, les huguenots bravaient le roi. En tête de leur cortège, marchaient des gentilshommes, l'épée au côté. Des groupes d'hommes en armes, à cheval, casqués comme à la bataille, encadraient la foule des chanteurs de psaumes. On croyait reconnaître des gens de haute noblesse et même un prince de sang, Antoine de Bourbon, roi de Navarre... Personne n'osa intervenir au nom du roi. La manifestation, conforme aux usages, se termina sans heurts. La foule entra dans Paris par la porte Saint-Jacques. En tête du défilé, des hommes armés, chantant les psaumes à tue-tête.

L'évêque de Paris et les docteurs de la Sorbonne font une vive représentation au Parlement : ainsi, le roi tolère une manifestation publique de huguenots ? Le lendemain, 14 mai, les protestants reviennent en grand nombre, et ainsi le 15, et les jours suivants. A croire qu'ils veulent à tout prix provoquer la répression. Le 18, enfin, le Parlement a pris sa décision : au matin du 19, des hommes armés interdisent l'accès du Pré-aux-Clercs. Une bagarre violente en résulte. Mais il n'y a pas d'arrestations. Le roi, pressé par le cardinal de Lorraine, finit par ordonner une enquête. Elle aboutit à l'arrestation de D'Andelot, neveu du connétable de Montmorency, ancien compagnon de jeux du roi.

Henri II s'est laissé forcer la main. Depuis août 1557, il est inquiet, morose. Le vieux maréchal de Montmorency a perdu la bataille de Saint-Quentin. Après une résistance admirable, l'amiral de Coligny a dû céder. D'Andelot s'est sauvé par miracle, en pataugeant dans les marais jusqu'au cou. Montmorency et Coligny sont captifs des Espagnols, qui tiennent Paris à leur merci. C'est un désastre.

Le peuple parisien, inquiet, nerveux, impute la responsabilité de la défaite à la désunion des chefs de l'armée. Il est vrai que Guise et Montmorency se détestent. Mais, justement, François de Guise et ses frères sont les maîtres de la situation à Paris. François vient de se couvrir de gloire en réussissant, par un audacieux coup de main, à chasser de Calais les Anglais. Il vient également de prendre Thionville, réputée imprenable. Guise, le seul vainqueur de cette guerre, est follement populaire. Il ameute le peuple, et pousse le roi contre ses ennemis, les huguenots.

A l'approche des fêtes de l'Ascension, les moines prêcheurs, fidèles agents des Guise, appellent au meurtre. Déjà, en février, on a rapporté au roi des scènes abominables qui ont ensanglanté les églises. Au moment du carême, à Saint-Eustache, on a déchiré un étudiant qui riait bruyamment pendant le prêche d'un cordelier. Il est mort lacéré. Le 27 février, on a exhumé et exhibé sur le parvis de Notre-Dame les restes d'un martyr prostestant, Morel, pour les brûler pendant le carnaval. Le corps à demi décomposé a été insulté par la foule. Le 4 mars, à l'église des Saints-Innocents, on s'est emparé d'un homme qu'un membre de l'assistance avait dénoncé comme «luthérien». Il a été frappé à mort. Un gentilhomme, rescapé de Saint-Quentin, qui voulait prendre sa défense, a été pris à partie par un prêtre. «C'est lui qu'on doit tuer, criait-il, puisqu'il est pour les luthériens.» L'homme se réfugie à la sacristie, avec son frère, qui est chanoine. Il réussit à s'échapper, mais le chanoine, moins prompt, est saisi, lardé de coups de poignard. La foule, en hurlant, trempe les mains dans son sang.

Telle est l'atmosphère de la rue, à Paris, après la défaite de Saint-Quentin, pendant l'hiver de 1557-1558. Aussi, les manifestations des protestants, au printemps du Pré-aux-Clercs, sont-elles accueillies avec colère par la foule. On trouve tiède l'attitude du roi. Les Guise exigent des sanctions, des supplices. Le roi tarde encore. Il promet pourtant. «Je jure, dit-il à un ambassadeur italien, que si je peux régler mes affaires extérieures, je ferai courir par les rues le sang et les têtes de cette infâme canaille luthérienne.» Propos diplomatiques, destinés à faciliter l'entente avec le pape et le roi d'Espagne? Après Saint-Quentin, le roi n'estime pas, sans doute, qu'il peut s'offrir le luxe d'une guerre civile. De toutes parts, lui parviennent des nouvelles alarmantes.

A la frontière, Calvin pense utiliser la faiblesse du pouvoir royal pour encourager les églises de France à se «dresser». Il a envoyé dans le royaume tous ses ministres disponibles. Les demandes affluent encore, pendant tout l'hiver 1558-1559. Calvin y répond de son mieux ; il souhaite que désormais le culte s'affiche au grand jour, comme en Allemagne, à côté du culte catholique.

La vallée de la Seine est «dressée», de Troyes à Rouen. Calvin est très attentif : les églises doivent éviter toute provocation. A Troyes, il a des raisons d'être inquiet. Il envoie les pasteurs Macart et Le Maçon, gens d'expérience, pour contenir la folle jeunesse iconoclaste et frondeuse. A Melun, où d'Andelot est prisonnier, on n'ose pas pratiquer le culte réformé au grand jour, car la ville reste très catholique ; mais un début de communauté entretient des liens réguliers avec les 15 000 protestants de Brie, très nombreux surtout à Meaux, où vient d'arriver, de Genève, un «frère», porteur des instructions de Calvin. Au débouché de la Seine, l'église de Rouen, très active, entraîne et stimule la province. Les protestants de Dieppe, de Caen, de Vire et de Saint-Lô ne demandent qu'à sortir de la clandestinité pour prier au grand jour.

Dans la vallée de la Loire, où le roi réside souvent, Calvin apporte un soin particulier au choix de ses envoyés spéciaux : Jean de Fleurs est désigné pour Angers, où la répression est féroce, Jean Poterat pour Tours, Pierre Gilbert, un réfugié de France, pour Orléans, ville où le recrutement est d'une grande qualité. D'Orléans, la Réforme a gagné beaucoup de villages beaucerons, et les communautés, en milieu rural, ont désigné elles-mêmes, le plus souvent, leurs pasteurs. C'est encore un homme de Genève qui organise l'église de Bourges, en recevant ministres, diacres et anciens.

On connaît les instructions de Calvin aux Poitevins,

ses amis : dès 1554, il leur recommande de se grouper, de s'organiser.«Je sais bien, leur dit-il, que vous ne pouvez faire aucune assemblée qu'en crainte et doute, je sais aussi que vous êtes guettés des ennemis.» Mais il ne faut pas, dit-il, s'«anonchaloir». Les Poitevins suivent ses «conseils». Dès 1557, leur église est «dressée», avec statuts, ministres et consistoire. En 1559, les protestants sont assez nombreux à Poitiers pour résister aux attaques des catholiques et des soldats du sénéchal. Ils ont déjà l'expérience des affrontements armés.

Avant la signature de la paix du Cateau, en avril 1559, des troubles sont signalés dans tout le Midi. Les fidèles prient au grand jour à La Rochelle, où pourtant l'opposition des catholiques est vigilante. Les apôtres de la Saintonge, Hamelin et Bernard Palissy, prêchent tous les dimanches, aidés par un pasteur de Genève. Le progrès de leur prédication est si spectaculaire que le roi envisage d'ouvrir des «grands jours» à Saintes. Des troubles sont signalés dans les grandes villes, à Bordeaux, à Toulouse, à Nîmes. Les Cévennes semblent au bord de la révolte armée : deux ou trois mille protestants se sont regroupés, à la suite d'une prédication dans la région d'Anduze. Ils tiennent la montagne. Henri II, saisi de l'incident, a écrit au sénéchal de Nîmes pour qu'il mette la troupe en état d'alerte.

La vallée du Rhône n'est pas sûre. Les émissaires de Genève y foisonnent. Des églises se sont formées en Dauphiné, dans la Bourgogne jusqu'alors rebelle. Des villes de Provence, où nulle agitation n'avait été jusque-là perceptible, ont désormais leurs communautés de fidèles : c'est le cas de Marseille, de Castellane, de Fréjus et de Sisteron.

Calvin est conscient de l'ampleur du mouvement. Il sait qu'une épreuve de force avec le pouvoir royal est vraisemblable. Pourtant, il ne la souhaite pas. Il recherche l'entente, la discussion. Il écrit au roi, en 1557, une «confession» résumant sans provocation le dogme de Genève. Il lui demande de la lire «en son conseil». Calvin souhaite que les réformés soient reconnus, admis, que le roi les considère comme des sujets à part entière. Peut-être redoute-t-il, après la paix, la reprise de la persécution ? A Paris, le roi seul peut protéger les protestants contre la foule déchaînée par les Guise. Les ministres protestants de la capitale ont écrit au roi une lettre, une sorte de manifeste que personne n'osa jamais lui présenter, mais qui circulait sous le manteau : les malheurs de la patrie, disaient-ils, concordaient curieusement avec les périodes où l'on persécutait les protestants : «Quand vous fîtes l'édit de Châteaubriant, Dieu vous envoya la guerre.» La défaite, vengeance divine ? Bien des huguenots étaient prêts à le croire. Ces grands lecteurs de l'Ancien Testament pensaient, en effet, que Dieu frappait les adversaires de la vraie religion pour les punir de leurs péchés... N'avait-il pas frappé Duprat, le responsable des premières persécutions, lui qui mourut «jurant et dépitant Dieu» et qui fut «trouvé l'estomac percé et rongé de vers»? N'avait-il pas puni Jean Rusé, autre magistrat persécuteur, qui avait fini «pris d'un feu au petit ventre dont misérablement il mourut»?

Les protestants de Paris ne voulaient pas indigner le roi; ils s'en disaient les sujets fidèles. Ils l'imploraient de présider, sans le pape, «bête immonde», un concile où il établirait la vérité et sauverait l'Eglise de la corruption. N'étaient-ils pas, comme les premiers chrétiens, livrés à la colère du nouveau potentat romain? Pourquoi les poursuivait-on, alors que les Juifs vivaient tranquilles dans maintes villes du royaume, «encore qu'ils soient ennemis mortels de Notre-Seigneur Jésus-Christ»?

Si le roi ne lut pas ce manifeste, il circula beaucoup dans Paris, et les moines prêcheurs s'en servirent pour accabler les protestants, présentés comme des factieux, des diviseurs, responsables de la défaite. Dans tout le royaume, ils se sentaient en état d'alerte, au Nord surtout, où les Guise avaient plus de pouvoir. Pour résister à la menace, ils cherchèrent à se rassembler, d'abord, sans doute, pour se compter, pour faire nombre. Tous les représentants des églises de l'Ouest, de

Normandie, de la vallée de la Loire, de la Saintonge et du Poitou, vinrent à Paris pour fixer une doctrine commune et affirmer leur solidarité. Antoine de Chandieu, ministre parisien, fit siéger les députés, du 26 au 29 mai 1559, dans les maisons neuves du faubourg Saint-Germain. Calvin, qui redoutait la provocation, désapprouvait cette réunion. N'était-ce pas, aux lendemains de la désastreuse paix du Cateau-Cambrésis, signée en avril, exposer les frères au coup de filet des Guise, véritables maîtres de Paris? N'était-ce pas aussi donner à l'église réformée de Paris les moyens de réaliser, sur le plan de la doctrine, une «confession» à l'allemande qui pouvait fort bien accuser, par rapport à celle de Genève, des divergences dommageables?

Il faut croire que le rôle des trois envoyés de Calvin fut prépondérant dans ce premier «synode» national, puisque tout fut «calqué sur Genève», comme le dit Michelet. Les termes de la profession de foi étaient rédigés par Chandieu et les ministres genevois. Aucune nouveauté dans les quarante articles où s'affirmait la plus grande soumission au principe d'autorité: «Ceux qui détiennent l'autorité supérieure doivent être honorés et obéis.» Le roi? Sans doute, mais aussi Calvin et les nouveaux dignitaires de l'Eglise. Les fidèles ne sont-ils pas sans cesse exposés à l'erreur, au péché, au doute, à la tentation de la révolte individuelle? L'Eglise, sur le plan spirituel, est une autorité capable de les «tenir en bride». Genève en a fait la preuve. L'Eglise réformée n'est pas seulement l'expression harmonieuse de la volonté biblique de vivre ensemble, elle est la forme sociale organisée qui assure la répression des errements moraux, sociaux et spirituels; comme l'Etat monarchique, elle est investie d'un pouvoir de sanction. Si l'Eglise est nécessaire, c'est «parce qu'il plaît à Dieu de nous entretenir sous telle charge et bride». Il ne faut pas redouter cette discipline: elle est voulue par Dieu. «Il veille sur nous d'un soin paternel, tellement qu'il ne tombera pas un cheveu de nos têtes sans son vouloir..., et cependant tient tous les diables et tous nos ennemis bridés, en sorte qu'ils ne nous peuvent faire aucune nuisance sans son congé.»

Le salut des «frères», en ces temps troublés, était donc l'Eglise protégée par Dieu, avec ses ministres, ses anciens et ses diacres d'abord désignés — ou acceptés — par les fidèles, puis recrutés directement par les consistoires. Ceux-ci devaient s'assurer que rien dans l'Eglise ne risquait de déplaire à Dieu. Ils surveillaient mariages et ménages, punissaient toute rébellion contre l'autorité, toute déviation du dogme. La doctrine devait être maintenue à tout prix : elle faisait la force des églises.

Toutes étaient des égales, disait-on à Paris. Le Midi, qui n'était pas présent, salua cette déclaration avec joie. Aucune église, fût-elle de Paris ou de Genève, ne pouvait prétendre dominer les autres. Pas de pape, pas d'évêques : les ministres aussi étaient des égaux. Les décisions devaient se prendre en commun, aux synodes provinciaux, réunis chaque année, aux synodes nationaux siégeant «selon la nécessité des églises». L'organisation était désormais valable pour tout le royaume : le roi de France devait savoir que si les églises étaient égales entre elles, ces dernières étaient également solidaires. Qui frappait l'une les menaçait toutes.

C'était pure inconscience que de réunir un synode à Paris, au mois de mai 1559. Le traité du Cateau-Cambrésis, connu quelques jours auparavant, avait suscité l'indignation de tous les militaires, de ces vieux chefs nobles qui tous les ans, depuis quarante ans, partaient en campagne pour le roi, leur maître. Car la guerre avait commencé en 1519, entre François Ier et Charles Quint. L'empereur allemand, dans sa volonté de dominer toute l'Europe, qu'il tenait de l'Espagne à la Poméranie, ne rencontrait qu'un obstacle : la France. Maintes fois, il avait voulu grignoter ses frontières, revendiquant tantôt la Bourgogne, tantôt, au nord, l'Artois. Ses armées avaient envahi la Provence et la Picardie, la Champagne même en 1544. Ruineuses campagnes, conséquences d'une interminable rivalité.

Henri II avait repris à son compte la politique de soutien aux princes luthériens allemands, qui avait tant irrité Charles Quint du temps de son père. Il avait réussi à se rendre maître de la frontière est. Guise avait résisté admirablement, dans Metz, aux assauts des Impériaux. Après l'abdication de Charles Quint, Philippe II, allié aux Anglais qui avaient occupé Calais, avait envoyé une solide armée du nord de la France. C'est le triomphe de cette armée, à Saint-Quentin, qui avait rendu la paix possible. Une paix espagnole.

« D'un seul coup, écrit Fernand Braudel, la France liquidait sa grandeur extérieure. » Elle abandonnait la Savoie et le Piémont où elle tenait encore de nombreuses places fortes, base de son action contre les Impérieux en Italie. En lâchant la Bresse et le Bugey, elle leur fournissait une entrée commode dans le royaume. Même si elle gardait les places de la Somme (Saint-Quentin lui était restitué) et si elle occupait les évêchés, même si l'on admettait qu'elle occupât Calais conquis par Guise, pour huit ans, elle renonçait à l'Italie « comme on renonce à un paradis », elle laissait l'ennemi espagnol maître du jeu européen. Le vieux Monluc, pourtant serviteur zélé des rois, s'en indignait tristement : « En une heure, et par un trait de plume, fallut tout rendre et souiller et noircir toutes nos belles victoires passées de trois ou quatre gouttes d'encre. »

C'est encore Braudel qui en fait la remarque : « Avant et après cette césure, qui peut sembler dérisoire, du traité du Cateau-Cambrésis, le pays change, aussi vite qu'un décor de théâtre. Le sol se dérobe sous vos pieds. Vous n'allez plus vivre, vous n'allez plus penser comme la veille. » Les nobles sont les premiers touchés par ce fulgurant changement des mentalités. Ceux qui, dans le secret de leur cœur, croyaient au Dieu de Calvin voient dans la défaite des Royaux un châtiment, à tout le moins un avertissement du ciel. Engagé du côté des Espagnols, le roi de France trahit une sorte de destin national, une tradition de liberté, une volonté de vivre libre qui n'a cessé de s'affirmer depuis Bouvines. Faire passer la querelle religieuse avant le destin national, donner le pas aux inquisiteurs de Rome contre les parlementaires de Paris, c'est rompre avec une tradition. Les plus raisonnables commencent à douter, à regarder du côté des vaincus de Saint-Quentin, qui passent pour favorables à la religion nouvelle. La Réforme va recruter dans les gentilhommières où le ban du roi de France n'appellera plus les seigneurs à l'armée.

Inversement, le parti des Guise présente la défaite comme le résultat des divisions et de l'inconséquence d'une noblesse plus avide de pouvoir que soucieuse des intérêts de la monarchie. Il faut débarrasser le roi des mauvais conseillers, de ceux qui cultivent l'ambiguïté, qui recommandent à l'extérieur l'aide aux princes protestants, à l'intérieur l'indulgence envers les hérétiques. Montmorency et Coligny ont été vaincus, non pas Guise. Il tient le haut du pavé, auréolé de ses victoires en ces temps de défaites et d'abandons. Il tient surtout le roi en sa main, le faible Henri II qui, au Cateau-Cambrésis, passe pour avoir, aux yeux de beaucoup, déshonoré sa noblesse.

Calvin sait bien qu'il est désormais impossible d'obtenir du roi l'instauration d'un régime d'égalité des Eglises. Sa politique consiste à pousser les puissants à se dévoiler, s'ils sont de son parti, afin de déployer les oriflammes au-dessus des bûchers. Que meurent aussi les princes et non seulement les cardeurs de laine, si l'on veut que la Réforme soit sauvée. Le synode de 1559 a prêché l'obéissance au roi, aux lois, aux magistrats, même s'ils se trompent, même s'ils organisent la persécution. Que les nobles donnent l'exemple du consentement au martyre. «Jusqu'ici, écrivait Calvin à d'Andelot en 1558, ceux qui ont été appelés au martyre ont été contemptibles [méprisables] au monde, tant pour la qualité de leurs personnes que pour ce que le nombre n'a pas été si grand pour un coup.» Les petites gens des métiers mécaniques, les officiers et les notaires, les médecins et les magistrats ne sont pas des victimes assez connues. Mais si les nobles se rallient publiquement, le roi osera-t-il les frapper?

L'échec de l'édit de Châteaubriant était justement dû à la timidité des tribunaux royaux dans la répression. Des magistrats, des évêques mêmes étaient notoirement favorables à la Réforme, sans qu'aucun serviteur du roi n'osât rien contre eux. A Poitiers, en Languedoc, en Normandie, des nobles protégeaient physiquement les hérétiques. Ils disposaient de charges, de droits de justice, d'une influence parfois considérable sur leurs vassaux et sujets. Il était plus aisé de tenter de les convaincre de revenir à la religion catholique que de les attaquer de front. Allait-on faire passer en justice un prince du sang?

Pendant quelques mois, les deux partis évitèrent le pire. Les princes et nobles pourvus de hautes dignités hésitaient à se proclamer ouvertement réformés. Antoine de Bourbon, connu pour son imprudence et sa légèreté, avait été vu au Pré-aux-Clercs. De fait, Calvin, qui le savait soumis à la bénéfique influence de sa femme Jeanne d'Albret, l'avait supplié de prendre parti. «Songez, Sire, lui disait-il, quand Dieu, après vous avoir choisi pour être prince d'une si noble maison, vous a aussi retiré des ténèbres de superstition où vous étiez plongé comme les autres, il n'a pas voulu que la foi que vous aviez reçue demeurât enclose en vous et comme ensevelie... Et si vous, Sire, qui devez être l'organe des enfants de Dieu, avez la bouche close, qui osera ouvrir la sienne pour sonner mot?» Mais devant le roi, Antoine de Bourbon restait muet, même si, par haine des Guise, il soutenait en sous-main dans Paris les groupes huguenots. Son frère Condé n'était pas moins mesuré. Le clan des Bourbons attendait... Jeanne d'Albret elle-même n'avait pas encore pris officiellement position. La prudence politique l'emportait, en ces temps d'incertitude. On avait vu Antoine de Bourbon, le 26 mars 1559, le jour de Pâques participer publiquement à la cène, mais le roi, au lieu de le poursuivre, avait dépêché auprès de lui le chapelain Pierre David, ancien défroqué reconverti verti, un homme sûr, dûment chapitré par le cardinal de Bourbon, pour ramener Antoine à l'orthodoxie.

Même attitude à l'égard des frères de Coligny, personnages considérables dont les sympathies pour la Réforme étaient fort connues à la cour... et à l'armée, où l'amiral jouissait d'une estime universelle. Le cardinal Odet, l'amiral Gaspard de Coligny et le colonel général de l'infanterie d'Andelot, neveu du connétable de Montmorency, étaient tous les trois proches du roi. Si le cardinal passait dès 1551 pour luthérien, on avait pensé à lui pour introduire en France l'Inquisition, ce qu'il avait bien entendu refusé. Sa prudence faisait merveille. D'Andelot avait été converti à Milan où il était prisonnier de guerre. Héros du siège de Calais, évadé de Saint-Quentin, il avait été arrêté par Henri II pour avoir été vu, avec Antoine de Bourbon, dans l'affaire du Pré-aux-Clercs.

Calvin lui avait écrit à Melun, où il était prisonnier. Il tenait, avec d'Andelot, une victime exemplaire. Mais le parti catholique était prêt à tout pour garder d'Andelot. Son frère le cardinal lui fit visite pour le fléchir. On lui envoya sa femme, enceinte et près d'accoucher. Le roi lui-même intervint. Le malheureux céda, accepta finalement la messe. Il devait plus tard s'en excuser auprès de Calvin. «Vos excuses, lui répondit ce dernier, ont couleurs pour amoindrir la faute en partie.» D'Andelot promit, dit-on, aux pasteurs parisiens qui firent son siège après sa libération, de demeurer ferme désormais en la religion réformée. Mais il évitait tout écart.

Son frère l'amiral, qui passait pour avoir aidé les amis du huguenot Villegagnon à s'enfuir en Amérique sur des bâtiments de la marine royale, ne se déclarait pas davantage en faveur de la cause. Il avait à l'époque quarante ans et une carrière prestigieuse : originaire de la Bresse, que l'on venait de céder aux Impériaux, il était le fils d'un maréchal de France qui avait épousé la sœur du tout-puissant connétable de Montmorency. Colonel général de l'infanterie à vingt-huit ans, gouverneur de Paris à trente-trois ans, amiral l'année d'après, il était en 1555 gouverneur de la Picardie et comme tel défenseur attitré de la frontière du Nord, la plus fragile. Il s'était illustré au siège de Saint-Quentin, résistant une semaine dans la ville bombardée que son oncle Montmorency n'avait pu dégager... Serviteur passionné de la France monarchique, Coligny n'était pas l'homme des imprudences verbales. Certes il enrageait de voir Guise fanfaronner après son facile succès de Calais, certes il refusa d'entendre la messe après le traité du Cateau-Cambrésis. Mais y avait-il de quoi remercier le Seigneur? Blaise de Monluc devait être, à ce moment, dans les mêmes dispositions d'esprit.

Gagné depuis quelques mois à la religion nouvelle, l'amiral se taisait encore. Dans les provinces, pourtant, la gentilhommerie n'imitait pas toujours la prudence des chefs. En Languedoc, en Normandie, les nobliaux oubliaient volontiers d'aller à la messe. Mais ils attendaient le signal des dignitaires avant de s'engager franchement. Il est vrai qu'il existait désormais en France, après la paix du Cateau, un parti militaire prêt à prendre les armes. Pourtant, l'affrontement n'était pas fatal. Les grands fauves montraient les dents, sans oser mordre.

L'opposition ouverte venait des parlementaires; non pas ceux de province, dont on connaissait depuis longtemps l'indépendance à l'égard de Paris, mais des magistrats parisiens, pourtant si zélés dans le passé, dans la dénonciation et la condamnation des hérétiques. Le retournement était d'importance.

Certes le corps, dans son ensemble, restait loyal, dévoué au roi. Pourtant, il supportait de plus en plus difficilement l'ingérence de l'Eglise dans les affaires criminelles. En 1555, déjà, il avait refusé d'enregistrer les édits qui attribuaient exclusivement aux tribunaux ecclésiastiques les affaires religieuses. Le président Séguier en avait obtenu l'ajournement. En 1557, le Parlement avait refusé de permettre à la sainte Inquisition de s'introduire en France. En 1558, il avait refusé de recevoir en son sein, comme le souhaitait le roi, le prévôt de Paris pour qu'il y fût rapporteur des procès d'hérésie. Le roi pouvait-il tolérer cette fronde parlementaire ? Il résolut de la briser.

A vrai dire, les magistrats parisiens étaient très loin d'avoir conscience de protéger l'hérésie quand ils s'opposaient à l'arbitraire royal. Ils défendaient une certaine conception «gallicane» de l'Etat contre les empiétements de Rome dans les affaires religieuses du royaume. Ils prétendaient, en cour souveraine, être les seuls à exercer au nom du roi la justice dans le pays, même sur les procès religieux. C'est le souci de préserver leur mission qui les poussait à la fronde. Car ils étaient, en matière de foi, fort divisés : si les magistrats de la Grand-Chambre passaient pour être partisans de l'orthodoxie et de la rigueur, ceux de la Tournelle criminelle avaient une réputation d'indulgence. Séguier et Du Harlay, leurs présidents, n'hésitaient pas à commuer en bannissements bien des peines capitales.

En 1559, le roi leur en fit vivement reproche. Il décida que le Parlement serait réuni en «mercuriale» : on appelait ainsi les séances à huit clos qui avaient pour but de discuter le mercredi de questions de discipline.

Ce fut un beau débat. Les parlementaires favorables à la Réforme ne craignirent pas — puisqu'ils siégeaient entre eux — d'afficher leurs idées de tolérance. Le plus décidé était le fils d'un ancien chancelier de François Ier, un jeune conseiller-clerc, Anne du Bourg. Il était soutenu par les magistrats respectés, comme Antoine Fumée Viole ou Du Faur. Il demandait qu'on laissât au moins six mois aux suspects d'hérésie pour se convertir, au lieu de les condamner sur-le-champ, et surtout que l'on évitât la peine capitale. Le Parlement n'avait pas à cautionner la croisade prêchée par la sainte Inquisition. Il devait rester serein.

Certains magistrats redoutèrent un débat qui abordait les questions de foi. Ils firent prévenir le roi, par l'intermédiaire d'un Guise, le cardinal de Lorraine. Que le premier président Gilles Le Maître fît ainsi appel à un Guise signifiait clairement qu'il souhaitait un coup de force, pour intimider ses collègues qu'il ne parvenait plus à dominer. Le roi vint en personne, avec les Guise et le garde des Sceaux. Il entendit les courageux magistrats Viole et Du Faur réclamer la réunion d'un concile et l'abandon des poursuites contre les hérétiques. Il fut indigné des propos d'Anne du Bourg. «Ce n'est pas de petite conséquence, osait-il déclarer, que de condamner ceux qui, au milieu des flammes, invoquent le nom de Jésus-Christ.» Le roi se leva, sans vouloir en entendre davantage, ordonna qu'on se saisisse sur-le-champ de la personne du conseiller. Du Bourg, Fumée, Du Faur et de La Porte furent embastillés. Un certain nombre de suspects purent prendre la fuite. Les autres se soumirent. A la satisfaction du cardinal de Lorraine, Henri II venait de franchir le Rubicon. «J'espère bien, écrivait-il à son ambassadeur auprès du Saint-Siège, puisque Dieu m'a donné la paix, d'employer le temps et ce que j'aurai de force en main à faire punir, châtier et extirper tous ceux qui se trouveront imitateurs de ces nouvelles doctrines, sans y épargner personne, de quelque qualité ou dignité qu'ils soient.»

Mais le 30 juin, au tournoi de la rue Saint-Antoine donné en l'honneur du double mariage des princesses Elisabeth et Marguerite, le roi était blessé à mort par la lance du jeune comte de Montgomery. Il décédait le 10 juillet en disant : «Que mon peuple persiste et demeure ferme en la foi en laquelle je meurs.» La volonté de persécution, affichée par le clan des Guise, survivrait-elle à la mort du roi?

LIVRE DEUXIÈME

La rage de tuer

De l'entrée de l'évêque Briçonnet dans Meaux, en 1516, jusqu'à l'année 1559, date de la mort d'Henri II et de l'arrivée au pouvoir des Guise, en 43 ans, la Réforme s'est développée dans un royaume constamment en guerre, sous des rois hésitants, qui, malgré leurs déclarations, ne songeaient pas à « extirper » totalement l'hérésie, parce qu'ils n'en avaient pas les moyens. Au reste les « réformés » n'avaient nullement conscience d'être des hérétiques, ils se disaient en toutes circonstances les fidèles sujets du roi. Une foi nouvelle s'était révélée, confusément d'abord, puis renforcée et précisée au cours de près d'un demi-siècle de persécutions intermittentes, qui avaient transformé l'évangélisme de Lefèvre d'Etaples en calvinisme.

Autant dire qu'il ne restait du mouvement primitif que l'amour des Evangiles et la volonté de dépouiller la foi des oripeaux papistes. Car Calvin avait rétabli la discipline, instauré l'austérité. Si la période heureuse de la « Renaissance » voulait, à l'italienne, libérer les corps et exalter les âmes, le calvinisme remettait à la mode une idéologie de la frustration, de l'obéissance et de l'austérité qui enlevait quelques illusions aux moines renégats et aux curés pères de famille. Lucien Romier a remarqué l'influence des femmes dans la diffusion de la Réforme et dans l'organisation des églises. Peut-être ces premières militantes s'étaient-elles engagées dans la foi nouvelle par le désir profond d'un retour à la vertu. C'est flagrant chez Jeanne d'Albret, l'épouse sévère du très volage Antoine de Bourbon. C'était aussi vrai de sa mère, qui tentait d'inspirer aux rudes chevaliers français une forme d'amour courtois à laquelle les soirées de Naples ou de Milan ne les avaient pas habitués.

La formule des églises de Calvin convenait assez bien au tissu social français. Seuls les intellectuels des universités avaient été tentés par Luther et Zwingli. Dans les villages, on voulait un pasteur qui prêchât, qui célébrât la Cène et qui baptisât. On voulait une règle, et des sanctions. Les femmes surtout étaient attachées à cette discipline. Plus d'une devait avouer qu'elle était battue par un mari papiste « à cause de l'Evangile ». La nouvelle religion était simple, peu coûteuse (il suffisait d'entretenir le pasteur) et vertueuse (Calvin avait fait expulser, autant qu'il lui était possible, les indésirables). Elle avait fait, depuis 1557, des progrès considérables dans les masses.

Les gens qui adoraient le Dieu de Genève ne pouvaient en tolérer un autre. La vue des saints de bois et de pierre les révulsait, le culte marial les indignait. Forts de leur foi vigoureuse, ils voyaient dans la religion traditionnelle un fatras de superstitions et d'enfantillages pour analphabètes. Car les réformés savaient lire, apprenaient à lire, et lisaient en français. Ils ne se pensaient pas en rupture d'Eglise. S'ils demandaient avec insistance, à plusieurs reprises, un concile présidé par le roi, c'est qu'ils ne comprenaient pas pourquoi celui-ci, une fois éclairé, ne leur donnerait pas satisfaction en réformant selon leurs vœux l'Eglise tout entière. C'était la foi de Briçonnet.

La persécution, le durcissement des « huguenots » après l'affaire des placards en 1534 avaient transformé, il est vrai, les mentalités. Il fallait bien admettre que le roi ne changerait pas d'avis sous l'effet d'une sorte de révélation. Une dure bataille devait être livrée, pour résister sans se révolter. Car Calvin, de Genève, interdisait et condamnait la révolte. Dans cette longue période de clandestinité, les liens se tissaient patiemment, dans les universités, les monastères, dans les corporations et les consulats des villes, entre tous ceux qui rêvaient d'une autre Eglise. La persécution empêchait les adeptes les plus en vue de se déclarer, obligeait certains à se rétracter, d'autres à abandonner ou à s'enfuir. Mais la victoire du calvinisme à Genève avait rassemblé les éléments épars, donné à l'ensemble du mouvement réformateur une cohésion, puis une apparence d'organisation. A la mort de François Ier, ce rassemblement clandestin était en place.

Il n'était pas assez menaçant pour que le roi, toujours occupé par la guerre étrangère et d'ailleurs soucieux de se ménager les bonnes grâces des protestants allemands, entreprît la grande purge dont on rêvait dans le haut clergé. N'était-il pas sûr de son Parlement, celui de Paris surtout, toujours prompt à condamner les hérétiques et même à protester si l'on faisait mine de le dessaisir des causes religieuses ? Même si l'administration n'était pas toujours loyale, on n'avait pas vu une seule ville faire sécession comme en Alsace Strasbourg. Les réformés étaient des intellectuels, des notables, parfois des ouvriers, comme à Lyon, ou des paysans, comme en Languedoc. Si le roi avait cautionné l'extermination des vaudois, c'est qu'ils menaçaient une région entière. Pour Henri II, la répression était une affaire de police intérieure, pas une croisade.

Il se trompait sur l'appréciation du mouvement. La conscience vint à Henri II après la difficulté de sa politique étrangère. Le cardinal de Lorraine lui représenta alors que plus d'un tiers de son royaume était gangrené, et qu'il y avait beaucoup de protestants dans sa noblesse. Quand il était en campagne, le roi ne pouvait les frapper : comment se passer de ses officiers devant le feu ? D'ailleurs nombre de ses soldats étaient des mercenaires allemands ou suisses, qui avaient avec eux des pasteurs. Mais une fois la paix signée, rien ne s'opposait à la répression. Henri ne pouvait admettre la division dans son royaume. S'il avait fait arrêter un moment d'Andelot, c'est parce que les Espagnols avaient prétendu, au cours des négociations du traité, qu'il avait pris langue avec les protestants allemands pour une rébellion. Le roi chevalier ne pouvait supporter l'idée que d'Andelot son intime ne partageât pas sa foi et qu'il fût, de plus, prêt à le trahir pour une question de foi.

Maintenant beaucoup d'anciens soldats, et d'anciens officiers, se trouvaient en congé, dans une situation désastreuse. La caste était disponible pour l'aventure politique et nombre d'entre ces gentilshommes devaient embrasser le parti de Calvin, qui leur offrait un rôle : ses communautés clandestines n'avaient-elles pas besoin d'être «protégées»? Mais avec l'engagement massif des militaires, le mouvement huguenot ne risquait-il pas d'être détourné de ses fins?

L'armée de la foi qui s'était spontanément mobilisée à la fin du règne de Henri II n'avait rien de militaire. Les paysans de Normandie ou de Gascogne n'étaient pas des professionnels de la révolte, pas plus que les bourgeois de Nîmes ou de Meaux. Mais les adeptes de la foi nouvelle avaient montré que l'on pouvait mourir avec courage en dehors des champs de batailles. Ils ne voulaient pas laisser aux militaires nouvellement engagés le monopole ni le contrôle de leur résistance. Ils étaient cependant contraints de les accueillir, éventuellement de les servir, devant la volonté confirmée de la monarchie de refuser tout dialogue, et de poursuivre la répression.

Que l'on ne songe pas à réduire les guerres de Religion à des affrontements armés commandés par de grands seigneurs. La première guerre ne commence pas en 1562, après le massacre de Vassy... Elle ne se borne pas à des engagements entre Paris et Orléans. La mobilisation et, comme l'on dit alors, la «prise d'armes» commence dès la mort d'Henri II. Elle n'est pas limitée à une caste. Le premier engagement huguenot, à l'embouchure de la Loire, n'est pas une simple affaire de gentilshommes. Tout ce qui pouvait marcher et porter des armes, autour de Nantes, s'était joint spontanément au complot du « capitaine muet ».

7.

Le tumulte et la guerre des Guise

Au chevet du roi mort, le vieux connétable de Montmorency est seul. Les Guise se sont précipités au Louvre, pour entourer le jeune roi. Il est un peu des leurs, puisqu'il a épousé leur nièce, la belle et intrigante Marie Stuart. Il est entièrement entre leurs mains. La reine mère elle-même, Catherine de Médicis, lui a conseillé de les prendre comme ministres.

Ils sont tout-puissants; maîtres de Paris, où ils sont follement populaires, maîtres du royaume, car le duc François est le seul à n'avoir pas été vaincu à la guerre. Il a pris Calais, défendu Metz. Sa gloire est intacte et sa fortune, constante.

Michelet le peint sans tendresse : « le teint grisâtre, plutôt maigre, d'un poil blond gris, d'une mine réfléchie, mais basse, malgré sa nature fine et sa décision vigoureuse ». Son frère Charles, cardinal de Lorraine, était déjà maître du Conseil royal sous Henri II. Négociateur du traité du Cateau-Cambrésis il a été l'inspirateur du renversement des alliances, de l'amitié espagnole et, à l'intérieur, de la persécution. « Le cardinal, dit Michelet, d'un teint infiniment délicat, transparent, tout à fait grand seigneur, évidemment spirituel, éloquent, d'un joli œil de chat, gris pâle, étonne par la pression colérique du coin de la bouche, qu'on démêle sous la barbe blonde. Elle pince? Elle grince? Elle écrase?»

Les Guise sont les chefs d'une «maison» qui assied sa fortune sur des biens, des bénéfices, des charges. Claude, comte de Guise, fils cadet du duc de Lorraine René II, père de six fils, dont Charles et François, était déjà comte d'Aumale, baron de Joinville et possesseur de fiefs innombrables en Mayenne, en Normandie, en Picardie et dans les Flandres. François Ier l'a nommé grand veneur et premier chambellan. Après son mariage avec Antoinette de Bourbon il devenait parent du roi et fut élevé, bien que n'étant pas de sang royal, à la dignité de pair de France.

Le duc François, lieutenant général des armées du roi, avait épousé Anne d'Este, petite-fille de Louis XII. Quant à Charles, cardinal de Lorraine, il avait été archevêque de Reims à 14 ans et jouissait d'un revenu énorme de 300 000 livres. Les autres Guise, moins bien dotés, étaient solidaires de la «maison» qui disposait d'une très nombreuse clientèle dans l'armée et dans le clergé à Paris.

Montmorency avait été rejoint, au chevet du roi mort, par les membres de sa «maison», qui n'était pas moins considérable que celle des Guise. Anne, le connétable, avait marié son fils François à Diane, fille naturelle de Henri II. Ce fils devait recevoir du roi le gouvernement de Paris et de l'Ile-de-France. Les Châtillon, les enfants de sa sœur, faisaient partie du clan. L'amiral de Coligny et d'Andelot étaient comme lui des hommes de guerre respectés des gentilshommes de l'armée royale. La «maison» avait une prodigieuse fortune foncière : le connétable ne possédait pas moins de 600 fiefs. Son quartier général était le château de Chantilly, entouré de grasses terres et de forêts impénétrables. Il était aussi le maître, par son duché de Châteaubriant, de toute la région comprise entre Loire et

Vilaine. Il pouvait lever des centaines de vassaux, des milliers d'hommes d'armes. La «maison» représentait dans le royaume une force d'autant plus menaçante que le connétable était gouverneur du Languedoc : il régnait ainsi de l'Auvergne à la Provence, de Bordeaux à Montpellier. A ce vieillard, qui, une fois le roi enterré, venait lui présenter ses hommages et ceux de sa tribu, le jeune François II, à qui l'on avait fait la leçon, avait doucement répondu que sa vieillesse «ne pouvait à l'avenir porter les peines et travaux».

C'était une mise en congé. Les Guise se frottaient les mains. Ils avaient éliminé le connétable du gouvernement. Le cardinal avait reçu la toute-puissante administration des finances, qui permettait de servir et de tenir les provinces ; François succédait au vieux connétable au commandement des armées.

Les princes du sang n'étaient pas servis. Ils ne s'y attendaient pas, au reste. Victimes du discrédit du nom de Bourbon, depuis la «trahison» du connétable au temps de François Ier, les Bourbon-Vendôme et les Bourbon-Montpensier restaient écartés des affaires, selon la tradition royale qui recherchait plutôt les services de la noblesse étrangère, comme les Guise, ou de la gentilhommerie française, comme les Montmorency. Les princes du sang n'étaient cependant pas sans ambition. Ils auraient dû naturellement, par leur rang, figurer parmi les «conseillers de la couronne». Ils pouvaient même revendiquer le trône, en cas d'extinction brutale de la lignée royale, ou pour toute autre raison. Aussi restaient-ils, même en disgrâce, les chefs possibles de partis d'opposition ou de rébellion.

Le premier des princes du sang était l'inconstant Antoine de Bourbon, duc de Vendôme, qui avait épousé Jeanne d'Albret. Il était ainsi devenu roi de Navarre, comte de Foix et souverain des Etats fort étendus de Jeanne. Grâce aux fiefs de sa femme, fille de Marguerite de Navarre, il disposait d'une puissance que n'avaient guère ses frères : Charles de Bourbon était cardinal mais Condé n'était pas riche : par sa femme Eléonore de Roy, il était aussi proche des calvinistes. Il dut se ruiner pour paraître devant le roi d'Espagne avec la suite et l'équipage dus à son rang, quand les Guise, pour l'humilier, le chargèrent de saluer Philippe II à Gand, et de jurer, au nom du roi, fidélité au traité du Cateau-Cambrésis. A la cour et dans le pays, tous les gentilshommes qui étaient mécontents du gouvernement des Guise ne pouvaient manquer de pousser les princes à soutenir leurs prétentions, et surtout les réformés, qui voyaient en eux, de plus en plus, leurs protecteurs naturels : comme tels, ces derniers devenaient les ennemis en puissance des Guise.

Le roi ne comptait pas : «C'était, dit Michelet, un petit garçon qui ne prit sa croissance que six mois après. Pâle et bouffi, il gardait ses humeurs, ne mouchait pas. Bientôt, il moucha par l'oreille, et dès lors il ne vécut guère.» Il était «assis entre deux femmes, la Florentine [sa mère Catherine de Médicis] et l'Ecossaise [Marie Stuart]». Par crainte d'Antoine de Bourbon, dont elle redoutait les bandes gasconnes, Catherine l'avait poussé du côté des Guise, les oncles de sa femme. La cour était «une république de nourrices, de mères et de garde-malades».

Antoine de Bourbon était-il, pour les Guise, une menace? Pouvait-il rallier le parti des mécontents? Ils étaient assurés de son irrésolution et ils n'avaient pas tort : «monté» à Paris avec ses Gascons par petites étapes, il recevait de ville en ville les hommages de ceux qui lui demandaient de prendre la tête de leur parti : Montmorency d'abord, qui lui promettait son appui; le ministre Morel, qui venait l'implorer au nom de l'Eglise réformée de Paris; Condé enfin, qui, de retour de Gand, était le plus ardent à recommander la fermeté, et, au besoin, une «prise d'armes».

Antoine était malade, hésitant. Il voyageait en litière. A son arrivée à Saint-Germain, il fut humilié par les Guise qui ne lui avaient pas réservé de logement à la cour. Il dut accepter l'hospitalité du maréchal de Saint-André. Personne ne lui demanda d'assister au Conseil royal. Il ne dit rien, subit tout, figura même au sacre de François II à Reims, grand triomphe des Guise.

Comment Antoine pouvait-il leur résister, alors qu'ils possédaient l'arme absolue ? Une lettre de Philippe II roi d'Espagne qui leur promettait de marcher sur Paris avec 40 000 hommes, si les princes du sang prenaient la tête d'une rébellion. Cette lettre, le cardinal de Lorraine la lut au Conseil du roi.

Humilié et content, le roi de Navarre fut trop heureux d'accepter la mission dont le chargeait le cardinal de Lorraine : accompagner à Madrid Elizabeth de Valois qui allait rejoindre son mari Philippe II. Navarre y vit l'occasion de déployer son charme devant les Espagnols, et d'obtenir peut-être le rattachement à ses Etats de la partie espagnol de son royaume. Tel était le prince du sang en qui les réformés fondaient tant d'espoirs.

Assurés du pouvoir, les Guise parlaient en maîtres et exigeaient une politique conforme à leurs engagements. Les protestants s'attendaient à ce que les édits d'Henri II fussent exécutés. Ils le furent et la persécution commença, spectaculairement, par le supplice d'Anne du Bourg. Le parlementaire déclaré hérétique par le tribunal épiscopal de Paris épuisa toutes les juridictions d'appel sans trouver grâce : il fut aussi condamné par l'archevêque de Sens et par celui de Lyon, primat des Gaules. Il fut livré au bras séculier, promis aussitôt au bûcher, place de Grève.

Une victime exemplaire. L'exécution était prévue suffisamment à l'avance pour que les pasteurs aient eu le temps d'organiser des prières publiques. Il y eut même un attentat. Des exaltés, agissant sans mandat, tuèrent le président Minard, qui avait déployé tout son zèle pour faire condamner Anne du Bourg. Il y avait foule sur le parcours de la charrette du conseiller. Des jeunes de l'Université surtout. Il les exhortait à se convertir, et tous reprenaient les psaumes sur son passage. Il n'eut pas la langue coupée et put dire, avant de mourir : « Mon Dieu, ne m'abandonne pas de peur que je ne t'abandonne. » On lui fit la grâce de l'étrangler avant de « sentir le feu ».

Il y avait eu beaucoup de bûchers dans Paris mais celui-là prenait valeur de symbole. Il s'agissait d'une personnalité du Parlement, et justement ce dernier venait de braver l'autorité du défunt roi. Anne du Bourg n'était pas un martyr anonyme, sa mort manifestait l'intention de la monarchie d'imposer arbitrairement sa volonté, sans tenir compte de l'extraordinaire développement du mouvement réformé dans le royaume. Logiquement cette exécution impliquait, de la part du gouvernement royal, la manifestation d'un choix, celui d'une vraie politique de rigueur. Plus que jamais, le pouvoir refusait le partage : il se voulait exclusivement catholique.

De fait, la persécution reprend de plus belle : on perquisitionne dans les maisons toujours suspectes du faubourg Saint-Germain, baptisé «la petite Genève». Les maisons protestantes sont repérées dans tous les quartiers de Paris. Les dénonciations, les arrestations vont bon train. Les Guise font signer au roi, Villers-Cotterêts, une déclaration, le 4 septembre, pour purger les villes des «maisons» protestantes, lieux secrets de réunion pour la cène et les prières : elles seront rasées si l'on y surprend les fidèles pendant le culte. On crée quatre Tournelles criminelles au Parlement pour juger plus vite les prévenus. Les responsables des cérémonies doivent être punis de mort. En province la recherche des lieux de culte interdits est laissée aux seigneurs hauts justiciers : on leur enlèvera leurs droits de justice s'ils refusent de se charger de cette tâche. A Paris où les Guise ont leur clientèle, le terrorisme fait rage. Les moines haranguent la foule contre les huguenots, des bandes d'écoliers, d'apprentis des métiers, de mendiants tiennent la rue. On place des statues de la Vierge à chaque carrefour, en organisant des quêtes au pied de ces statues : qui ne donne pas se trahit, qui se trahit est aussitôt battu. On fait aussi des quêtes de ce genre à domicile : tout refus de verser l'obole désigne la maison au pillage.

L'Eglise de Paris n'avait pas en son sein que des candidats au martyre. Beaucoup de fidèles étaient hésitants, faibles, malléables. La police en profitait ; un tailleur, Renard, donna les adresses qu'il connaissait : il y eut beaucoup d'arrestations. Une hôtellerie de la rue du Marais, où se tenaient de nombreux fidèles, fut cernée sur indication de deux apprentis. Archers et sergents somment les huguenots d'ouvrir. Quatre hommes décidés protègent l'entrée, pendant que tous les autres s'échappent. Mais l'hôtellerie est mise au pillage : une aubaine pour les pauvres !

Fanatisés par les prêches, les catholiques traquaient tous les suspects, multipliant les violences, et les protestants ne reculaient pas devant la provocation : au sermon de l'*Avent*, deux jeunes gens interrompent le prêche. Ils sont tués sur place. Pendant la nuit de Noël, une bande de huguenots tue le curé d'une église du faubourg Saint-Marceau, au moment où il élevait l'hostie. Les catholiques appellent le guet, cernent l'église et y massacrent tous les assassins. Les affrontements de ce genre deviennent plus nombreux. Désormais les huguenots ne subissent plus passivement la persécution. Ils s'organisent pour la défense, et lancent eux-mêmes des actions terroristes. L'escalade de la violence encourage les excès : les extrémistes des deux camps ont la voie libre. Ils vont en abuser.

Les partisans de la violence ne sont pas, comme dans le passé, de jeunes excités, mais des professionnels de la guerre : gentilshommes congédiés ou soldats renvoyés des armées. Les Guise n'ont pas su retenir cette clientèle. Ils étaient pourtant populaires dans les compagnies d'arquebusiers. Mais ils n'avaient pas, après la paix, de quoi les payer. Force était de les dissoudre.

On les avait renvoyés le 14 juillet 1559. Ils passaient l'hiver sans ressources, vivant d'expédients. Ils étaient allés, quant ils le pouvait , demander au roi des pensions, au château de Fontainebleau. Certains obtenaient quelques subsides, quand ils étaient protégés par un parent bien en cour. Le plus souvent, ils étaient éconduits par les laquais. Comme ils étaient de plus en plus nombreux, il avait fallu les intimider ; le cardinal de Lorraine, faisant sonner les trompes, leur avait fait dire, par héraut, qu'ils devaient vider les lieux. Pour être mieux compris, il avait fait dresser des potences tout autour du château.

Les gentilshommes et leurs troupes se retrouvaient sur le pavé, prêts à louer leurs bras au parti des mécontents. Ceux qui, parmi eux, avaient de l'inclination pour les idées nouvelles rejoignaient les églises, et prenaient en main la résistance armée. D'autres se vendaient sans vergogne aux bourgeois des bonnes maisons, pour les protéger contre le sac, la dénonciation ou l'agression. Car les gens riches avaient de plus en plus tendance à assurer leur propre défense. On multipliait les édits pour interdire le port d'armes. On défendait de voyager avec des pistolets. On organisait des perquisitions pour saisir les armes chez l'habitant. Le pouvoir des Guise craignait autant la guerre civile que les réformés. Elle semblait désormais inévitable.

Calvin la condamnait de toutes ses forces : « S'il s'épandait une seule goutte de sang, écrivait-il, les rivières en découleraient. Il vaut mieux que nous périssions tous cent fois que d'être cause que le nom de chrétienté et l'Evangile soient exposés à tel opprobre. » On lui représenta que le parti des Guise en France était responsable du sang, et non la monarchie. Il admit alors que si les princes du sang et le Parlement rassemblé condamnaient le gouvernement des Guise, un soulèvement était admissible. C'était lâcher la bride aux extrémistes : les théologiens de Strasbourg, consultés, recommandaient l'insurrection. Un ancien condisciple de Calvin, à l'université de Bourges, Hotman, devenu agent de l'Electeur palatin, voulait « massacrer tout ce qui était du sang des Guise et de la maison de Lorraine »...

Pour avoir l'absolution de Calvin, il fallait rallier les princes du sang. Ils se gardaient de prendre parti, se contentant d'encourager en sous-main les opposants, qui faisaient ainsi figure de conspirateurs. Condé, qui avait le moins à perdre, était le plus hardi. Bourbon ne bougeait pas. Navarre restait coi. On trouva enfin un gentilhomme perdu de fortune, autrefois condamné comme faussaire à Dijon, La Renaudie, pour prendre la tête d'un étrange complot qui voulait mettre les Guise en accusation pour crimes de concussion et de lèse-majesté... La Renaudie rassurait Condé, à qui il demandait seulement d'attendre à Orléans le résultat de son action. Condé accepta de prendre la tête du complot : c'était lui le «capitaine muet». Quand La Renaudie envoya dans les provinces des messagers incitant les gens fidèles au roi, et de bonne volonté, à se rassembler pour faire échec à la néfaste politique des Guise, des milliers d'hommes se mirent en route. En février 1560 sans que les grands noms de France aient fait entendre leur voix, un immense tumulte s'ébauchait à l'embouchure de la Loire. La cour, qui était à Blois, crut prudent de se réfugier aussitôt dans le château d'Amboise.

Ils venaient de toutes les provinces, même des plus lointaines : en Provence, on n'avait pas attendu le mot d'ordre de La Renaudie pour prendre les armes. Les officiers licenciés des armées royales, dont beaucoup avaient rallié le parti de Calvin, n'attendaient qu'un signal. Paulon de Mauvans était le plus connu d'entre eux, le plus respecté. Son frère Antoine, qui avait ravagé la haute Provence à la tête d'une bande armée, avait été tué à Draguignan par les catholiques exaspérés au cri de «fouaro, luthéran!». Son cœur, arraché de sa poitrine, avait été promené dans la ville au bout d'une pique avant d'être jeté aux chiens. Les deux conseillers du Parlement d'Aix chargés d'enquêter sur ces événements avaient conclu à la culpabilité d'Antoine et de ses amis. Ils avaient fait exhumer ses restes, les avaient envoyés à Aix dans un tonneau de sel pour qu'ils y fussent exhibés sur une potence. Paulon de Mauvans avait juré de venger son frère. Il répondit aussitôt à l'appel de La Renaudie qui jurait que la maison des Guise serait exterminée, et que l'on porterait au pouvoir celui qu'il appelait «le capitaine muet». Châteauneuf, son lieutenant, avait discuté minutieusement du détail de la prise d'armes avec Mauvans. Le 12 février 1560, au lieu symbolique de Mérindol, les délégués des 60 églises évangéliques de Provence proclamaient Paulon de Mauvans chef général des protestants de Provence. Il dirigeait sur Nantes cent volontaires armés de pied en cap, pendant qu'il levait lui-même deux mille soldats pour attaquer Pertuis et se rendre maître de cette place stratégique sur la Durance. Ainsi, dès que la conjuration aurait réussi, la Provence tomberait comme un fruit mûr aux mains de Mauvans.

La sédition couvait aussi en Dauphiné, où les petits seigneurs des vallées alpines se préparaient à résister aux redoutables lieutenants de François de Guise, gouverneur de la province : Laurent de Maugiron puis Hector de Pardaillan, seigneur de La Motte-Gondrin. Les envoyés de La Renaudie parcouraient le pays, recrutant dans la petite noblesse. Ils se rendirent aussi en Guyenne, en Languedoc, en Auvergne et ailleurs.

Il n'y avait pas, au rendez-vous de Nantes, que des nobles en congé d'armée. Un petit peuple alarmé par la montée des troubles, convaincu que les favoris conseillaient mal le roi, décidait de se rendre devant lui pour «aller se plaindre». Des calvinistes convaincus s'étaient joints à la troupe, malgré les conseils de prudence que prodiguaient les pasteurs, car Calvin n'approuvait pas le complot. Ils étaient décidés à exiger leur place au grand jour dans le royaume, et la fin de la dictature d'un seul parti.

La Renaudie avait réuni en états généraux improvisés les «délégués» des provinces et leur avait expliqué les intentions des conjurés : s'emparer des Guise pour les juger. Ne rien entreprendre contre le roi. 500 gentilshommes volontaires jurèrent d'accomplir cette mission, que l'intérêt de la monarchie rendait indispensable. Chaque soldat enrôlé dans l'armée prêtait aussi serment au «capitaine muet».

Le déplacement de la cour de Blois à Amboise, dont le château pouvait être facilement défendu, dérangeait les plans de La Renaudie. Mais surtout les Guise avaient soufflé au roi de convoquer à Amboise les grands seigneurs favorables aux réformés. Coligny y était déjà, appelé par la reine mère. Il affirmait que toute cette agitation était montée de toutes pièces par les Guise. Ceux-ci cependant connaissaient le complot dans ses moindres détails. Ils avaient reçu des informations d'Allemagne, d'Espagne et d'un avocat parisien qui avait logé à Paris La Renaudie et ses complices.

Prévu pour le 6 mars, le coup de main fut reporté au 16. Des conjurés devaient s'infiltrer dans le château où ils avaient des intelligences, en ouvrir les portes à leurs complices, qui attendaient dans les environs. Mais Guise fut encore prévenu du détail de leurs dispositions. Il eut tout le temps de changer les gardes et de murer la porte suspecte. Il lança la cavalerie dans les bois, pour surprendre ses ennemis. Il eut ainsi la bonne fortune d'arrêter dans leur repaire deux des lieutenants de La Renaudie.

L'affaire tourne mal : Le prince de Condé qui, suivant le plan, a quitté Orléans pour rejoindre la cour, change aussitôt de camp et prête main forte aux défenseurs du château. Le 16 mars, une troupe enfin se présente, à pied, les armes à la main. Des amateurs, qui portent des piques, et ne savent pas se servir d'une arquebuse. Beaucoup sont des artisans, des paysans. On leur a dit qu'ils n'avaient qu'à se montrer, et que le roi les recevrait. François II, en effet, paraît à une fenêtre du château, leur fait distribuer de l'argent et leur demande de s'en aller. Ils s'éloignent, attendant les troupes armées, commandées par La Roche-Chandieu, qui doivent venir de Blois. Celui-ci en retard, arrive d'Amboise, et tente sans succès d'enlever une porte du château.

Soudain, toutes les portes s'ouvrent, et la cavalerie des Guise charge. Elle ramasse tout ce qui traîne dans les bois, particulièrement les malheureux inoffensifs, reçus la veille. Ils sont enchaînés, conduits au château. La Renaudie, surpris, est tué. On jette ses soldats dans la Loire. Une chasse à l'homme est organisée dans les bois, avec l'aide des maîtres des Eaux et Forêts, avec participation de la population locale. Ceux qui sont pris sont aussitôt égorgés. Un tribunal réuni au château, présidé par Charles de Guise, condamne à mort les adjoints de La Renaudie et fait pendre, rouer ou égorger tous ses complices. Les cadavres se balancent aux créneaux de la forteresse. Plus 1 500 victimes.

Condé y échappe. Il est dénoncé par tous les prisonniers interrogés. Il nie toute participation au complot, assiste aux exécutions sans sourciller. Les Guise manquent de preuves pour le conduire au billot. Il doit cependant quitter la cour. Plus que jamais les Guise sont maîtres du terrain.

La reine mère pourtant s'inquiète : il ne s'agit pas d'un simple complot. Le mécontentement est grand en France, il s'accumule depuis la défaite. La plèbe des villes se grossit de milliers de mendiants que les campagnes abandonnées du Nord ont chassés des terres. En Normandie, en Gascogne, la jacquerie a fait rage. Qui sait si la Guyenne ne va pas retrouver le sillon de la révolte contre la gabelle, si dure, des années 40 ? Henri II, pour faire la guerre, a augmenté les impôts plus que de raison. Il a dû, pour contracter de nouveaux emprunts, rembourser en partie la dette des banquiers étrangers de Lyon. Le malaise sans doute explique la mobilisation par les nobles de grandes masses populaires et la constitution facile des armées de la révolte : les soldats licenciés ne sont-ils pas disponibles ? Coligny, en qui elle a confiance (elle sait que l'amiral est le seul qui professe sa foi sans y mêler des intentions politiques) lui a répété que la reprise de la persécution était une faute contre la nation. La reine est sensible à ce langage. Il ne faut pas que le peuple pense que le pouvoir royal est annexé par un seul parti, aux mains d'une seule famille. Il ne faut pas que l'on crie à la tyrannie, que les « malcontents » cherchent en vain un interlocuteur. La discussion évite la révolte : pourquoi ne pas réunir des Etats généraux ?

Il n'y avait à Amboise, dit Catherine de Médicis, ni

têtes couronnées, ni têtes politiques. Guise lui-même s'étonnait des gens de peu qui menaient l'opération. On savait à la cour que Calvin y était hostile, et que Coligny avait dissuadé la petite noblesse normande de prendre le chemin de Nantes. Non, devant Amboise, à l'évidence, on n'avait pas écrasé la fine fleur de la Réforme : les pendus d'Amboise étaient des capitaines sans soldes et des artisans abusés. La gravité du «tumulte» c'est qu'il frappait des innocents, des «sans grades», des «sans nom», le tissu même de la monarchie, les anonymes soutiens du trône. Ils avaient tous juré, à condition que rien ne fût entrepris contre le roi ! Il y avait risque que cette sauvage répression, due à la nervosité des Guise, ne poussât jusqu'à la vraie révolte les plus fermes soutiens du régime. Décidément, il fallait réunir les Etats généraux.

Généralement le roi jouait de cette institution (des représentants de la noblesse, du clergé et du peuple) pour lever de nouveaux impôts, comme l'avait fait Henri II, en 1558. Cette fois, Catherine entendait s'en servir pour obtenir l'apaisement politique et religieux. Dans son bon sens, elle pensait qu'il fallait s'accommoder des protestants. On pouvait peut-être, dans les années 30, songer à «extirper l'hérésie»; on ne pouvait en 1560 affronter sans risque le tiers du royaume, selon l'estimation de Charles de Lorraine.

La reine mère commence par une mesure d'apaisement : intervenant pour la première fois au plus haut rang de la politique du royaume, elle nomme chancelier de France le sage Michel de L'Hospital, un ancien conseiller au Parlement de Paris devenu maître des requêtes par la grâce du cardinal de Lorraine. Administrateur digne d'éloges, L'Hospital se révèle un politique adroit puisque, soutenu par les Guise, il propose de «cheminer droit et de ne favoriser ni aux uns ni aux autres». Il fait ainsi promulguer, en mai 1560, l'édit de Romorantin, qui sépare la religion et les affaires de l'Etat, abandonnant aux évêques les procès d'hérésie, et aux tribunaux inférieurs les affaires d'ordre public. Les prédicateurs sont certes considérés comme des séditieux, mais non comme des factieux. Les persécutions s'espacent. On remet en liberté les religionnaires.

Dernière concession de Catherine : elle réunit à Fontainebleau une sorte d'assemblée de notables pour préparer les Etats généraux. Dans son esprit, il s'agit d'engager un débat préalable. Les princes du sang sont invités, aux côtés des conseillers habituels du roi et des grands officiers de la couronne. Coligny est le plus entouré. Non seulement il affiche désormais ses croyances, mais il protège officiellement ses coreligionnaires. Son refus d'entrer dans le complot des Condéens lui en donne le droit. Il présente au roi une «supplique», celle des «pauvres chrétiens» de Normandie, ceux-là mêmes qu'il a dissuadés de prendre le chemin de Nantes. Ils demandent la fin de la terreur et le droit de construire des temples pour prier. Quel meilleur moyen d'éviter les troubles religieux, dit l'amiral à Catherine, que d'abriter le culte dans des édifices? La plupart des incidents ont pour cause la violation des églises ou des lieux de réunion. Les troubles d'Aix n'avaient-ils pas pour cause essentielle l'énervement des catholiques, de loin majoritaires dans la ville, qui voyaient depuis 1559 les protestants se rendre en bandes, sous la protection de gentilshommes armés, pour célébrer leur culte en plein air, sous un grand pin, dans l'enclos d'Eguilles? Les «prêches du pin d'Eguilles» étaient un objet de scandale, une cause permanente de rixes et d'affrontements. La nuit des catholiques poussaient des cris de mort sous les fenêtres des religionnaires. La situation dans les villes normandes n'était pas plus tolérable. Coligny avait beau donner des ordres pour arrêter les iconoclastes, ils ne rêvaient que plaies et bosses, envahissaient les églises à l'heure des offices, et prétendaient même s'emparer par la force des monastères et des cathédrales. Le chapitre de Sainte-Croix d'Orléans ne venait-il pas de fermer les portes de sa basilique «pour des causes très certaines et très graves»?

D'entrée de jeu, l'amiral privilégiait ainsi la question religieuse sans s'attaquer moindrement au gouvernement des Guise. La parole fut aussi donnée à l'évêque de Valence, Monluc, qui passait pour proche des réformés bien qu'il fût le protégé du cardinal de Lorraine. Il flétrit, dans un langage inattendu, les abus de l'Eglise, accusant les évêques de recruter leurs curés parmi «leurs valets de chambre, cuisiniers, barbiers et laquais». Il opposait à ces mauvais bergers les «prédicants» vertueux et sobres. «Et faut que je confesse, disait-il, que toutes les fois qu'il me souvient de ceux-là qui meurent si constamment, les cheveux me dressent en la tête.» Pourquoi ne pas s'entendre avec ces excellents chrétiens? Réunissez, disait au roi Monluc, un concile national avec «bon nombre de gens de bien» et peut-être quelques autorités de la «secte» et finissons-en avec les gibets et les bûchers... Coligny ajouta qu'il pouvait présenter une pétition signée de 50 000 noms pour appuyer sa requête et faire cesser la persécution. François de Guise se sentait menacé par ces discours de conciliation. Il affirmait hautement son intransigeance, et répondait à Coligny que s'il pouvait avancer 50 000 noms de bonne noblesse, le roi, sans difficulté, en avait plus d'un million, que les partis n'étaient pas égaux. Quant à lui, il n'avait pas à mettre la foi en discussion, ni la croyance au sacrement de l'autel. Il se ralliait néanmoins, comme son frère le cardinal, à la consultation des Etats généraux.

Ceux-ci étaient convoqués pour décembre 1560, sans qu'au préalable les chefs des deux partis aient trouvé le moindre terrain d'entente. Les Guise virent dans les troubles qui se manifestèrent dans les provinces à l'automne un argument pour rester forts, et armés. Une campagne inouïe de pamphlets tentait de dresser contre eux l'opinion. Le cardinal de Lorraine se flattait d'avoir sur son bureau plus de vingt pamphlets de la plus extrême violence, qui l'appelaient «tigre enragé» ou «vipère venimeuse». On traitait les Guise de tyrans, on les désignait à la haine populaire. Souvent des écrivains anonymes appelaient à l'assassinat.

L'agitation gagnait les provinces où la répression de la conjuration d'Amboise avait déchaîné les chefs huguenots. Les appels à la modération venus de Genève n'étaient plus entendus. Les communautés s'étaient livrées aux militaires pour assurer leur défense, elles n'étaient plus maîtresses des décisions. Les mots d'ordre venaient désormais des états-majors des chefs de bande, plus ou moins reliés aux princes du sang. En Provence, Paulon de Mauvans, avec deux mille hommes levés parmi les protestants du Luberon et des montagnes proches, avait fait le siège de Pertuis, puis, après l'échec de la conjuration, il avait remonté la Durance pour faire sa jonction avec le principal chef des bandes du Dauphiné, Montbrun, neveu du cardinal de Tournon et huguenot enragé. Dans le comté, les prisons se remplissaient de suspects, arrêtés pour avoir approché des chefs provençaux de la rébellion. L'édit de Romorantin avait été d'abord interprété comme une mesure de rigueur, puisque l'on confiait les causes religieuses au tribunal de l'évêque, et non au Parlement. Les soldats de Mauvans avaient déserté, terrifiés. Leurs têtes étaient mises à prix. Au bout de quelques semaines, ils comprirent que le chancelier de L'Hospital voulait au contraire apaiser les esprits, inclinant les évêques à la modération. De fait, de nombreux suspects avaient été relâchés.

Mauvans, qui n'avait pas désarmé, put de nouveau recruter. 500 vaudois de Cabrières, les enfants des rescapés du massacre, se joignirent à lui. Il voulait accueillir et renforcer Montbrun, poursuivi en Dauphiné par Blaise de Pardaillan et La Motte-Gondrin. Il était à Nyons avec 300 cavaliers et voulait s'installer en terre du pape. L'Avignonnais Guillotin, qui prétendait rattacher le Comtat au royaume promettait de lui prêter main forte. Guillotin devait prendre Vaison, les deux chefs, Malaucène. Ils prirent en effet la ville, dont ils firent leur quartier général. Guillotin, par contre, leur fit défaut. De Malaucène, Mauvans se rendit à Orange, pour obtenir des secours en vivres et en armes. Les consuls d'Orange, gagnés à la religion réformée, lui promirent par contrat tout ce qu'il demandait. On envoya aussi des messagers à Genève, pour qu'ils achètent des armes.

Mais la défense catholique s'organisait, sans secours de Paris, avec les moyens du bord. Le légat Farnèse avait envoyé 12 000 écus d'or à La Motte-Gondrin pour qu'il lance une expédition punitive. Gondrin marche sur Bolène, attend le renfort des troupes du pape qui viennent d'Avignon. Avec 4 500 soldats il entre dans Orange, taxe la ville d'une amende de 20 000 écus que les consuls payent dévotieusement, prend la route de Malaucène pour traquer les chefs huguenots.

Quand il est devant les remparts de la ville, prêt à donner l'assaut, il s'aperçoit qu'il arrive trop tard. Les huguenots ont décampé, marchant sur le Nord. Ils ont reçu l'ordre de gagner Lyon. En cours de route, ils se séparent, car les obstacles sont insurmontables. Montbrun se terre en Dauphiné, Mauvans licencie son armée, ne gardant qu'une poignée de fidèles qu'il lance sur Draguignan, la ville qui avait massacré son frère. Il la pille et la punit cruellement, puis il gagne les villages de la montagne, Castellane, Entrevaux, Colmars, La Baume-de-Sisteron. Partout il pille les églises, brise les images, prend les objets précieux pour fondre l'or et payer ainsi ses soldats. Le comte de Tende le traque, lui propose une capitulation. Mauvans finit par accepter, obtenant la vie sauve et la sécurité pour ses hommes. Avec cent cavaliers, il se retire à Castellane, d'où il songe à gagner Genève.

Sans doute Mauvans et Montbrun recevaient-ils des ordres des chefs de la Réforme à Paris, probablement de Condé. Mais ils n'avaient pas les moyens d'obéir. Ils se comportaient comme des chefs de bande isolés, trouvant argent, vivres et armes dans la région. Ils n'avaient pas pu participer au mouvement prévu sur Lyon. Les catholiques les avaient découragés.

A Lyon pourtant, l'annonce du soulèvement avait inquiété les Guise : Les princes disposaient sur place de dangereuses complicités. La proximité de Genève rendait l'opération réaliste. Le passage à la Réforme de la deuxième ville du royaume ne pourrait manquer d'impressionner la reine mère et le prudent chancelier de L'Hospital. A la veille de la convocation des Etats généraux, la prise de Lyon était un fait politique de première importance : elle obligerait à prendre au sérieux les demandes de négociation des huguenots, qui voulaient leur place dans l'Etat.

Tout fut aussitôt mis en œuvre pour écraser le mouvement lyonnais : François de Guise savait fort bien qu'un marchand de Bâle, devenu bourgeois de Lyon, Jean Darut, avait réuni une assemblée pour envoyer des délégués et des troupes à Nantes. Après l'échec de la conjuration, c'est encore ce Darut — les espions des Guise l'avaient confirmé — qui préparait la subversion dans la ville même, en liaison, semblait-il, non pas avec Condé, mais avec Antoine de Bourbon. Lyon était une grande place de commerce et de banque. Le roi Henri avait accordé aux marchands et banquiers étrangers le privilège de vivre selon leur confession. Ils ne se privaient pas de faire, comme Darut, du prosélytisme. Mais comment refuser cet avantage à des financiers si précieux ? L'idée des conjurés était d'obtenir un point d'appui solide, qui pût servir de base, de place d'armes, aux réformés du Dauphiné, de la vallée du Rhône, de la Bourgogne. Mais ils voulaient surtout rallier le roi à la cause, en montrant le désastreux effet des divisions. On obtiendrait ainsi, à tout le moins, la reconnaissance de la religion réformée.

L'envoyé du prince à Lyon s'appelait Maligni, jeune noble qui avait participé à l'affaire d'Amboise. Quand il vint à Lyon, au mois d'août 1560, c'était la foire. Les étrangers étant nombreux dans la ville, où il s'avérait impossible de contrôler les entrées aux portes. Il fut facile aux conjurés d'y pénétrer, et de se loger chez les frères lyonnais. Beaucoup avaient tout simplement pris une chambre dans les hôtelleries, qui étaient combles. Cinq cent d'entre eux étaient en place au début de septembre, prêts à l'action.

Le chef du groupe était le capitaine du Peyrault. Il attendait de l'extérieur le signal de prendre la ville.

Mais les espions avaient fait merveille, avertissant l'adjoint du gouverneur de Lyon, Antoine d'Albon, qui commandait au nom du maréchal de Saint-André. D'Albon avait appris l'existence d'un dépôt d'armes rue Longue, au logis Saint-Martin. Il fit diligence. Une troupe d'arquebusiers tenta de déloger les huguenots. Mais ceux-ci étaient en force. En quelques heures, ils rossèrent les arquebusiers, seule force militaire disponible en ville. Ils étaient ainsi, sans le savoir, les maîtres du terrain. Mais que faire, sans ordres? Se voyant trahis, se croyant abandonnés, ils profitèrent de la nuit pour s'éclipser. Quand le maréchal, le lendemain à l'aube, fit fermer les portes, les mutins s'étaient envolés. On ne put que fouiller une par une les maisons suspectes. Des armes furent découvertes, des complices arrêtés et pendus. Place des Cordeliers, au pont de Saône, des huguenots étrangers à la prise d'arme finirent au bout d'une corde. Certains avaient dénoncé, sous la torture, la participation d'Antoine de Bourbon au complot.

C'était porter au paroxysme les inquiétudes de la reine mère, qui dut faire de nouveau confiance au duc à la poigne de fer. Outre-Pyrénées, les Espagnols mobilisaient. Les Guise venaient de récupérer les bandes qu'ils avaient expédiées en Ecosse pour soutenir, contre Elizabeth, les prétentions de Marie Stuart. L'échec qu'elles avaient essuyé les rendait disponibles. Ils levèrent de nouveaux soldats et lancèrent un ultimatum à Bourbon, le sommant de s'expliquer. Il céda, comme il l'avait toujours fait, et vint avec Condé flatter le duc à la cour. Méfiant, celui-ci les entourait de gardes. Ils étaient comme prisonniers. Quand les Etats généraux furent convoqués à Orléans pour le 10 décembre 1560, les Guise avaient investi la ville de milliers de soldats. Espéraient-ils un coup de force?

Les princes tombaient dans un guet-apens. Les soldats des Guise les insultaient dans la rue. Dès qu'il parut devant le roi, Condé fut arrêté, enfermé dans une maison défendue par des canons. Bourbon fut laissé en liberté surveillée. Un tribunal d'exception condamna Condé à mort mais le chancelier de L'Hospital ajourna la décision. Le jeune roi était malade, Catherine hésitante. Tuer Condé la mettait à la merci des Guise, et plaçait la monarchie à la discrétion d'un parti. Mais Bourbon pouvait avoir des prétentions à la régence, il fallait l'en dissuader.

Rien n'était plus facile que de l'intimider. Elle le reçut tremblant, en présence des Guise, et obtint ce qu'elle voulait. Trois jours plus tard le jeune roi mourait. Catherine était régente, Bourbon dompté, Condé épargné, les Guise chassés du pouvoir.

A 41 ans, cette femme énergique, solide et sans scrupules se trouvait seule au pouvoir, face aux Etats généraux, au pays réuni. Même les paysans avaient voté, dans le cadre des bailliages. Ils avaient envoyé à Orléans des gens de justice et de finance, et les citadins avaient délégué leurs consuls, leurs échevins. Dans le Sud-Ouest, en Provence, dans les pays de Loire, le Poitou, la Saintonge, la question religieuse était intervenue, malgré les consignes des Guise, au plus fort des élections. Les élus de ces régions étaient souvent sinon des réformés, du moins des adversaires déclarés des Guise, partisans de Condé, de Bourbon, de la réforme de l'Eglise. Ils ne ménagèrent pas leurs critiques. Après les exhortations à la paix religieuse de Michel de L'Hospital, et les menaces de rigueur contre les «séditieux», les ordres, qui siégeaient à part, apportèrent leurs «réponses» : celle du clergé s'opposait à toute concession en faveur des huguenots. Elle admettait à peine la nécessité d'une réforme des mœurs. Celle de la noblesse, par la voix de Jacques de Silly, baron de Rochefort, attaquait vivement l'Eglise, et demandait la liberté du culte... pour les gentilshommes, à titre de privilège en quelque sorte; le représentant du tiers état, un avocat du parlement de Bordeaux, fit la critique véhémente des mœurs et des pouvoirs financiers du clergé. Coligny eut l'occasion de protester publiquement contre le discours du représentant du clergé, qui traitait ses frères d'hérétiques. On obligea l'orateur, Quintin, docteur de la Sorbonne, à faire des excuses publiques. Les trois ordres rassemblés refusèrent les 43 millions d'impôts nouveaux que leur demandait de L'Hospital, pour combler le déficit. Il ne restait plus qu'à renvoyer les députés devant leurs électeurs, et de les convoquer plus tard pour leur faire accepter les décisions du gouvernement. On donnait cependant satisfaction à des vœux exprimés par les cahiers de doléances. On promettait, par l'ordonnance d'Orléans, d'abolir la vénalité des offices et celle des juges. On prétendait obliger les prélats à résidence, et l'on accordait au clergé le droit de présenter au roi, à chaque vacance d'évêché, trois noms de candidats élus par le chapitre élargi, parmi lesquels il choisirait. Cette réforme des abus devait malheureusement rester lettre morte. Pourtant le chancelier signait une déclaration donnant satisfaction aux protestants puisqu'il arrêtait la persécution et libérait les huguenots prisonniers.

La reine avait dû libérer et absoudre Condé, et donner à Bourbon la lieutenance générale du royaume, qui le rendait maître de l'armée. Les Guise enrageaient. La tolérance fut comprise dans les provinces comme l'autorisation tacite de pratiquer le culte à découvert. Les réformés en profitèrent avec joie. Sur les bords de la Loire, ils se rendaient en groupes armés aux assemblées. Dans le Sud-Ouest, dans le Languedoc, les ministres prêchaient et chantaient les psaumes sur les places publiques. La protection militaire des prêches était assurée par les gentilshommes en Bretagne, en Dauphiné, en Provence et en Languedoc. A Valence, à Montpellier, à Nîmes, des bandes armées assuraient la discipline. A Sarlat, les magistrats signalaient, en août 1561, que les protestants «sont en grand nombre, garnis et équipés de toutes armes, et qu'il serait malaisé d'entrer en la maison qui est forte, sans grand danger de meurtre et d'émotion». Ces milices étaient destinées à prévenir les troubles. Dans certaines régions, elles n'étaient pas nécessaires : à Rouen, en Normandie, dans le Cotentin, on convoquait les fidèles «avec la cloche de l'école» sans que les catholiques s'en indignent. On voyait en Languedoc des prêtres catholiques assister aux prêches en plein air, où les fidèles interrompaient le pasteur et lui présentaient des objections... parfois l'assemblée se faisait au château ou dans la gentilhommière, et le seigneur ouvrait libéralement ses portes.

Calvin pensait bien que cette ivresse de liberté était dangereuse, et qu'elle pouvait passer pour de la provocation. Il écrivait à l'église de Montélimar : «Nous ne voyons pas qu'il soit requis de vous avancer si fort, il suffira bien que vous tâchiez d'augmenter le troupeau, et cependant vous tenir cois.» Mais comment contenir la poussée d'une masse de plus en plus nombreuse? On avait pendu, sur ordre des Guise, à Issoire, un ministre qui prêchait dans une cave : son remplaçant dut prêcher en plein air, faute de place, tant le nombre des assistants s'était accru. Les pasteurs, débordés, allaient s'ouvrir de leurs difficultés... aux consuls et aux échevins. A Montpellier on devait célébrer trois cultes chaque dimanche, pour satisfaire tout le public. Où réunir tant de nouveaux chrétiens? Les villes n'avaient pas d'autre lieu de culte que les églises. Force était aux pasteurs de prêcher en plein air, comme à Aix, sous un pin.

La tentation était grande, pour les nobles, qui, sous prétexte de les protéger, commandaient désormais les communautés, de transformer les assemblées en manifestations, pour impressionner le parti adverse. Du printemps de 1561 au début de l'année suivante, ce mouvement de provocation indigna les catholiques, qui voyaient leurs villes et leurs villages livrés à de menaçants défilés, toujours organisés par des hommes en armes. Voulait-on impressionner le jeune roi Charles IX, faire peur à la reine mère? L'utilisation politique de l'explosion de foi était évidente; elle suscitait çà et là des troubles, dont certains très violents. Les pasteurs étaient bien incapables de contrôler leur public. Ils ne connaissaient plus leurs ouailles. Etaient-ils tous des réformés, ces nouveaux chrétiens à la mine farouche, qui venaient assister aux prêches? Combien savaient chanter les psaumes?

Les prêches en plein air étaient possibles dans le Midi tout au long de l'année, mais au nord de la Loire, le ciel moins clément obligeait les huguenots à rechercher des lieux de culte protégés : ils mobilisaient tout ce qui pouvait les abriter : les halles, les salles des palais de justice, les hôpitaux, parfois même les granges ou les basses-cours. Ils brûlaient d'envahir les églises et les monastères, particulièrement ceux qui étaient désertés. Au printemps de 1561, cette tentation devint irrésistible. A Limoges, il fallut expulser les dévotes de l'église Saint-Valérie. Parfois on s'entendait avec le chapelain d'une grande église pour organiser les cultes : à Cognac les protestants se réunissaient dans l'église à 5 heures du matin, laissant ensuite la place aux catholiques. Dans les pays où les protestants étaient nombreux, les prêtres ne songeaient pas à protéger leurs églises : ils en donnaient les clés, sans qu'il fût besoin de contrainte : plusieurs églises de Montpellier ou de Montauban avaient ainsi changé de culte. A Meaux, on avait tout simplement racheté une église à l'évêque.

Mais dans de nombreuses paroisses, les incidents étaient sanglants : des fanatiques chassaient les prêtres et les fidèles des églises de Languedoc et de Guyenne. En Dauphiné des groupes armés, gentilshommes en tête, investissaient les églises, brisaient les images, interdisaient le culte aux catholiques. Il fallait arrêter ces violences, qui souvent faisaient mort d'hommes. En juin un noble protestant, le seigneur d'Esternay, demanda au nom de son parti la permission de construire des temples : c'était postuler la liberté du culte. La reine réunit une assemblée de parlementaires, de princes et de conseillers : ils refusèrent par trois voix de majorité de satisfaire les protestants.

Les catholiques, dans tout le pays, protestaient avec violence contre l'indulgence du pouvoir : ils avaient appris qu'à la cour, Catherine de Médicis tolérait que l'amiral de Coligny et les princesses du sang aménagent des lieux de culte dans leurs appartements. Coligny avait, dit-on, fait venir de Genève un ministre qui officiait chez lui devant les nobles de sa maison mêlés aux serviteurs. Le maréchal de Saint-André et le duc de Guise, plutôt que d'entendre le prêche du prédicateur de la cour, qu'ils jugeaient peu sûr, préféraient se mêler aux palefreniers du château pour assister, avec le vieux Montmorency, aux sermons d'un jacobin !

Des bruits alarmants circulaient dans les communautés catholiques, repris et amplifiés par les moines prêcheurs à la solde des Guise. On disait qu'à Lyon un huguenot avait coupé le bras d'un prêtre qui portait le Saint-Sacrement. François de Guise lui-même était monté à cheval pour escorter, dans Paris, les prêtres de la procession de la Fête-Dieu, que les protestants voulaient, disait-on, troubler. A Beauvais, le cardinal de Châtillon passait pour avoir célébré la cène dans sa chapelle personnelle, un jour de Pâques, selon le rite de Genève.

En avril, à Paris, les étudiants catholiques avaient pris à partie une bande de réformés qui manifestaient au Pré-aux-Clercs. Poursuivis à coups de bâton, ils avaient trouvé refuge chez un seigneur, à Longjumeau. Deux mille étudiants les assiégeaient. Le prévôt de Paris avait dû les dégager, avec sa troupe.

Devant la montée de la violence, les grands seigneurs révisaient leur attitude politique. Le vieux connétable de Montmorency sortait de sa réserve. Sa complicité avec Guise et Saint-André devenait une alliance, une «ligue». Pour ce patriote, la liberté donnée aux réformés était un scandale, parce qu'elle affaiblissait la couronne. La reine mère en venait à composer avec une sorte de parti de l'intérieur, à installer un Etat dans l'Etat. Le cardinal de Lorraine en avait solennellement averti l'enfant Charles IX, le jour de son sacre : il devait à tout prix garder la foi catholique. En juillet 1561, sous la pression de l'opinion, le chancelier avait dû interdire, pour la forme, «les conventicules publics et privés, avec armes ou sans armes», sous peine d'incarcération et de confiscation des biens.

La conversion spectaculaire de la reine de Navarre, qui contrastait avec l'irrésolution d'Antoine, apportait une réponse politique à la volonté de répression qui s'affirmait avec force dans le camp catholique. La fille de Marguerite de Navarre était une des têtes les plus solides du parti des princes. Antoine s'en remettait entièrement à elle de l'organisation de ses Etats. Elle avait fortifié le Béarn, inspecté elle-même les défenses, quand les Espagnols avaient mobilisé à la frontière. Elle avait accueilli à Nérac Théodore de Bèze, qui l'avait convertie définitivement. Elle se savait soutenue par l'opinion dans son Sud-Ouest rebelle, où l'on réapprenait à haïr les rois de Paris. A la Noël de 1560, Jeanne d'Albret, reine de Navarre, avait publiquement pris part à la cérémonie de la cène.

La reine d'Angleterre Elizabeth lui faisait aussitôt savoir qu'elle s'en réjouissait du fond du cœur. Contre les Espagnols, toujours menaçants, Jeanne venait de trouver une alliée. Elle avait écrit à Calvin pour lui demander de persuader son mari, Antoine, de suivre son exemple. A quoi bon flatter l'encolure des chevaux des grands d'Espagne ? « On veut nager entre deux eaux, lui avait répondu Calvin, tellement que la parole est rendue froide et inutile si la vertu de Dieu n'est conjointe. » Antoine serait bien obligé de se laisser convaincre. Il était notoire que désormais, en Béarn, on jurait aux tribunaux sur la Bible et non sur le missel, et que de nouveaux ministres avaient plus ou moins remplacé les curés.

Jeanne avait donc pris seule le chemin de Paris : un voyage triomphal. Outre sa suite ordinaire, elle était entourée de gentilshommes et de ministres. A chaque étape, Limoges, Tours, les villes de la Loire, elle s'installait dans les lieux de culte — dont Michel de L'Hospital venait d'interdire la fréquentation — et faisait prêcher ses pasteurs, dans un grand concours de fidèles, qui chantaient les psaumes. Elle était, dit son biographe Cazaux, « la reine de la Réforme ».

A Orléans le prêche auquel elle assistait devenait une

véritable manifestation politique. Elle était acclamée. Son mari venait, une fois de plus, de s'incliner devant le pouvoir. Elle résistait, à sa manière, et soulevait l'enthousiasme. 15 000 protestants venus de toute l'Ile-de-France l'attendaient à Paris. Elle assistait avec eux à une cérémonie religieuse surveillée de près par la police du prévôt. Elle attendit deux jours pour se rendre à l'invitation de la reine mère, à Saint-Germain. Ne devait-elle pas, au préalable, recevoir tout ce que Paris comptait de réformés de marque ?

Elle fut accueillie comme une reine, le 9 août 1561. Souper de grande cérémonie, arrivée en carrosse escortée par son mari et les grands seigneurs protestants, feu d'artifice, course de taureaux, on disait déjà que le prince Henri, âgé de 7 ans, était promis à la jeune Marguerite de Bourgogne, fille de Catherine. Nostradamus, le vieux sorcier de Provence, n'aurait-il pas prédit au gamin qu'il serait un jour roi de France ?

Tout le parti protestant était mobilisé. La reine de Navarre voulait impressionner l'opinion, montrer la force de la religion, à la veille de la réunion des Etats généraux à Pontoise. La reine mère méditait une grande confrontation. Jeanne savait que Théodore de Bèze avait rencontré, à la Cour, le cardinal de Lorraine. Les députés du clergé siégeaient à part, à l'abbaye de Poissy. L'idée de Catherine était de les réunir avec les protestants.

Elle avait pris cette décision de profiter des Etats généraux pour obliger le clergé à se constituer en synode national. Le pape Pie IV tardait à réunir un concile de réconciliation que lui demandaient avec insistance les Français et les Allemands. C'était à la Cour de France de prendre l'initiative. Catherine avait demandé Calvin. Il envoya Théodore de Bèze.

La réunion de Poissy était présidée par le roi en personne, escorté de ses gentilshommes, des princes du sang, des cardinaux de Lorraine, de Châtillon et de Tournon, du chancelier, des docteurs en Sorbonne. Le gouvernement au grand complet, les évêques et archevêques attendaient les douze ministres qu'un cardinal, en les voyant entrer un à un dans la salle, la mine grave et recueillie, appelait « les chiens de Genève ».

Ils ont la foi, disait dans son discours d'ouverture le chancelier avec force. A preuve la constance « et la voix plus qu'humaine par laquelle ils surpassaient les frayeurs et appréhensions de la mort ». Tous dans cette salle croyaient de même. Mais les réformés ici présents voulaient purifier l'Eglise pour qu'elle retrouve sa forme primitive. Pouvait-on s'entendre ?

« Avez-vous ouï ce blasphème ? » disait au roi le cardinal de Tournon : de Bèze venait de déclarer que le corps de Jésus-Christ était aussi éloigné du pain et du vin que le ciel de la terre... Même les luthériens, affirmait Charles de Lorraine, rejettent cette hérésie. Catherine avait espéré un de Bèze conciliant. Sans faire preuve de sectarisme, en développant avec adresse les points d'entente, il n'avait pas cru devoir dissimuler les points de divergence. Il n'était pas l'homme des équivoques. Cela condamnait le concile.

Un père jésuite se chargea de clore le débat. L'assemblée de Poissy venait d'autoriser officiellement l'Ordre en France, malgré l'opposition de la Sorbonne et du Parlement. Ce père Lainez était, après Loyola, le second général de l'Ordre. Il dit simplement que les problèmes de foi n'étaient pas du domaine des nations mais du concile de Trente, réuni par Sa Sainteté. Il dit aussi, en particulier, à Catherine, que ses huguenots étaient des *lupi, volpi, serpenti, assassini*...

L'échec du concile marquait la fin d'un espoir : les protestants avaient toujours demandé la réunion de ce concile national qui devait faire justice à la vraie foi. Ils l'avaient enfin obtenu. Toute la cour avait entendu leurs plus prestigieux ministres. Il était clair désormais que la parole de Dieu n'avait pas la force de convaincre les hommes abusés par l'erreur. La foi ne pouvait se discuter, elle devait s'imposer.

Deuxième espoir déçu, celui de Catherine et de Michel de L'Hospital ; une réconciliation des « confessions » eût permis la définition d'un nouveau gallicanisme français, plus vigoureux, qui eût permis au roi de prendre une distance encore plus grande par rapport au Saint-Siège. Catherine devait-elle pour autant changer de politique ? Elle persista : le 17 janvier 1562 les protestants obtenaient enfin l'édit qui les libérait ; malgré la pression du roi d'Espagne, alerté par les Guise, la Reine autorisait les huguenots à exercer leur culte dans les faubourgs des villes, en dehors des enceintes, et, à l'intérieur, dans des maisons fermées. A défaut d'une entente entre les deux partis, Michel de L'Hospital souhaitait une pacification sur le terrain.

Elle n'était souhaitée que par les modérés : les violents tenaient la rue, et pillaient les campagnes. Le Sud-Ouest était à feu et à sang. Le lieutenant général de Guyenne, Charles de Coucy, seigneur de Burie, ne parvenait pas à maintenir l'ordre. Les réformés tenaient l'Agenais, persécutant les prêtres, pillant les églises. Dans le Périgord, ils empêchaient tout exercice du culte catholique et encourageaient les fidèles à refuser de payer la dîme. Pendant le colloque de Poissy, les bandes armées parcouraient la Guyenne. Elles pillaient les châteaux et les monastères. A Frégimont le seigneur de Savignac, un Montpezat, en avait été victime. Le couvent des cordeliers de Marmande avait été incendié. Les catholiques étaient partout décidés à assurer eux-mêmes leur défense, devant l'impuissance de Burie. On forçait les prêtres dans les campagnes « comme lièvres en Beauce ». Burie hésitait. A Paris, Monluc, qui faisait sa cour à Catherine, « suivait le cours du marché ». Il était tout prêt à changer de religion, si toutefois la reine le lui demandait.

Les catholiques se sentaient abandonnés. A Fumel dans l'Agenais, le baron qui avait été ambassadeur de France à Constantinople avait été massacré par des bandes déchaînées. 2 000 paysans avaient occupé son château, séquestré sa femme, pillé ses biens. Les catholiques rendaient coup pour coup : à Cahors, ils avaient chargé les réformés, tuant huit d'entre eux. Le roi envoya enfin Monluc, avec ordre de rétablir la paix par la violence : celui-ci commença à Saint-Mézard, près d'Estillac. Le 20 février 1562 il faisait décapiter un huguenot nommé Verdier sur le pied d'une croix profanée. Il fit pendre deux paysans, fouetter un diacre. Pour la première fois depuis l'arrivée au pouvoir de Catherine, une troupe royale exécutait des protestants. Ces exécutions eurent, dans tout le royaume, un retentissement considérable.

L'édit de pacification avait été accueilli diversement dans les provinces. Les parlements eux-mêmes s'étaient partagés : ceux de Rouen, Bordeaux, Toulouse et Grenoble l'avaient, bien sûr, enregistré ; mais ceux d'Aix, de Dijon l'avaient rejeté. Excédées par les exactions des bandes de Mauvans, les populations restées catholiques des villages de Provence s'étonnaient de l'impunité accordée aux religionnaires. Si le roi autorisait toutes les religions, où allait la monarchie ? Il y avait aussi la crainte du retour des protestants jadis spoliés, dont on avait pris les biens. N'étaient-ils pas en droit de les réclamer ? Comme les huguenots, les catholiques décidèrent de se grouper, et de s'armer. Ils choisirent comme chef le seigneur de Flassans, dur, violent, fanatique et désargenté, qui venait d'être élu consul de la ville d'Aix.

Les Provençaux ne savaient plus à quels saints se vouer. Leur maître, le comte de Tende, avait épousé une réformée, Françoise de Foix. Ce gouverneur indulgent était du côté de la reine mère. Mais comment limiter les persécutions, arrêter la chasse aux protestants avec des chefs de bande comme Flassans qui recrutait ses partisans chez les moines, les errants, les gentilshommes en rupture d'armée, et qui faisait pendre les huguenots, sur simple dénonciation, aux branches du pin d'Eguilles, où avaient lieu jadis les prêches ? « Ainsi l'arbre merveilleux des protestants disait la chronique, produisait chaque jour des fruits nouveaux. »

Le gouverneur de Provence ne pouvait pas empêcher la furieuse réaction des catholiques, surtout après l'échec du colloque de Poissy. Les gibets se dressaient à

Manosque, à Valensole, à Marseille. Les routiers de Flassans criaient « vive la messe » en saccageant les villes. Ils avaient entraîné avec eux des paysans alléchés par le butin et appelés les « cabans » en raison du curieux manteau en forme de chape qu'ils portaient. Flassans valait Mauvans. Les Provençaux commençaient à redouter toutes les bandes, de quelque bord qu'elles fussent. Même catholiques, ils souhaitaient que le gouverneur, si favorable qu'il soit aux protestants, intervienne, et rétablisse l'ordre.

Le gouverneur de Tende, pour réduire Flassans, le « chevalier de la foi », n'avait guère le choix des armes. Flassans tenait Aix avec ses trois mille hommes qui portaient sur leur chapeau la croix de laine blanche et les plumes de coq. Paris n'envoyait ni subsides, ni soldats. Le gouverneur engagea le chef de bande protestant Paulon de Mauvans. Ainsi le serviteur de la reine mère enrôlait des huguenots pour combattre une bande catholique ! On réussit enfin à chasser Flassans de Provence. Le 2 mars, il s'enfuit dans l'île de Porquerolles.

A cette date, les troubles s'étaient généralisés dans les provinces. Dans celles que les protestants dominaient, les catholiques ne comprenaient pas l'attitude du pouvoir royal : pourquoi abandonnait-il les villes, les gouvernements, le pouvoir à ceux qu'il avait si longtemps ordonné de poursuivre ? Les catholiques, persécutés à leur tour, attendaient l'heure de la revanche, celle que promettaient les Guise. Dans les régions où les protestants étaient en minorité, ils étaient, plus que jamais, l'objet de la haine de leurs adversaires.

A Lyon pourtant, la municipalité, mixte, avec une majorité de catholiques modérés, entrait dans les vues du pouvoir et voulait appliquer l'édit de tolérance : le consulat refusait toute implantation militaire dans la ville. Il avait payé La Motte-Gondrin pour qu'il cantonne ses soldats hors des remparts, dans le faubourg de Vaise. Il avait refusé la construction d'une porte fortifiée, recommandée par le maréchal de Saint-André, qui, sur le pont de Saône, aurait permis d'isoler le quartier protestant de la presqu'île, toujours en effervescence. Les consuls pensaient avant tout aux foires et au grand commerce. Ils haïssaient la guerre civile.

Mais comment arrêter les exaltés? Les provocations des huguenots se multipliaient : toutes les processions étaient troublées. Un jeune avait arraché le ciboire des mains du prêtre, pour la procession du Corps de Dieu. On lui avait fait la chasse. Les catholiques étaient excités par les confréries, mobilisées par les associations de pénitents et par les moines fanatiques. Ils rendaient coup pour coup, dans les rues de la ville où la force publique, par la volonté des consuls, n'était pas en mesure d'assurer l'ordre. Les faux bruits couraient à l'aise, pour inquiéter la population : on disait que, pour l'Ascension, les huguenots allaient massacrer tous les prêtres.

Les consuls frappaient les plus agressifs : ils fermaient les yeux sur les assemblées clandestines, qui se réunissaient dans les nouveaux temples ouverts dans la ville. Mais ils traquaient les catholiques fanatiques. Ils ne pouvaient cependant obtenir l'application de l'édit de Janvier, que les protestants avaient tendance à outrepasser, en se réunissant à l'intérieur des remparts. L'édit avait été ajourné, pour éviter «de grandes crieries». Le nombre des réformés s'était considérablement augmenté, à Lyon comme ailleurs : ils étaient maintenant plus de 4 000, artisans, commerçants, notables et même banquiers et grands marchands. Ils réclamaient la totale liberté du culte. L'attitude violemment hostile des catholiques les empêchait d'obtenir ce qui était leur droit, puisque le gouverneur ne pouvait même pas appliquer l'édit de tolérance.

Ainsi la politique de Catherine de Médicis et de Michel de L'Hospital échoue totalement dans les régions où la coexistence des religions offrait des difficultés majeures. Sur le terrain, les protestants ne s'estiment pas satisfaits par l'application que les autorités font de l'édit de Janvier. Mais les consuls, les gouverneurs et les lieutenants généraux ne peuvent imposer la liberté des cultes dans des villes où l'affrontement des partis a déjà donné le pouvoir aux extrémistes. Dans toute la France du Sud, de l'Ouest et du Sud-Est on s'attend à des troubles encore plus graves.

En réserve de gouvernement, les Guise sont au fait du mécontentement des catholiques, et des prises d'armes qui se dessinent dans les régions. Ils savent que le roi d'Espagne, qui a épousé la fille de Catherine, exerce sur elle une pression constante. François de Guise a subtilement manœuvré le duc de Wurtemberg, feignant un grand intérêt pour le luthéranisme, plus proche de Rome, selon lui, que le calvinisme. Il entend par cette activité diplomatique isoler les protestants français. Il a fait visite au duc de Wurtemberg à Saverne.

Le 1er mars, il rentre de Joinville et passe par Vassy avec une escorte. Son frère le cardinal et sa femme l'accompagnent. Il s'arrête dans la petite ville pour assister à la messe. Entrant dans l'église, il entend le chant des réformés qui célèbrent la cène dans une grange. C'est illégal. L'édit de Janvier a interdit le culte à l'intérieur des remparts. Les réformés sont nombreux, cinq cents peut-être.

Ces gens sont à lui. Il est seigneur du lieu. Leur attitude lui semble une provocation. Ils sont, dit-il, «scandaleux, arrogants et fort téméraires». Il marche vers la grange. Les huguenots s'y barricadent. Ils lancent des pierres au duc. Des gentilshommes sont blessés, lui-même est touché. L'escorte tire à l'arquebuse, enfonce la porte; les fidèles sortent entre deux haies de soldats qui les rossent. Ceux qui tentent de s'échapper par le toit sont «arquebusés comme des pigeons». Il y a 23 morts et 100 blessés.

La suite du voyage du duc fut prudente : il évita Vitry où le bruit du massacre avait mobilisé les huguenots, et Châlons où l'ordre était assuré par des gentilshommes de la secte. Arrivé à Paris, il fut accueilli en vainqueur, comme s'il avait remporté une grande victoire. Montmorency lui-même alla à sa rencontre jusqu'à Nanteuil. Il fit dans Paris une entrée princière, avec trois mille hommes et ses deux nouveaux amis en tête du cortège : le connétable et le maréchal de Saint-André. Que ces honnêtes soldats aient pu considérer comme un triomphe d'avoir fait massacrer une centaine de huguenots sans défense montrait l'état des esprits. Le prévôt des marchands reçut Guise à son hôtel pour lui offrir 20 000 hommes et 2 millions d'or s'il voulait se consacrer à la pacification du pays. Guise, bien sûr, déclina. C'était, dit-il, l'affaire de Bourbon. Il n'était qu'un sujet du roi.

Condé, cependant, enrôlait. Il avait le champ libre : Bourbon était l'otage de Catherine. Les nobles venaient par centaines lui offrir leur épée. Dans les régions les huguenots mobilisaient. La prise d'arme était générale.

Cependant à Paris Condé hésite. Il est pris de court par Guise qui se précipite au château de Fontainebleau, ramène de force la reine et le roi à Paris. Condé peut croire — et faire dire — qu'ils sont prisonniers. Mais Catherine multiplie les déclarations favorables aux Guise, dénonce les comploteurs huguenots. Les Guise doivent la laisser faire : elle prend la tête de leur parti.

Condé perd encore du temps, pour agir dans la légalité. Il publie un manifeste en août 1562, où il affirme sa volonté de délivrer la reine et le jeune roi, et de faire respecter l'édit de tolérance. Il l'envoie au Parlement, qui n'avait enregistré cet édit que par force. La réponse était prévisible : « La conservation ou changement de lois appartient au roi, non aux sujets, de leur autorité et par armes. » Condé brandit en Allemagne les lettres de Catherine, où elle lui déclarait, avant son revirement, qu'elle était prisonnière. On lui promet de l'aide. Il tient sa guerre.

De Meaux, il a gagné Orléans qu'il a « libérée » avec une poignée de cavaliers. Toute la vallée de la Loire tombe entre ses mains. Les villes se donnent à lui, dans l'enthousiasme des assemblées réformées, très nombreuses à Tours, Blois, Angers. C'est la revanche du « tumulte » manqué. Dès le début d'avril 1562, la « prise d'armes » gagne la province comme une traînée de poudre. Le baron des Adrets, célèbre chef de bande, tient la vallée du Rhône et laisse tuer par ses partisans dans

Valence La Motte-Gondrin, lieutenant des Guise. Quelques jours après, Lyon est prise.

Ces succès rapides ne s'expliquent que par le concours actif des populations : à Lyon le feu couvait, il suffisait de souffler. Les arquebusiers eux-mêmes étaient du côté de la Réforme. Les envoyés du roi ne pouvaient intervenir : Mongiron faisait face aux bandes du Dauphiné, Tavannes résistait en Bourgogne et Saint-Forgeux, en Auvergne, avait aussi des difficultés. En une nuit (du 29 au 30 avril 1562) Lyon fut à la Réforme. Seuls les chanoines de Saint-Jean et le gouverneur avaient résisté. On les avait canonnés.

Les vainqueurs entrent aussitôt en relation avec les protestants du Sud-Ouest, qui étaient déjà maîtres de nombreuses villes. Un soulèvement d'ensemble se dessinait. Si les Triumvirs tenaient Paris, la plupart des provinces leur échappaient. Ils durent relâcher Catherine, qui se retira avec sa cour à Montceaux, au mois de mai. Ils n'étaient pas maîtres de leurs propres troupes qui multipliaient partout les violences, les exécutions sommaires, les massacres. A Sens, le jacobin Beguetti entraînait les catholiques vers le temple, qu'ils détruisirent. Les fidèles furent tués et jetés dans la rivière. On tua même des prêtres, jugés trop tièdes et complices des huguenots. Le doyen des curés de la ville, Lathieu de Charlemaison, n'échappa à la tuerie que grâce à son absence. On le cherchait pour l'exécuter. On trouva des cadavres, charriés par l'Yonne, puis par la Seine, jusque sous les ponts de Paris. Des bandes catholiques pillaient et massacraient, sans que les Triumvirs pussent les en empêcher. Les Coligny et les d'Andelot ne pouvaient pas davantage maîtriser les leurs. Nul ne pouvait dominer la violence.

Dans Tours «libérée» par Condé, une bande catholique avait noyé deux cents huguenots dans la Loire. A Angers le duc de Montpensier conduisait les femmes à la messe «au son du tambourin» et tuait les hommes quand ils refusaient la conversion. Monluc avait commencé dans le Sud-Ouest sa campagne de terreur, interprétant à sa manière les ordres de Paris. En Provence la confusion était extrême : le gouverneur de Tende n'avait plus d'autorité depuis que Paris avait nommé lieutenant général son propre fils, de Tende-Sommerive, catholique convaincu : on verrait ainsi le père renoncer au siège d'une ville, parce qu'elle était défendue par son fils ! On continuait à tuer rageusement dans la province : à Aix, les soldats huguenots de la garnison avaient perturbé une procession, en jetant sur la route des pèlerins des graines d'épinards, qui blessaient leurs pieds nus. La réplique fut immédiate : une bande de catholiques déchaînés, couverte par les autorités, fit régner la terreur dans les rues de la ville.

Comment les partisans de la tolérance auraient-ils pu faire entendre leur voix alors que le Parlement de Paris venait de rendre public un arrêt permettant de «courir sus» aux iconoclastes et aux habitués des «assemblées illicites». Dans toutes les églises de l'immense ressort de ce Parlement, l'arrêt était affiché, autorisant tous les excès.

Les protestants, qui tenaient la vallée de la Loire, la Saintonge, le Poitou, Lyon, le Dauphiné et la vallée du Rhône, les grandes villes et les campagnes normandes, la Guyenne, la Gascogne et la moitié du Languedoc ne se privaient pas de piller les biens d'église, et d'agresser les prêtres. Ils cassaient à coups de masse les visages de la Vierge et des saints sur les portails et les frontons. Les arquebusiers prenaient pour cible, à Bourges, les personnages du Jugement dernier sur le portail de Saint-Etienne. Les soldats s'habillaient, comme pour Carnaval, avec les vêtements du culte. On fondait les ciboires, les ostensoirs, les cloches même, pour faire des canons. La haine contre Antoine de Bourbon s'exprimait dans la profanation : à Vendôme on avait ouvert les tombeaux de sa famille et dispersé les restes.

Car Bourbon commandait l'armée royale, renforcée par Catherine et François de Guise. Ils avaient enrôlé des Suisses et des reîtres allemands, armé de nouvelles bandes françaises. Les adjoints de Bourbon l'encadraient solidement : c'étaient François de Guise, le connétable de Montmorency et le maréchal de Saint-André. Ils surveillaient la concentration des huguenots à Orléans.

Chez Condé venaient tous les gentilshommes qui n'avaient pas envie de fournir à François de Guise des certificats de catholicité. Ils formaient une cavalerie ardente, rompue à la guerre, composée de tous les combattants mis en disponibilité par François II. L'encadrement de ces cavaliers était excellent : d'Andelot et Coligny étaient à leur tête, avec de grands seigneurs comme Soubise, La Rochefoucauld, le prince de Porcien et d'innombrables officiers d'un grand mérite. Les 2 000 volontaires venus de Gascogne, de Béarn et de Languedoc composaient l'infanterie, répartis en compagnies réglées, bien instruites. On y chantait les psaumes en faisant les manœuvres. Le jeu et la danse étaient interdits, les filles publiques écartées. Une armée de moines.

Cet entraînement puritain n'empêcha pas les soldats de tuer, de piller et de violer en prenant Beaugency. Ils pillaient indifféremment les maisons des catholiques et celles des protestants. Les soldats catholiques qui, peu après, s'emparèrent de Blois ne se conduisirent pas autrement. Il y eut « mêmement forcement de femmes». Ce succès catholique porta le désarroi dans les rangs des réformés. Si leur armée n'obtenait pas de décision rapide, ils voulaient retourner chez eux pour défendre leurs gens et leurs biens, pour protéger leurs communautés devenues vulnérables. Les chefs protestants n'avaient pas prévu ce découragement. Ils avaient l'habitude de faire la guerre avec des mercenaires. Ils ne se sentirent pas le droit de résister aux demandes de leurs officiers. Beaucoup rentrèrent dans leurs provinces.

La guerre faisait rage dans toutes les provinces périphériques : le baron des Adrets s'était rendu maître des principales villes du Dauphiné. Il les rançonnait férocement, exécutant tous ceux qui résistaient. Il avait porté la guerre dans le Forez, prenant Montbrison dont il avait exécuté la garnison en la précipitant du haut d'une tour, sur les piques de ses soldats. Il avait été appelé en Provence par les huguenots qui lui avaient raconté la prise d'Orange : les troupes du pape commandées par Fabrizzio Serbelloni y avaient commis des horreurs. Les protestants d'Orange, à l'instigation de leur chef, l'Avignonnais Parpaille, avaient outragé l'évêque, brûlé les reliques de sainte Eutrope, vénérée dans la ville, et même abattu le clocher de la cathédrale. Les papistes furieux avaient égorgé tous les défenseurs, allumé des incendies, massacré un millier de pauvres travailleurs saisonniers qui venaient de la montagne pour les moissons. Ils avaient pendu aux arbres les cadavres nus des femmes violées. Ils remplissaient la bouche des morts de feuillets de l'Evangile en criant : « Où est donc maintenant votre poltron de Dieu ? » Quant à Parpaille, il avait été enfermé huit jours dans une cage, à Avignon, avant d'être décapité.

Quand on fit ce récit au baron des Adrets, il partit comme la foudre, et, suivi de son fidèle Montbrun, il fondit sur la Provence. Autant Montbrun était fanatique, austère, intransigeant, autant son maître était cynique, jouisseur et totalement sans foi. Mais il avait, comme Monluc, le génie de la guerre. Il venait d'incendier, en Dauphiné, la Grande Chartreuse et disposait d'un énorme trésor d'or et d'argent fondu, qui provenait des reliquaires et des ciboires pris dans les églises.

A Montélimar, il tue la garnison aux cris de « Paye, Orange ! » Il massacre les défenseurs de Valréas, de Pierrelate, il prend Pont-Saint-Esprit, position clé sur le Rhône, fonce sur Vaison, échoue devant Avignon qu'il avait juré de détruire. Il revient au galop sur Grenoble, où Mongiron vient de jeter dans l'Isère tous les notables huguenots, reprend la ville sans combat et lâche ses soldats venger les morts, pendant que Montbrun, de son côté, laisse martyriser la population civile de Mornas : même les enfants ne sont pas épargnés : on les égorge avec leurs mères. Les cadavres des défenseurs de la ville sont placés dans une barque qui vient s'échouer au pied des murailles d'Avignon. « Laissez passer ces marchands, disait une inscription sur la barque, car ils ont payé à Mornas.» De retour en Provence, le baron des Adrets, avec ses lansquenets allemands, ayant pris Valréas, Sorgues et Cavaillon, marchait sur Avignon.

Les huguenots l'emportaient en Languedoc, dont toutes les grandes villes, sauf Toulouse, étaient entre leurs mains. Montmorency, gouverneur de la province, avait chargé le vicomte de Joyeuse de reprendre Montpellier, avec l'aide de bandes provençales et italiennes. Mais celles-ci avaient été rejetées sur le Rhône à Saint-Gilles. Joyeuse avait dû se retirer à Pézenas.

Le chef des réformés de Guyenne, Duras, était moins heureux que ses frères du Languedoc. Il avait devant lui le redoutable Monluc, vieux soldat des guerres d'Italie, habile à profiler des moindres fautes de son adversaire et n'hésitant pas à recourir au terrorisme, pour impressionner les populations. Monluc n'avait pas son pareil pour faire «brancher» les notables dans les villes qu'il reprenait, et pour organiser des exécutions spectaculaires. Il rivalisait d'horreur avec Duras : celui-ci avait martyrisé les femmes d'Agen, les faisant éclater en leur bourrant le sexe de poudre à canon. Il avait coupé la langue des prêtres à Bazas. Monluc avait pendu 70 huguenots d'un coup dans les halles de Targon. Duras, envoyé à Lauzerte, avait fait faire une «compote» de 597 catholiques, enfants compris, en pilant les corps. Monluc, à Pennes, avait laissé égorger plus de 700 huguenots, dont les femmes, qui avaient défendu la forteresse.

Il avait reçu du roi d'Espagne un renfort d'infanterie et pestait contre ces Espagnols qui feignaient de ne pas comprendre ses ordres. Surtout quand il voulait arrêter le pillage. Duras fuyait devant lui de ville en ville, refusant le combat. Il put le saisir enfin près de Périgueux, alors qu'il tentait de gagner Orléans.

La voie d'Orléans était barrée. Condé était isolé. En Bourgogne le lieutenant général Tavannes avait repris Chalon, Mâcon, et toute la vallée de la Saône. Lyon et le Dauphiné étaient ainsi isolés. Maître de Poitiers, le maréchal de Saint-André coupait la route des huguenots de Saintonge. Restait la route du Midi, par Bourges : Yvoy venait d'y capituler.

Condé désemparé avait perdu l'initiative. Ses officiers l'avaient abandonné, pour rentrer dans leurs provinces, et il n'avait pas les ressources nécessaires pour faire la guerre comme les royaux, avec des canons et des mercenaires. Où trouver l'argent ? Bourbon, le seul qui possédait un fief rentable, avait trahi. Il était aux côtés de Montmorency.

Force était de recourir à l'étranger. Trahison ? D'où venaient donc les soldats de Catherine ? D'Allemagne, de Suisse, d'Espagne... Pourquoi Condé ne pourrait-il pas demander des secours à la reine d'Angleterre ?

Ses envoyés s'adressèrent à Elizabeth, « avec toute humilité et pitoyable lamentation à grosses larmes ». Elle les reçut cérémonieusement, dans son château de Hampton Court, en septembre 1562. Ils avaient les larmes aux yeux quand ils parlaient de la religion. Elizabeth gardait tout son calme, et prétendait monnayer son aide : en échange de 100 000 livres et de 6 000 soldats, elle demandait Le Havre comme gage, et, après la victoire, Calais, que le traité du Cateau-Cambrésis lui avait promis dans huit ans... Pour la première fois les chefs protestants traitaient ainsi avec l'étranger. L'ancien combattant de Saint-Quentin, le prestigieux amiral, approuvait les ambassadeurs de Hampton Court.

Condé avait ainsi les moyens de faire sérieusement la guerre. Les Triumvirs ne s'y trompaient pas. Ils résolurent de prendre Rouen, pour éviter d'être pris de court par les Anglais. François de Guise, Antoine de Bourbon, Anne de Montmorency, la reine mère en personne vinrent assister à ce siège décisif. Le gouverneur de la ville, Montgomery, n'avait pu empêcher les catholiques de s'emparer du fort Sainte-Catherine, qui dominait Rouen. Le reste fut sans surprise ; il suffisait de creuser des tranchées, de placer des mines, et de donner l'assaut. Antoine de Bourbon, très courageux au combat, fut blessé ainsi que François de Guise. Le prince devait mourir de sa blessure. On assure qu'avant de rendre l'âme, il se fit de nouveau protestant.

Rouen fut prise, et pillée, sous les yeux de Guise qui suppliait ses soldats d'épargner les habitants. Il n'y eut pas de quartier. Pendant trois jours, des violences inouïes éprouvèrent la population, presque sous les yeux de la cour. Guise put enfin reprendre les troupes en main et les diriger aussitôt sur Paris; il était temps : Condé, qui avait reçu le renfort de reîtres et de lansquenets d'Allemagne était enfin décidé à marcher sur la ville.

Une trop longue marche : ses troupes s'attardèrent à Pithiviers, à Etampes, pillant tout sur leur passage. « Il ne demeura arbre fruitier debout, ni maison avec sa couverture », dans la campagne autour de Corbeil, qui ne put être prise. Condé avait cependant 8 000 hommes de bonne troupe et 5 000 chevaux, mais l'armée royale résistait pied à pied, attendant les renforts de Guise. Les huguenots prirent le temps de piller les villages de la vallée de la Seine : Athis, Mons, Ablon, Villeneuve-le-Roi, Orly, Thiais, Vitry avant d'arriver devant le rempart de la capitale, au faubourg Saint-Victor.

D'Arcueil, Coligny et Condé, dressaient leur plan de campagne. Manifestement les Parisiens n'étaient pas surpris. Ils s'attendaient à l'assaut. Comment l'entreprendre, avec Guise à revers? Mieux valait marcher à son devant, et le battre en rase campagne. Guise avait plus de 16 000 hommes et 22 canons. C'était une rude partie.

La rencontre se fit aux environs de Dreux. Guise avait laissé au connétable le commandement de l'armée royale, qui comprenait, outre les vieilles bandes guisardes, les Allemands et les Suisses recrutés par Catherine, les renforts espagnols, et des combattants français et bretons. L'assaut fut donné par les protestants, avec fougue : le vieux Montmorency fut bousculé et fait prisonnier. Condé chargeait furieusement avec sa cavalerie. Les royaux furent sauvés par les Suisses, qui avaient pour les lansquenets allemands une haine professionnelle. Ils chargèrent à leur manière, en poussant d'effroyables hurlements. Les condéens furent ébranlés mais partirent à la charge, s'acharnant sur le «hérisson» suisse qui fut contraint de faire retraite, ayant perdu tous ses capitaines. Condé avait-il la victoire?

Guise intervint en hâte, lançant la cavalerie française et les Espagnols. L'infanterie huguenote fut défaite, Condé blessé et prisonnier. Son armée fuyait en désordre. Une dernière charge de la cavalerie de Coligny empêcha la déroute. Ses gendarmes, ceints d'écharpes blanches, enfoncèrent les guisards, tuèrent le maréchal de Saint-André. Guise fait donner ses bandes françaises : elles repoussent Coligny, qui se retire sans être poursuivi. Il laisse d'Andelot pour tenir Orléans et gagne son fief normand avec les débris de son armée.

Renonçant à la poursuite, Guise va mettre le siège devant Orléans. La veille de l'assaut, il est tué à coups de pistolet par un gentilhomme de Saintonge, Poltrot de Méré (24 février 1563). Mis à la torture, le terroriste avoue qu'il a été «inspiré» par Soubize, de Bèze et Coligny, puis il se rétracte, avant d'avouer de nouveau. Coligny devait déclarer qu'il s'était réjoui de la mort de Guise, mais qu'il n'était pour rien dans l'attentat. Poltrot de Méré avait sans doute agi seul. Les Guise, pour leur part, étaient persuadés de la complicité de Coligny.

La mort de Guise libérait Catherine, qui n'avait plus à subir la tutelle des Triumvirs : Saint-André était mort, et Montmorency prisonnier. Elle pensait de nouveau aux moyens d'arrêter les massacres. Les protestants tenaient solidement la Normandie, le Languedoc, où les huguenots avaient offert au baron de Crussol le titre de «chef de conservateur du pays, sous l'autorité du roi, et jusqu'à sa majorité». Il était aussi protecteur des églises du Dauphiné. A ce titre il avait emprisonné le baron des Adrets, qui menaçait de trahir et de passer aux royaux. Lyon tenait encore, ainsi qu'Orléans. Il fallait traiter avec un ennemi puissant.

Cette fois Catherine n'avait pas envie de jouer le jeu des huguenots. Pleinement responsable du parti catholique, dont tous les chefs étaient morts ou prisonniers, elle avait mesuré, dans le pays, la résistance spontanée à l'édit de tolérance et l'ardeur combative des défenseurs de l'orthodoxie. Les protestants réclamaient le retour à l'édit de Janvier. Catherine devait tenir compte de la vive opposition des catholiques, et particulièrement de Montmorency prisonnier.

L'édit de pacification d'Amboise, signé le 19 mars 1563, était une paix de princes qui mécontentait tous les partis, les protestants surtout, qui n'avaient la liberté de culte que dans une ville par bailliage. Ils ne pouvaient construire de temples que dans les faubourgs. Quand le culte était déjà installé dans les villes, comme à Nîmes ou à Montauban, défense était faite aux huguenots de s'emparer de lieux de culte catholique. Paris était ville interdite : aucune pratique n'y était tolérée. Les nobles pouvaient célébrer le culte dans leurs «maisons» mais seulement «avec leur famille et sujet». C'était rendre le culte très difficile pour la population des campagnes et affaiblir dangereusement, dans les villes, les dispositions de l'édit de tolérance : aussi Coligny en fit-il reproche à Condé, lui disant qu'il avait «fait part à Dieu», une toute petite part. Calvin était ulcéré, il accusait plus que jamais les princes de vanité et de trahison. Ils avaient obtenu la liberté du culte pour eux-mêmes, abandonnant leurs partisans. On ne pourrait plus devenir protestant, si l'on n'était pas noble. La reine mère triomphait : elle avait enfin cantonné la Réforme dans des limites tolérables. Les principaux chefs de la rébellion étaient morts, vieillis, ou discrédités. Coligny était isolé en Normandie. Sur le papier, le parti huguenot avait perdu la partie, et les catholiques avaient toutes raisons de se réjouir, même si le duc de Guise, ce prince chevalier, avait rejoint ses ancêtres plus tôt que prévu. Mais sur le terrain, comment serait accepté ce nouvel édit ? Comment les communautés s'accommoderaient-elles de la paix des princes ? La paix impliquait-elle la «pacification» ? Comment l'imaginer, alors que les armées protestantes tenaient encore, après comme avant l'édit d'Amboise, près de la moitié du royaume?

8.

Les guerres de Condé

La nouvelle tentative de pacification, qui voulait réserver aux élites le bénéfice de la liberté religieuse, ne pouvait aboutir à une paix durable : les gentilshommes protestants venaient de perdre la guerre. Il était naturel qu'ils cherchent une revanche, puisqu'ils tenaient toujours en main les armes de leur puissance : les provinces et les villes révoltées. Ils n'avaient pas seulement combattu pour avoir le droit de se rendre à la cène mais pour être reconnus comme sujets à part entière par le pouvoir royal, et pour prendre leur part dans l'exercice de ce pouvoir.

Le deuxième obstacle à la pacification était plus profond : en contraignant les réformés du royaume à exercer leur culte seulement dans les villes de bailliage, Catherine manifestait une ignorance étonnante du fait religieux. Comment pouvait-elle penser que l'on pourrait ainsi parquer dans quelques lieux de culte ceux qui, désormais, prétendaient vivre, prier, penser et mourir « autrement » ?

Car les calvinistes n'apportaient pas seulement une

conception nouvelle de la foi : ils prétendaient imposer une forme nouvelle d'ordre social. Avec dignité, et précision, Théodore de Bèze en avait averti les docteurs de la Sorbonne réunis au colloque de Poissy : qu'on ne compte pas sur ses amis pour accepter un compromis sur la foi. Leurs croyances étaient fondamentalement différentes, sans pour autant cesser d'être chrétiennes : les adopter impliquait nécessairement que l'on renonçât à certains articles de la foi romaine.

L'église «visible», pour Calvin, était contingente, arbitraire, périssable. L'église réelle, cette communauté des fidèles élus de Dieu, seul Dieu la réunissait en son sein. Il n'y avait pas pour lui de hiérarchie ni de préséance — à plus forte raison de privilèges pour les ecclésiastiques. Tout l'appareil romain, dans son principe, était ainsi mis en question. A l'exemple de Bucer à Strasbourg, Calvin avait estimé nécessaire d'organiser l'Eglise «visible», de lui donner une discipline, un pouvoir de sanction. Nul ne pouvait s'y dérober, elle avait une vertu contraignante. N'était-elle pas chargée du salut des âmes? Comment cette Eglise aurait-elle pu se soumettre à l'Etat, surtout si les responsables civils ne partageaient pas tous la nouvelle foi? Elle devait être autonome, distincte. L'obéissance à l'Etat était pour ses membres un devoir. Mais le respect de l'Etat pour son organisation interne était une nécessité.

«Tu ne feras pas d'image de Jahvé», disait Moïse dans l'Ancien Testament. Et de même l'Eglise de Calvin se représentait un Dieu tellement éloigné des hommes qu'il y avait sacrilège à lui prêter figure humaine. Dieu est caché. Il a donné une clé à ceux qui le cherchent, l'Ecriture. Mais pour bénéficier de la révélation qu'elle promet, il faut y lire ce que l'on cherche avec passion. Le phénomène mystérieux — au sens propre — de la révélation, réside dans cette lecture en quelque sorte inspirée. «La Bible ne nous est pas donnée pour contenter notre curiosité folle ou servir notre ambition», disait Calvin, avertissant ainsi les docteurs orgueilleux et les princes avides. «Il faut lire les

Ecritures à cette intention que là nous trouvions Christ.»

Mais qui donne la foi? On n'adhère pas à la Réforme comme à un parti. La foi est aussi un don mystérieux, une grâce. Ni le pape ni la hiérarchie n'y peuvent rien. Il ne suffit pas de s'agenouiller et de prier pour avoir la grâce. Elle est imprévisible. La nature humaine est perverse, corrompue. Le péché originel est le symbole de cette «fournaise ardente» de la perversité. Même les enfants en sont victimes car la perversité est collective, elle affecte le genre humain, elle est, d'une certaine manière, voulue par Dieu pour humilier l'homme et l'éprouver. Les enfants naissent avec le mal, «leur nature est une semence de péché».

Le rachat est offert, c'est vrai, par le sacrifice du Christ. Non pas à *tous* les hommes mais aux élus. Car Dieu «ordonne les uns à la vie éternelle et les autres à éternelle damnation». Comment savoir, comment échapper à l'affreuse angoisse des «âmes débiles» qui craignent d'être damnées, quoi qu'elles fassent? Il y a un signe, qui ne doit pas tromper, c'est de recevoir «de cœur et d'affection la doctrine qui nous est prêchée». Celui qui a la foi est un élu. S'il exerce sa volonté à écarter le mal, s'il s'emploie à vivre chrétiennement, à pratiquer les bonnes œuvres dans l'illumination de la générosité, alors sa foi le sauve. Sans la foi les œuvres sont inutiles.

Autre soutien pour l'angoissé : le sacrement. Il n'est pas, comme le pensait Zwingli, une simple cérémonie commémorative. Mais il n'a pas non plus la vertu magique que lui prêtent le pape et les évêques. Il n'y a pas de justice sans foi. Il ne suffit pas d'être baptisé pour être un élu de Dieu. Aucun sacrement ne peut mettre les chrétiens «en état de grâce». Ils ne justifient pas, ils ne lavent pas, ils ne sauvent pas. Ils aident seulement à fortifier la foi reçue de Dieu seul. Ils sont des compléments indispensables, mais ils ne sont pas essentiels. C'est vrai, le baptême nous donne «la livrée» de Notre Seigneur Jésus-Christ mais il n'est pas le salut, il est seulement la promesse du salut. La cène n'a pas davantage de pouvoir magique : le pain et le vin ne peuvent être le sang et le corps du Christ. Rome et Luther sont d'accord sur ce point, mais non Calvin ; c'est une hérésie de penser, dit-il, que l'homme peut réellement assimiler le corps du Christ. Le vin et le pain sont les « signes » de la communion avec la « substance » du Christ mais par « substance, il faut entendre, non la peau, la chair et les viscères, mais l'esprit, la force, la vertu du Dieu crucifié ». Il y a bien communion et non commémoration, par l'intervention, sur le communiant, du Saint Esprit. Voilà pourquoi Guise, qui tenait à la communion catholique comme au symbole le plus profond de sa religion, pensait que l'on pouvait plus facilement s'entendre avec les luthériens d'Allemagne qu'avec Calvin. Le colloque de Poissy avait vu Bèze et les théologiens parisiens en totale opposition sur ce point.

Les catholiques réunis depuis décembre 1545 au concile de Trente avaient senti la nécessité de définir avec précision les articles de leur foi en face des réformés. Les trente évêques présents aux premières sessions étaient également conscients de l'urgence d'une réforme de l'Eglise. Elle avait été promise, quelques années plus tôt, par le concile de Latran, mais non tenue par les papes. On avait trop tardé à réunir le concile de Trente pour pouvoir espérer sérieusement une réconciliation des églises. Comme le dit Jean Delumeau, « les jeux étaient faits, les options prises. Le point de non-retour avait été atteint ». Le pape qui convoquait le concile, Paul III, était aussi celui qui organisait l'Inquisition.

Longtemps interrompu, le concile venait de reprendre ses sessions, en janvier 1562. Les pères, en majorité italiens, étaient plus nombreux. Le nouveau pape, Pie IV, profitait manifestement de la paix du Cateau-Cambrésis pour remettre de l'ordre dans la maison. Mais les évêques réunis à Trente attendaient du concile bien autre chose que des mesures disciplinaires : une foi rénovée et un clergé instruit et

discipliné. C'était aussi l'attente des catholiques.
 Sur les questions de foi, la réponse apportée aux calvinistes était claire et sans appel : le baptême lavait l'enfant du péché originel. «Dieu ne hait rien, affirmait avec force le concile, dans ceux qui sont régénérés, et il n'y a point de condamnation pour ceux qui sont vraiment ensevelis dans la mort avec Jésus-Christ par le baptême.» Ceux qui, par contre, mouraient sans cette consolation seraient voués à l'enfer : cet article était fondamental pour la foi populaire : la croyance magique au baptême trouvait ainsi une consécration à Rome. Le curé de campagne pouvait rassurer ses ouailles, et baptiser, comme à l'accoutumée, les nouveaunés presque dans le ventre de la mère, pour être assuré de leur salut. Il n'y avait pas à ergoter sur le baptême : seuls les baptisés pouvaient franchir, à leur mort, les portes triomphales des cimetières bretons, dont l'espace était ceint de murs. Le privilège de la «terre chrétienne» était préservé.
 Il reste sans doute, chez le baptisé, une «inclination au péché», mais non le péché lui-même. Il appartient au «libre arbitre» de chacun de lutter contre mal. Personne n'est prédestiné. Seul cet effort de volonté permet de parvenir à l'état de grâce par la «justification». On n'est pas un juste une fois pour toutes, on le devient grâce à la venue de l'Esprit Saint qui illumine les âmes en fonction des dispositions et des efforts de chaque pécheur. L'homme n'est pas, comme le voudrait Calvin, «absolument inerte et purement passif». Ce n'est pas Dieu qui a trahi, mais bien Judas. L'homme peut *vouloir* le mal comme le bien, et ses bonnes œuvres, ses bonnes actions importent autant que la foi pour son salut. Encore un article essentiel : il justifie non seulement l'intense renouveau des congrégations d'assistance, de charité, d'aide aux déshérités, mais l'action de l'Eglise en tant qu'institution charitable, et son rôle social. L'homme «justifié», touché par la grâce, n'est pas sauvé pour autant. Jusqu'au dernier moment, il doit aussi se justifier par ses œuvres : «Si quelqu'un dit que l'homme une fois justifié ne peut

plus pécher ni perdre la grâce... qu'il soit anathème. »

A tout moment l'homme doit pouvoir recourir au sacrement de la communion pour retrouver la grâce qu'il a perdue. Nul n'est irrémédiablement condamné. Il y a toujours un pardon pour celui qui se confesse et regrette ses fautes. Il ne faut pas prendre le risque de mourir en état de péché mortel. Celui qui va vers le prêtre et la sainte table marche vers son salut. Il faut l'aider à retrouver l'état de non-péché. Le sacrement n'est pas un signe ni un symbole superflu, il confère réellement la grâce : voilà la messe sauvée, solennellement réaffirmée comme le sacrement essentiel de la catholicité. La communion est bien une «transubstantiation», c'est-à-dire une transformation du pain en corps du Christ et du vin en sang, de substance à substance, qui rend le Christ présent dans l'Eucharistie, dans l'hostie consacrée. Les protestants qui profanent les hosties insultent Dieu, car il y est tout entier. C'est lui que l'on porte aux malades, que l'on promène en procession. Une fois consacrée, l'hostie reste habitée par Dieu, il est inutile de distribuer *toutes* les hosties qui ont servi à la communion. On peut les conserver, les transporter, les honorer. Ceux qui les profanent sont sacrilèges.

Ainsi la messe est un sacrifice, et non pas seulement une action de grâce. Sus à Luther, qui pense que le sacrifice de la Croix n'a été accompli qu'une fois pour toutes : c'est à chaque messe que Christ souffre dans son corps pour Dieu le père. « Si la messe n'était pas un sacrifice, dit un théologien, les Chrétiens seraient plus malheureux que tous les païens, puisqu'on ne peut citer aucune nation païenne qui n'ait pas eu de sacrifice. » On discuta longuement cet article, qui fut adopté finalement, car il justifiait en particulier les messes privées, destinées à sortir du purgatoire les âmes qui n'étaient pas encore rachetées, par un nouveau sacrifice du Christ. On pouvait même dire des messes en l'honneur des saints car ils étaient les intercesseurs des âmes auprès de Dieu, que les fidèles fussent vivants ou morts : cette conception supposait que l'on maintienne le Purgatoire. Il le fut.

Ni les prières en langue vulgaire, ni le mariage des prêtres ne furent admis. La messe devait continuer à être célébrée en latin. Les évêques français qui, derrière le cardinal de Lorraine, revendiquaient la modernisation de l'Eglise, n'eurent pas gain de cause. Dans l'espoir d'un rapprochement avec les Luthériens, ils avaient demandé que l'on admît la communion sous les deux espèces et que l'on recrutât, au moins, des prêtres âgés qui pussent demeurer sans risque célibataires. Ils n'eurent pas satisfaction.

Leurs revendications contre les abus de l'Eglise furent par contre étudiées : pas de cumul des bénéfices ni d'absentéisme ; plus de superstitions. La prédication, disait le concile, est le principal devoir des évêques. Ils doivent prêcher eux-mêmes et surveiller les prêches. Cette recommandation s'appliquait au bas clergé. Le cumul était interdit, la résidence obligatoire : en cas d'absence non autorisée de l'évêque dans son diocèse, ses revenus seraient distribués « à la fabrique des églises ou aux pauvres du lieu ». On s'efforçait en même temps de renforcer les pouvoirs de l'évêque sur le bas clergé (qu'il avait trop rarement la faculté de nommer) en le rendant seul juge des admissions au sacerdoce. Tous les ans il devait visiter les paroisses de son diocèse, et vérifier le zèle des curés. Un séminaire serait créé par diocèse pour assurer la formation de bons prêtres. Un catéchisme serait mis bientôt à la disposition des prêtres, pour l'instruction des fidèles.

Ces mesures étaient souhaitées par la majorité de l'épiscopat, et répondaient à l'attente des fidèles. Au contraire les décisions du concile de renforcer les tribunaux ecclésiastiques en leur donnant l'exclusivité des causes d'hérésie, de mariage, de concubinat, de crimes commis par des ecclésiastiques suscitèrent l'opposition des envoyés de Catherine. C'était, disaient-ils, une atteinte aux « libertés de l'église gallicane ». Le roi « très chrétien » avait le droit d'intervenir en matière religieuse, et ses parlements devaient au moins recevoir l'appel des causes plaidées devant les officialités. Les envoyés de la cour de France quittèrent le concile. Il était contraire au concordat que les évêques fussent dans la main du pape. Le pape n'était pas «l'évêque de l'Eglise universelle». L'Eglise de France devait continuer de se grouper autour du roi «très chrétien». Contre le cardinal de Lorraine, qui voulait obtenir la publication du concile en France, le Conseil privé, mené par Michel de L'Hospital refusa et s'éleva vigoureusement contre la prétention du pape, qui voulait juger devant ses tribunaux sept évêques français suspects d'hérésie, et déposer la reine de Navarre. Catherine de Médicis voulait rester fidèle à la tradition royale, qui faisait du roi le souverain de tous les Français, qu'ils fussent ou non d'Eglise.

Si la monarchie repoussait l'idée d'un front uni commandé par l'évêque de Rome contre l'hérésie européenne, elle devait assumer seule la défense de la religion unique dans le royaume. Au colloque de Poissy, Michel de L'Hospital n'avait pas caché qu'il trouvait fâcheux que la division des religions rendît un Français réformé plus proche d'un Anglais ou d'un Allemand que d'un Français catholique. Il ne parvenait pas à surmonter la contradiction : la monarchie ne pouvait combattre le pape et le concile qu'en assumant sa tradition chrétienne. Mais elle ne pouvait maintenir son unité et sa cohésion qu'en faisant leur part aux protestants. Inévitablement, ceux des catholiques qui, comme le cardinal de Lorraine, refusaient le partage se sentaient attirés par la conception nouvelle d'église «universelle» et voyaient dans la cour de Rome un défenseur naturel.

Les protestants, absents du concile, s'installaient dans leur foi et luttaient pour empêcher les gens de guerre de contrarier leur évolution spirituelle. La reine avait voulu privilégier la religion des princes? C'est dans les communautés populaires qu'elle trouvait son équilibre et qu'elle retrouvait sa force. Calvin avait recommandé aux Eglises de construire, sans attendre le règne de Dieu, des communautés faisant régner «l'ordre politique». La France avait suffisamment de villes entièrement protestantes, comme Nîmes, Montauban, La Rochelle, Sancerre, La Charité-sur-Loire, Nérac, Lectoure, Castres et beaucoup d'autres pour que cette tentative de mise en ordre pût être exemplaire. Les réformés devaient faire la preuve qu'ils pouvaient vivre autrement en communauté, comme ils avaient déjà prouvé, on l'avait reconnu à Poissy, qu'ils pouvaient individuellement apparaître comme des chrétiens exemplaires.

Ils doivent l'être d'abord en famille, et s'abstenir de marier leurs enfants avec des «papistes». Les filles ne doivent pas «se prostituer à l'idolâtrie pour se marier». La décence exige que, dans une famille réformée, on n'assiste pas aux cérémonies religieuses de ceux qui sont restés «papistes». Même les enterrements sont interdits. Certains se cachent pour assister au décès d'un parent catholique. Les traditions ne changent pas si facilement. Quand les mariages mixtes ont lieu quand même malgré l'hostilité de la communauté, le baptême des enfants est l'occasion de disputes infinies. Au reste, les enfants doivent avoir, pour se marier, l'autorisation de leurs parents jusqu'à l'âge de 25 ans! La tutelle du père est renforcée, même sur l'épouse. Il lui revient de la protéger et de lui donner le nécessaire. On lui interdit de la battre et de la bafouer. L'adultère est sévèrement puni : c'est le crime le plus grave. Le mari a le devoir d'éduquer sa femme et de veiller à ce qu'elle se conduise bien. Il peut être mis en accusation devant la communauté pour les fautes de son épouse ou de ses enfants. Aussi l'éducation et l'instruction religieuses sont-elles très développées dans les familles : on prie en commun plusieurs fois par jour, on chante les psaumes. On communie quatre fois l'an. Le pasteur distribue à chacun des jetons : celui qui ne les a pas rendus à temps, à chaque cérémonie, est puni.

Le mariage n'est pas un sacrement mais il reste conforme à la pratique chrétienne : fiançailles avec contrat devant notaire, publication et oppositions éventuelles. Il ne peut être dissous, après jugement rendu, que pour adultère ou pour une absence de plus de dix ans... C'est par la famille que les calvinistes veulent assurer la formation des nouveaux chrétiens.

C'est dans les familles les plus honorables que se recrutent les élites locales, gardiennes de l'ordre : Calvin a donné un pouvoir considérable à ces ministres, régents, anciens et diacres, qui dirigent les communautés. Ceux qui défaillent sont éliminés. Le recrutement des notables est assuré collectivement, et leur autorité ne peut être mise en question. Ils ont la tâche d'expulser les papistes, et de chaque nouveau converti le passé papiste : immense entreprise, qui consiste à brider une population qui avait vu d'abord dans la Réforme une libération : plus de danses, de jeux ni de chansons. On peste contre les soldats, qui introduisent dans les villes de mauvaises mœurs. On a chassé les putains et les bohémiennes, traqué dans le Languedoc les sorcières et les guérisseurs. Le dimanche doit être consacré à la prière, non aux quilles et au jeu de dés. Les bals sont interdits. Quelques tolérance en Béarn, où l'on admet les danses villageoises... mais plus de fêtes votives, plus de carnavals. Les ivrognes sont punis, et les coureurs de filles. Trois jours de prison aux contrevenants ! Plus de théâtres, ni de mystères, ce sont des contes pour attardés. Plus de perruques, ni de fards, ni de cheveux longs. Les hommes se rasent et se coupent les cheveux court. Les femmes sont tenues à la décence et à l'économie. Les consistoires ne plaisantent pas.

Les pauvres ne trouvent grâce que s'ils sont récupérables et identifiables. L'assistance est strictement mesurée, contrôlée, comptabilisée. On trouve du travail aux inoccupés, mais on chasse les indésirables. Plus de vagabonds ni de mendiants professionnels, plus de cours des miracles... Montauban les traque, le Béarn les expulse. La pauvreté est un mal social, non un destin. Les pauvres ne sont pas admirables, ils sont blâmables de se complaire dans leur état. Il faut les aider, non les encourager dans l'oisiveté. La plupart des grandes villes protestantes inaugurent un système d'assistance réglée : à Nîmes un chirurgien des pauvres les soigne gratuitement, un régent payé par la communauté éduque leurs enfants. Mêmes initiatives à Montauban. En Béarn les pauvres sont vêtus décemment, éduqués, instruits dans la religion, surveillés par des médecins. Mais ils doivent être connus, inscrits sur des registres. Les vagabonds sont repoussés.

Quand on leur trouve un travail, ils doivent accepter la vie commune à l'atelier, qui est aussi bien organisée. Les patrons répondent de leurs employés devant le consistoire. Ils ne doivent pas jurer, boire, danser, jouer. L'Eglise se met à la disposition des compagnons en organisant des prêches le matin de très bonne heure pour qu'ils puissent y assister. Ceux qui refusent la pratique religieuse sont punis, éventuellement chassés. La société protestante ne tolère pas l'irreligion.

Les enfants sont pris en charge dès l'âge de quatre ans. On leur apprend très vite à lire la Bible. Plus tard, on leur fait résumer les prêches du pasteur. Les villageois se cotisent pour payer un régent. Les municipalités ont à cœur d'attirer les meilleurs enseignants. Les villes et les régions protestantes atteignent en deux générations un taux appréciable de scolarisation. La ville de Millau a la plus forte densité d'écoles dans le diocèse de Rodez. Les réformés entreprennent l'immense tâche de scolarisation du Midi, jusqu'alors très en retard. Le Béarn, dans ce domaine, est particulièrement en avance. Dans les grandes villes, des collèges réformés sont construits, sur le modèle du gymnase de Strasbourg de Jacques Sturm. Ils apprennent les «humanités» et reçoivent une instruction religieuse approfondie. On les détourne de toute lecture profane. Quelques académies se fondent en France, sur le modèle de Genève, où l'on étudie les auteurs de la Réforme, où l'on apprend les langues mortes et les langues vivantes, le droit et la médecine. Le protestantisme militant jette les fondations d'une société moderne, où l'on fait confiance aux élites, à la science et à la technique, à l'argent qui permet de créer de l'activité, aux notables qui, par le savoir ou leur savoir-faire, encadrent la foule des sans-travail et des sans-terre qui ne demande qu'à progresser. Cette société n'a que faire des velléités, des inconstances des princes du sang. L'engagement religieux est devenu pour elle un choix pour l'avenir.

Elle voudrait aider la monarchie à se dégager des vieilles conceptions du Moyen Age. Ceux qui en Languedoc, font la chasse aux sorcières ne sont pas des fanatiques du roi thaumaturge. Certes les protestants n'admettraient pas plus que les catholiques une sorte de monarchie gestionnaire, sans âme et sans foi, qui gérerait la France sans se soucier de religion. Ils veulent un roi chrétien, mais non le roi de François de Guise, qui reste conforme au vieux modèle de Charlemagne, exterminant les Saxons païens et boutant les Maures hors d'Espagne.

Beaucoup de catholiques croient encore que la fortune, la richesse de la France sont dues à la protection de Dieu. Un roi «très chrétien» qui admet l'hérésie n'est pas loin de perdre son royaume. Ceux-là attribuent les défaites du Nord à l'inconstance des rois, qui ont laissé le pays se gangréner. Les réformés ne sont pas Français : en rejetant la religion du roi, ils se sont exclus de la communauté, qui est mystique avant d'être politique. Le roi est sacré.

Quand on ne partage plus la religion du roi, on est bien près de trahir. La preuve? Le Havre! La «vendition du Havre» alimente les pamphlets et les prêches des capucins. La reine mère, les princes protestants sont conscients de la force de cette polémique. Aussitôt rentrée dans son palais, Catherine persuade Condé et Coligny de rompre avec Elizabeth. Condé propose d'aider le connétable à reprendre Le Havre. L'armée royale s'en charge : l'honneur exige qu'une ville abandonnée par un parti soit reprise au nom du roi.

Les protestants, aux pires moments de la guerre civile, ont toujours prétendu lui rester fidèles. Ils ne combattent pas le roi, mais les princes étrangers — les Guise, ces Lorrains — qui sont les amis du roi d'Espagne. Ils n'hésiteraient pas, s'ils se sentaient menacés, à faire entrer en France les troupes espagnoles. Ne sont-elles pas déjà présentes dans l'armée de Monluc ?

Les «mauvais conseillers», disent les huguenots, empêchent le roi de voir que son peuple demande une religion nouvelle. Les ralliements à la Réforme se multiplient. Qui s'en soucie ? L'Eglise ne veut pas se changer. Au fond de leur cœur, bien des prélats savent que Calvin a raison, mais combien sont prêts à renoncer à leurs privilèges ? L'Eglise pousse le roi au pire pour rester une puissance sociale. Elle a depuis longtemps perdu la foi. Sans les guisards, le peuple l'aurait abandonnée.

Comment le roi peut-il se fier aux Guise ? Ces grands seigneurs rêvent de récupérer l'héritage du roi René, l'Anjou et la Provence, de reprendre le Barrois pour le joindre à la Lorraine. Ils sont, au premier chef, les ennemis de la monarchie. Un Coligny, un d'Andelot veulent au contraire que le royaume, comme en Angleterre, se groupe autour d'une monarchie puissante, solide, efficace, qui rejette les prétentions des grands seigneurs et celles du clergé. Le mouvement de la société l'exige. Quand le prince de Condé accepte de la reine l'édit de pacification qui limite l'exercice du culte réformé aux riches et aux grands seigneurs, Coligny proteste. Il n'a pas renoncé à l'idée d'une religion nationale, dont le roi serait le chef.

Il trouverait des ressources immenses dans la vente des biens du clergé, il enlèverait ainsi à l'Eglise la source de sa puissance. En cette période de crise des finances de l'Etat, l'idée faisait naturellement son chemin, inspirant de nombreux pamphlets. Aux Etats généraux de Pontoise, le tiers état avait proposé cette solution pour éviter le recours à de nouveaux impôts. Il l'avait même chiffrée : la vente rapporterait au Trésor royal la somme de 120 millions de livres, dont 48 seraient réservés pour les besoins de l'Eglise et 42 au paiement de la dette. Trente millions seraient disponibles pour permettre aux villes de prêter de l'argent aux entreprises. La reine en avait profité pour tirer du clergé une forte somme pour le rachat de ses exemptions fiscales mais n'avait pas voulu aller plus loin. Elle s'y résigna cependant en 1536 parce qu'elle n'avait pas d'autre moyen de trouver de l'argent. Selon Cloulas, les premières ventes, en 1563, portèrent sur 5 millions de livres environ. On était loin du projet du tiers. Pourtant 80 millions d'hectares de bonnes terres devaient en principe changer de mains : l'Eglise s'arrangea pour tout racheter. L'opération de 1536 était ainsi une contribution forcée demandée au clergé.

Mais dans le Languedoc, les protestants n'avaient pas attendu les décisions du Conseil royal pour s'emparer des terres. Dès 1561 ils s'étaient approprié les biens en mainmorte. A la réunion des Etats de Languedoc l'avocat Terlon avait demandé, soutenu par Crussol, duc d'Uzès, la mise en vente de la totalité. Les catholiques s'étaient-ils gênés pour s'emparer des champs des Vaudois ? A Nîmes, une «brochette de nobles et de bourgeois» (Le Roy Ladurie), des magistrats, des marchands, des avocats, avaient fait main basse sur les premières terres disponibles. Les paysans et les «gens de métiers» n'avaient guère pu en profiter, sauf les plus riches.

L'Eglise conservait néanmoins, même dans le Midi languedocien, une grande richesse foncière. Fallait-il lui payer la dîme ? Elle rapportait beaucoup plus que les droits seigneuriaux et dépassait l'impôt royal. C'était une proie tentante. Dans la région de Nîmes et de Montpellier, dès 1562, les huguenots lèvent la dîme à leur profit même sur les terres d'Eglise. Dans les autres régions, les réformés étaient parfois «fermiers» de la dîme, qu'ils levaient au profit des seigneurs ecclésiastiques, en prélevant au passage leur bénéfice. Devaient-ils renoncer ? La tendance des consistoires était naturellement de refuser tout dialogue d'affaires avec le clergé catholique. Mais les intérêts des fermiers passaient avant tout. On voyait ainsi des huguenots lever la dîme pour les abbés, cependant que les paysans, au nom de la Réforme, refusaient de l'acquitter ou battaient sournoisement le grain qu'ils cachaient sous la paille, livrant des gerbes sans épis.

En s'attaquant aux biens d'Eglise, les réformés réveillaient le vieux démon des jacques. Les gentilshommes sans terre, les nobles ruinés ne s'en souciaient plus guère. Mais les grands seigneurs, sur ce chapitre, étaient de l'avis des bourgeois de Nîmes : il fallait que le paysan paye, que ce soit aux pasteurs ou aux curés.

Seul l'Etat monarchique pouvait décider que l'Eglise n'était plus désormais un ordre privilégié, ni une puissance seigneuriale. Comment l'aurait-il fait sans abattre tout l'édifice du droit privilégial, sans renoncer à être l'Etat féodal qu'il avait hérité du Moyen Age ? Catherine de Médicis ne songeait certainement pas à une révolution de ce genre. Quand elle prenait les biens de l'Eglise, c'était un expédient parmi d'autres. Elle ne voyait pas d'inconvénient à ce que l'Eglise les rachetât.

Force était à Catherine de Médicis de recourir aussi, en politique, à des expédients pour maintenir la paix puisque ni les catholiques ni les protestants n'approuvaient le dernier édit de pacification. Les parlements de Provence, dans leur majorité, avaient protesté et refusé de l'enregistrer. Ceux de Bourgogne avaient envoyé à Paris le conseiller Bégat qui avait longuement expliqué à la reine mère que le roi ne pouvait admettre la coexistence de deux religions ennemies. Le jour de la Fête-Dieu à Paris, la princesssse de Condé avait été assaillie par une bande de catholiques qui avaient massacré un des nobles de sa suite. Il y avait dans les villes de province des bandes organisées qui agressaient les protestants quand ils se rendaient, en troupe armée, aux temples. De part et d'autre, on engageait des mercenaires pour assurer sa sécurité.

Dans les pays à majorité catholique, comme la Provence, les protestants se terraient, abjuraient, n'osaient revendiquer l'application de l'édit. Ceux qui, après la prise de Sisteron par les catholiques, avaient gagné

Lyon, sur des chariots, avec toute leur famille, demandaient à rentrer chez eux. Lyon avait en effet ouvert ses portes aux représentants du roi. Soubise, qui dirigeait, après le départ du baron des Adrets, la défense de la ville, avait répondu aux sollicitations de la reine mère. A quoi bon prolonger la résistance, alors que Condé était prisonnier, et la paix signée ?

Les Provençaux réfugiés dans la ville voulaient regagner leurs foyers. Le roi n'avait-il pas donné l'ordre de leur faire rendre les biens dont ils avaient été dépouillés ? Conduits par le comte de Tende et Mauvans, ces anciens défenseurs de Sisteron s'avançaient pacifiquement, entourant leurs familles. Mais Mauvans, qui les escortait, ne pouvait se passer de lancer contre les villes fortes des « camisades » permettant de se saisir de vivres et d'argent. Il fallut toute l'autorité de l'envoyé de Catherine, le maréchal de Vieilleville, pour que le comte de Tende pût être réintégré dans ses fonctions de gouverneur, et pour que les exilés de Sisteron pussent rentrer chez eux.

Le Parlement d'Aix, qui avait refusé d'enregistrer l'édit, acceptait difficilement le retour de l'ancien gouverneur, chef huguenot, compagnon de combat du baron des Adrets. Quant aux « carcistes », ces partisans barbus du seigneur de Carcès, ultra-catholique, ils voyaient d'un très mauvais œil le retour des « razats », les partisans du protestant Mauvans, qui, pour se distinguer des catholiques, se rasaient à mi-barbe. La remise du collier de l'ordre du Saint-Esprit par le comte de Tende à son fils Sommerive, dont l'amitié pour Carcès était connue, ne suffisait pas à apaiser les esprits. L'application de l'édit en Provence était à la merci du moindre incident. Les huguenots risquaient la mort.

Les soldats catholiques refusaient de servir leurs chefs protestants. D'Andelot avait été maintenu dans ses fonctions de colonel général de l'infanterie. Il avait créé trois nouveaux régiments dont les « maîtres camp » refusaient de lui obéir. Ses compagnons attaquèrent l'un de ces capitaines indociles sur le pont Saint-Michel, et le tuèrent tout net. Ainsi se rétablissait la discipline dans l'armée. Mais qui rétablirait l'ordre dans le royaume ?

Catherine se hâta de faire publier par le Parlement de Rouen l'édit annonçant la majorité du roi, le 17 août 1563. Elle avait fait ordonner par le Conseil le désarmement immédiat de tous les sujets du roi, sauf des nobles, qui gardaient la liberté de conserver, chez eux, des armes pour leur défense. Pouvait-on voir dans cette mesure autre chose qu'un vœu pieux, alors que les protestants devaient chaque jour affonter, pour se rendre à leurs lieux de culte, les attaques des bandes catholiques ? Qui désarmerait les bandes ?

L'ordonnance de Moulins, qui voulait réglementer la justice et contraindre les Parlements rebelles à enregistrer les édits et ordonnances, n'était guère plus efficace. Au Parlement d'Aix, il avait fallu tenter l'épreuve de force pour obtenir la réintégration de quelques conseillers protestants, fanatiquement rejetés par leurs collègues. Les passions religieuses avaient envahi les cours de justice. L'Hospital avait dû, pour que la justice du roi fût présente dans les provinces, recourir aux cours itinérantes, aux «grands jours», et envoyer, dans les villes les plus indociles, des maîtres des requêtes de l'Hôtel.

Autre vœu pieux : les articles de l'ordonnance visant l'insubordination des gouverneurs ; il leur était interdit de lever des impôts, d'entraver l'action de la justice, de donner des lettres de grâce. On leur demandait de prêter main-forte aux juges et de garder les places «en sûreté». Comment faire appliquer ces mesures par les gouverneurs des provinces du Midi, pratiquement indépendants, régnant sur des régions entières avec leurs troupes, payées par leurs soins, nourries par les habitants et disposant des places fortes ?

Catherine, qui multipliait les fêtes à Fontainebleau savait que le royaume devait être repris en main. Elle pensait qu'une visite du roi dans ses provinces suffirait à rétablir la paix. Les gouverneurs huguenots ne prétendaient-ils pas encore commander en son nom ?

Le départ du tour de France de Charles IX fut décidé pour mars 1564. L'objectif de Catherine de Médicis était double : connaissant l'attachement sentimental, religieux que les Français portaient au roi, elle voulait le montrer, comme on promène, à la procession, la statue des saints. Le roi présent dans les provinces tenterait de refaire l'unité menacée.

Il ne part pas seul : Anne de Montmorency, les cardinaux de Bourbon et de Lorraine, le jeune prince du Béarn, Henri âgé de 11 ans, et le frère du roi, Henri d'Orléans, duc d'Anjou, l'accompagnent. Catherine veut que le pays voie la cour réconciliée. Elle souhaite aussi multiplier les négociations avec les chefs et les notables des provinces, avant de gagner les Pyrénées, où elle espère bien rencontrer le roi d'Espagne.

L'itinéraire est soigneusement calculé. Le roi visitera, l'une après l'autre, les villes les plus agitées du royaume. D'abord Sens et Troyes puis le Barrois catholique et guisard : Bar-le-Duc, Ligny. La cour descend ensuite par Langres sur Dijon. La reine sait que la Bourgogne, dans sa majorité catholique, a été «pacifiée» par Tavannes : «Nettoyez tout le pays de Bourgogne de cette vermine de prédicants et ministres qui y ont mis la peste», lui avait écrit la reine mère... Il s'en était acquitté avec diligence, pendant ou étranglant tous ceux qui avaient refusé l'exil. De nombreux notables étaient en prison, tant à Dijon qu'à Beaune. Tavannes avait dû les libérer après l'édit de tolérance, mal accueilli en Bourgogne. Ni le gouverneur ni le Parlement ne voulaient relâcher la répression. Après l'édit d'Amboise, les protestants avaient pris l'habitude de se réunir dans les villages de campagne, pour ne pas être persécutés dans les villes; leurs assemblées étaient illégales. Les Beaunois qui se rendaient — pour prier — à Volnay ou à Nuits-Saint-Georges risquaient la prison.

Comment convaincre Tavannes d'admettre la politique de tolérance? Le roi, présent le 16 mai 1564 à Dijon, veut voir toutes les villes concernées. Le 31 mai, il se rend à Beaune avec la cour, puis le lendemain à

Châlon. Il reçoit partout un accueil triomphal dans cette région qui produit alors les meilleurs vins de France. Il sourit quand Tavannes lui raconte qu'il ne peut empêcher les propriétaires d'expédier leurs fûts dans les cours protestantes d'Allemagne. Mais il est attentif à ses paroles, quand Tavannes lui explique le danger de la position de la Bourgogne, et tout particulièrement de Mâcon, qu'il s'est refusé à désarmer. «Vous n'avez ville en Bourgogne, lui dit-il, s'il en mésadvenait, qui nous portât plus de dommages, étant située sur la rivière de Saône, à cinq lieues de celle de Loire, lieu propre pour faire un magasin et retraite à ceux qui voudraient entrer en France du côté d'Orléans; lesquels peuvent facilement venir, tant de Savoie, de la Comté, que des Suisses de Berne.»

Quand le roi arrive à Mâcon, le 3 juin 1564, il y trouve la reine de Navarre installée depuis le 30 mai. Elle avait quitté son royaume avec 300 cavaliers pour aller au-devant du roi. Plus de 1 200 huguenots l'y attendaient. Elle avait gardé toute sa popularité. Ils avaient prié ensemble pour Jean Calvin, qui venait de mourir en Genève.

Jeanne d'Albret savait que la reine mère voulait rencontrer les Espagnols; aussi n'avait-elle pas l'intention de la ménager. Quand elle vint saluer le roi, elle était accompagnée de huit ministres calvinistes. Elle avait fait fermer ses fenêtres au passage d'une procession. Dans son appartement, elle faisait par contre ouvrir les portes à l'heure des prêches. Elle retrouvait à Lyon la duchesse de Ferrare et toutes les deux s'efforçaient de protéger les réformés lyonnais, que la réaction catholique menaçait.

La cour se rendit compte rapidement, à son entrée dans Lyon le 13 juin, que le nouveau gouverneur Vieilleville avait repris les affaires en main. Le consulat avait aménagé un bateau luxueux pour ses hôtes. Un marchand d'épices, Pierre Teste, avait prêté son palais. Les maîtres des métiers avaient juré de maintenir l'ordre. Manifestement les huguenots avaient désarmé. Le roi fut reçu chanoine d'honneur à Saint-Jean et tous les jours il assista à la messe avec la cour dans le grand autel. Vieilleville avait retiré leurs armes à tous les habitants, licencié les soldats, interdit les rixes entre protestants et catholiques. Il avait renforcé les contrôles de police, particulièrement dans les hôtelleries, et fait expulser les vagabonds. Les églises étaient rouvertes, les biens ecclésiastiques, récupérés. Les protestants avaient reçu l'autorisation de construire trois nouveaux temples. Les marchands, les maîtres de métiers, se réjouissaient de la paix revenue, qui devait permettre de reprendre les foires. Ils avaient beaucoup perdu pendant l'occupation protestante. L'accueil fait au roi manifestait leur satisfaction.

Il avait pris à Lyon une mesure désagréable aux protestants : un édit interdisant le culte réformé dans tous les lieux où se trouvait la cour. En outre la reine avait décidé de la construction d'une citadelle «repos et sûreté de la ville» qui devait recevoir une garnison de 400 soldats. Sans doute avait-elle donné satisfaction à la reine de Navarre, qui lui avait demandé d'empêcher l'expulsion du ministre Viret, le plus respecté des pasteurs lyonnais. Mais les catholiques devaient reconnaître à plusieurs signes que la balance était en leur faveur. Quand le roi et la cour quittèrent Lyon, fuyant une épidémie de peste, Vieilleville, réputé pour sa tolérance, fut remplacé par le catholique Jean de Losses. Au consulat, les catholiques avaient repris la majorité. La ville était définitivement retirée aux huguenots.

Par Roussillon et Valence, la cour s'acheminait vers la Provence, où les catholiques étaient en rébellion contre le comte de Tende, gouverneur du roi. De Montélimar, la cour gagna Avignon, où elle séjourna trois semaines. Sur un pont de bateaux, elle franchit la Durance pour gagner Salon, puis Aix. La Cour des comptes l'attendait à cheval, à l'entrée de la ville. Son premier président descendit de cheval pour embrasser, selon l'usage, la cuisse de Charles IX.

Le roi ne resta pas plus de quatre jours à Aix où la population l'accueillait aux cris de «Vive le roi! vive la messe!» De Valence, il avait permis aux réformés de Bordeaux de ne plus «tendre» les fenêtres de leurs maisons au passage des processions. Dans le Comtat, il avait demandé au vice-légat du pape de rendre leurs biens aux réformés. A Aix enfin, il avait fait abattre le pain d'Eguilles, de sinistre mémoire. Il apportait l'apaisement. Pour désarmer les catholiques, il se rendit en grande pompe au pèlerinage de la Sainte-Beaume, puis à Saint-Maximin. Il avait passé les fêtes de la Toussaint à Hyères, sous les orangers et les palmiers. Les catholiques organisaient partout des fêtes en son honneur. Dans la rade de Toulon, le marquis d'Elbeuf l'avait accueilli à bord de sa galère. Il avait, le lendemain, chassé le sanglier à la Cadière. A Marseille, où la cour séjourna une semaine, le consulat avait organisé des jeux et des fêtes sans fin. Le roi laissait la Provence pacifiée, sinon réconciliée. Les protestants avaient des sujets d'angoisse, non de plainte. A sa mort, le comte de Tende était remplacé par son fils, le très catholique Sommerive, qui prenait comme lieutenant Jean de Pontevès.

Quand le roi aborda le Languedoc, de mauvaises nouvelles venaient de Paris : l'escorte du cardinal de Lorraine venait d'être dispersée sur ordre du gouverneur François de Montmorency. Le cardinal avait reçu du roi la permission spéciale d'entretenir une troupe d'arquebusiers. Coligny avait aussitôt promis au gouverneur son appui. La paix était-elle si fragile, qu'en l'absence du roi elle fût, dans la capitale, remise en cause au moindre incident? Le roi dut interdire l'entrée dans Paris aux Guise, aux Châtillon, et aux principaux chefs protestants.

En décembre, le roi est accueilli au pont du Gard «par des nymphes bleues de froid, dont les charmes déc uverts symbolisent les sentiments d'aménité que portent au roi ses sujets du Midi» (Le Roy Ladurie). De Pont-Saint-Esprit à Montpellier, Antoine de Crussol est le maître de tout le pays. Chef des religionnaires de Languedoc, son empire s'étend au nord sur le Gévaudan et le Vivarais, le vieux pays cévenol, au sud sur le plat pays très urbanisé, avec Béziers, Agde, Montpellier, Lunel, Uzès, Nîmes, Beaucaire et Sommières. Vers l'ouest, Crussol n'est obéi que dans la ville de Castres et dans Montpellier, isolée en pays catholique. Tout l'Ouest demeure papiste. Les réformés ont été chassés de Narbonne. A Castelnaudary, à Carcassonne, il y a eu des massacres. Les catholiques ont écrasé les huguenots dans Toulouse : les étudiants et les artisans suspects sont surveillés de près par Monluc. Les capitouls et le Parlement ont constitué une ligne pour la défense de la religion romaine. De Narbonne à Toulouse, le roi a été reçu en grande pompe par des municipalités catholiques.

Il se gardait d'encourager les huguenots, dans cette région où Monluc régnait par la terreur. Ils n'avaient d'ailleurs pas pour le roi la déférence qu'on affichait à Béziers ou à Montpellier. Il avait fallu huit mois, à Montauban, pour qu'une messe pût être célébrée en l'honneur de la mort d'Henri II. Le culte était public dans la ville dès janvier 1561. Quand les magistrats de Toulouse avaient tenté d'interdire les prêches, les protestants avaient crié : « Vive le roi ! vive le roi ! Mais que la parole de Dieu soit prêchée. »

Les consuls de la ville étaient tous protestants. Ils faisaient jurer, à la mode du Béarn, sur la Bible et non sur le missel. Depuis août 1561 les cordeliers et les jacobins ne pouvaient plus prêcher dans les églises. Même les campagnes étaient gagnées. On n'entendait plus la messe à Saint-Antonin-Noble-Val. Les prêches calvinistes avaient lieu de plus en plus dans les églises. L'évêque avait dû quitter la ville qui avait accueilli, pendant la première guerre civile, les protestants évadés de Toulouse. Montauban avait été, à trois reprises, assiégée par les soldats de Monluc, elle avait résisté à tous les assauts et c'est dans une ville libre que l'envoyé de la reine, La Rochefoucauld, avait annoncé solennellement sur la place publique, entouré des consuls en costume d'apparat, la fin des combats. Le soir, on avait fait brûler des feux de joie en chantant le psaume 124.

Après la paix, les calvinistes avaient refusé de rendre les églises au culte catholique, disant que les chanoines «étaient les ennemis de la ville». Les royaux avaient dû employer la force pour contraindre les consuls à faire exécuter l'édit. Charles IX avait envoyé au sénéchal du Quercy des ordres menaçants. Les protestants n'avaient pas le droit de prêcher dans la ville! Les Montalbanais devaient sur-le-champ déposer les armes. Sinon, il enverrait Monluc.

Le sénéchal réussit à désarmer les habitants, à faire arrêter les pasteurs Tachard et Constans. Il ne put empêcher le culte sous les «couvertes» de la grande place. Les Montalbanais protestaient de leur loyauté, invitaient même le roi à se rendre dans leur ville où, disaient-ils, il serait reçu en grande joie.

Charles IX avait répondu qu'il accepterait, à condition que les défenses de la ville fussent rasées. Monluc avait démontré que, de Montauban, les huguenots, par Saint-Antonin et Millau, étaient en relation constante avec ceux des Cévennes. La démilitarisation de ces villes était essentielle. Les envoyés du consulat cherchèrent le roi dans tout le Languedoc. Ils eurent la chance de le trouver à Narbonne, et d'en être reçus par lui. Le roi consentit à surseoir.

Mais le clergé fit pression, montrant qu'il ne pouvait exercer le culte catholique en sécurité si la ville continuait à être fermée de l'extérieur. Le roi pria Monluc de procéder au démantèlement: en quelques jours les boulevard des Cordeliers et du Moustier, le fort des Jacobins furent détruits. Les églises furent débarrassées des forges et des fourneaux qu'elles contenaient, les ruines furent déblayées. Le 20 mars, le roi et sa cour purent faire leur entrée dans Montauban. La cérémonie avait été réglée par Monluc.

Les consuls attendaient le cortège, vêtus de leur robe noir et rouge, à l'entrée du pont du Tarn. Tête nue, ils s'agenouillèrent, présentent les clés de la ville. Le roi «tenait et reconnaissait ensemble tous les habitants de ladite ville pour ses bons, fidèles et loyaux sujets... et entendait qu'ils jouissent de la liberté de la religion à eux octroyée par les édits».

Les Montalbanais qui avaient tous combattu, pendant le siège, contre les soldats de Monluc, acclamèrent le roi avec frénésie quand il se rendit, à travers les rues de la ville somptueusement décorée, dans la maison d'un notable, Jean Thieys Dariat. Le sol, couvert de sable blanc, était jonché de feuillages. Des tapisseries précieuses décoraient les façades bourgeoises. Des présents avaient été offerts aux hôtes royaux. La ville avait dépensé plus de 4 000 livres pour cette réception, qui était, en fait, une soumission. Toute l'artillerie avait été évacuée. On avait même retiré les chaînes de fer qui barraient les rues...

En échange, les consuls avaient obtenu des locaux pour que les protestants puissent célébrer leur culte sans encombre; les catholiques, de leur côté, songeaient à remettre leurs églises en état. Paix civile, paix religieuse? Charles IX avait demandé à l'évêque de résider désormais dans sa ville. Il y revint, mais ne put y rester: «Sa dignité, dit-il, était tous les jours à la veille d'être compromise au milieu d'un peuple qui haïssait mortellement le clergé.»

A Bordeaux du moins, le cortège royal était assuré d'une entrée plus tranquille: il n'était pas nécessaire de désarmer la ville qui, comme Toulouse, était entre les mains des catholiques. Pourtant, dans la région, le «protestantisme des gentilhommières» avait connu, avant l'arrivée de Monluc, des jours heureux. Mais dans la ville, les huguenots s'étaient toujours montrés réservés. Les prêches n'étaient pas célébrés en dehors des maisons particulières, ils n'intéressaient qu'une élite. Le lieutenant du roi en Guyenne, Burie, maintenait l'ordre et Monluc, dans les campagnes, terrorisait les notables tentés par la Réforme.

L'édit de Charles IX, à son avènement, avait rendu confiance aux protestants bordelais. L'église enfin « dressée » aurait compté brusquement jusqu'à 7 000 membres. On signalait au lieutenant du roi des violences contre les prêtres. Le Parlement prenait violemment position contre le développement inattendu de l'hérésie. Un «syndicat» de défense catholique se mettait en place, avec des conseillers, des avocats, des clercs. Duras avait échoué, en 1562, quand il avait tenté d'enlever, sur ordre de Condé, le château Trompette. Monluc l'avait écarté de la ville. Après son intervention, les magistrats ou «jurats», avaient promis «de n'épargner ni leurs biens ni leur sang pour le service du roi et la bonne religion ancienne, catholique et romaine».

La persécution avait éliminé physiquement les calvinistes. On avait exilé les plus en vue. Les autres se tenaient cois, ou revenaient au catholicisme. Quand le roi fit son entrée dans Bordeaux, le 9 avril 1565, la ville était solidement tenue en main. La reine mère, pour maintenir la fiction de la tolérance, avait pu donner aux protestants une bien mince satisfaction : ils n'auraient plus à pavoiser sur le passage des processions.

A Toulouse, Catherine avait appris que le roi d'Espagne lui enverrait à Bayonne la reine Elizabeth sa fille et le duc d'Albe, pour une entrevue politique. Le cortège royal se hâta de descendre vers le Sud, par Mont-de-Marsan, pour la date prévue, fixée au 14 juin 1565. Les négociations de Catherine et du duc d'Albe devaient se poursuivre jusqu'au 2 juillet, dans une atmosphère de fête continuelle. La reine n'avait-elle pas l'intention de marier sa fille Marguerite de Valois à l'un des fils de Philippe II, sinon son fils Henri d'Orléans, duc d'Anjou, à doña Juana, sœur du roi?

Albe avait des exigences précises : il demandait l'expulsion de France des ministres réformés, l'épuration du gouvernement et des parlements, l'acceptation des mesures du concile de Trente. Il refusait les projets matrimoniaux de la reine mère.

Aucune entente n'était possible : Catherine se contentait de promesses vagues de pacification, alors que le duc exigeait la répression. Il s'impatientait des visées françaises sur la Floride, et le roi son maître ne voulait pas, en se rapprochant trop des Français, risquer de se brouiller avec l'Angleterre au moment où il projetait d'intervenir contre les protestants des Pays-Bas. Catherine quitta Bayonne les mains vides, mais sans avoir donné au duc d'engagement précis.

Cependant la nouvelle de cette rencontre suffisait à inquiéter les calvinistes français. Le roi remontait sur la Loire, en passant par Nérac, Tonneins, Agen et Bergerac sans cependant que la menace fût encore perceptible. Monluc tenait solidement le pays. La peste faisait le reste. Dès qu'un prêche était signalé dans un endroit interdit, les pendeurs de Monluc faisaient diligence. Le roi avait pu, dans la cathédrale, toucher les écrouelles et assister au baptême d'une fille du vieux capitaine en qualité de parrain. Pourtant les protestants cachaient leurs armes et de nouveaux pasteurs reprenaient en main les églises de Sainte-Foy, Tonneins et Nérac. La paix était trompeuse.

Le cortège royal ne ménageait pourtant pas ses efforts : il gagnait la Saintonge, par Angoulême et Cognac, un des bastions de la Réforme. Le pays avait été reconquis en 1563 par Montpensier. Les huguenots avaient pris l'habitude, non sans aigreur, de parcourir des lieues pour aller assister aux prêches sans désobéir à l'édit. En août et septembre 1565, la cour put parcourir le pays sans incident, sauf à La Rochelle où les protestants s'étaient montrés fort mécontents.

Partout le loyalisme des populations, même huguenotes, était frappant. Quand le roi gagna Nantes, pour parcourir les villes de la vallée de la Loire, il fut surpris par l'ordre nouveau que ses officiers y avaient imposé : des catholiques avaient été placés à la tête des municipalités, Cypierre à Orléans, Puygaillard à Angers. L'intendant avait acquis le droit de nommer les échevins à Tours. On s'était arrangé pour que les huguenots fussent minoritaires même dans l'échevinat d'Orléans... Les citadelles avaient été restaurées, bien pourvues de royaux fidèles. Un nouveau fort avait été construit à Orléans. Les catholiques avaient créé des milices bourgeoises, qui maintenaient l'ordre. Une «ligue angevine» avait été mise en place par Bouvery, l'évêque d'Angers, dès son retour du concile de Trente. Les catholiques semblaient partout maîtres du terrain. Pourtant dans Orléans, où la répression antihuguenote avait été particulièrement zélée, le cortège royal avait été accueilli par une émeute populaire.

Les deux partis, en dépit des apparences de calme, étaient au bord d'un nouvel affrontement. Les catholiques s'étaient partout organisés. Les calvinistes, gênés par le nouvel édit, sans rechercher le combat, s'y préparaient. Le roi pouvait avoir, au terme de son tour de France, le sentiment d'un relatif apaisement. Mais la reine mère savait bien que les haines religieuses étaient loin d'être mortes et qu'une répression féroce se préparait aux Pays-Bas espagnols, qui pouvait avoir des conséquences fâcheuses sur l'opinion publique française.

En août 1566 en effet, un mois après l'entrevue de Bayonne, le duc d'Albe entrait dans les Flandres en révolte. Il avait levé une immense armée, qui, pour arriver à pied d'œuvre, avait envahi la Savoie et la Franche-Comté. Les Suisses et les Lorrains s'étaient armés, pour faire face à toute éventualité. Les protestants français demandaient que l'on prenne des sécurités aux frontières, que l'on engage des soldats. D'Andelot recruta des bandes en plein Paris, pour les mener aux frontières. Les protestants préparaient une guerre, qu'ils espéraient sans oser l'admettre.

La reine mère, pour maintenir la paix, fournissait des vivres aux troupes espagnoles et Charles IX recevait l'ambassadeur d'Espagne, qui lui donnait des apaisements. Le duc n'avait d'autre dessein que de réduire une rébellion. Mais que faire des Suisses, qu'à l'instigation des protestants, on avait levés à la hâte? Les chefs de la religion réformée commençaient à redouter une entente secrète, nouée à Bayonne, entre Catherine de Médicis et Philippe II. L'attitude de Montmorency était menaçante. D'Andelot, moins que jamais, n'était obéi de ses subordonnés catholiques. Le maréchal de Cossé, plutôt que de prendre ses ordres, s'était retiré en Bretagne. Quant à Condé, il s'était fait insulter publiquement par le jeune duc d'Anjou, âgé de 16 ans, qui prétendait commander à sa place les armées comme lieutenant général. Condé avait dû se retirer de la cour.

De nouveau les protestants regardaient vers le prince, qui n'avait pas admis l'outrage. Une prise d'armes se préparait secrètement, dans un château de l'Yonne. Coligny fut sollicité. Il hésita longuement. Puis il proposa lui-même la solution la moins coûteuse : s'emparer de la personne du jeune roi, comme avaient fait jadis les Guise.

Qui tenait le roi tenait la France. Le succès relatif du long voyage de la cour à travers le pays avait montré, à l'évidence, le prestige de la monarchie. Cette fois, la «prise d'armes» était organisée comme un complot. C'était le temps des cagoules, des signes de reconnaissance, des réunions la nuit, des sociétés secrètes. Complot de princes? Coligny voyait plus loin : aussitôt le roi saisi, il faut, dit-il, convoquer les Etats généraux, faire prendre des décisions au roi devant le peuple assemblé. Pas de «tumulte» anarchique comme à Amboise. La prise du pouvoir doit être accomplie par des professionnels. Mais il faut arracher l'Etat aux pressions d'un petit nombre. Un dialogue vrai entre le roi et son peuple devrait permettre une nouvelle donne.

Voilà Coligny décidé à aller jusqu'au bout : Condé n'est pas, pour la cause, un porte-enseigne irréprochable. On l'a vu signer une paix désavantageuse pour les protestants. Il est, dit-on, de mœurs dissolues : très sensible aux charmes des demoiselles d'honneur de la reine mère, «le petit prince tant joli, qui toujours chante et toujours rit» passe d'Isabelle de Limeuil à la séduisante maréchale de Saint-André, pendant que sa femme, Eléonore de Roye, s'en va doucement vers la mort. Le prince est léger, mais il est brave à la guerre, infatigable au combat, connu et aimé des soldats. Vive Condé!

L'entreprise exige le secret absolu. Les espions de la reine et ceux des Guises courent partout. Des messages chiffrés sont envoyés dans les provinces, pour qu'on lève des hommes. Les églises devaient subvenir aux premiers frais. Les recrues, volontaires, se rassembleraient à Rozay-en-Brie, sous les ordres de capitaines nommément désignés par les chefs du complot. Les relais étaient prévus, dans des gentilhommières ou des granges isolées, pour ne pas attirer l'attention. Des vivres étaient partout préparés. Les hommes marchaient de nuit, évitant les routes fréquentées.

La cour eut-elle des soupçons? Catherine envoya une nuée d'espions à la résidence de l'amiral, à Châtillon : il était en jardinier, occupé à préparer ses vendanges. On était en septembre. Qui parlait de complot? Un gentilhomme, de retour de Flandre, dit à la reine que les calvinistes avaient fait projet de s'emparer du roi. Personne ne voulut l'entendre. Le chancelier de L'Hospital s'indignait : on voulait encore diviser les Français. Le connétable de Montmorency s'emportait : il en avait trop vu pour se laisser surprendre.

La cour festoyait tranquillement au château de Montceaux-lès-Meaux. Elle ne put finir son repas : on l'informa que des bandes protestantes cernaient Lagny, et s'avançaient en silence, sans rencontrer de résistance. Les Suisses, engagés par Catherine, étaient à Château-Thierry. Elle les fit venir aussitôt, se repliant dans Meaux avec le roi et la cour.

Quelle déconvenue pour Michel de L'Hospital! «C'est vous, lui disait la reine, avec vos conseils de modération, qui nous avez mis dans l'état où nous sommes.» Deux jours plus tard, le 28 septembre, on prit la décision de faire entrer le roi à Paris, où il serait en sécurité. La population, très catholique, ne laisserait pas entrer les protestants, Paris restait guisard.

La colonne quitta Meaux, protégée par les Suisses dont les longues piques brillaient au soleil. A Lagny le pont de Trilbardou était rompu : il fallut prendre la route de Chelles. Aussitôt sortis de Lagny, les Suisses furent entourés de cavaliers blancs commandés par le prince de Condé.

« Je veux parler au roi », dit Condé. Le colonel Pfyffer, qui commande les Suisses, leur ordonne de baisser les piques. Condé charge, mais s'arrête aussitôt. Les Suisses ont formé, autour du roi, une phalange macédonienne. Impossible d'entamer ce hérisson compact. Les cavaliers virevoltent, s'éloignent. Le connétable fait sortir le roi de la phalange et le conduit lui-même à Paris par un sentier peu fréquenté.

Les protestants sont deux mille, sans canons, pour moitié sans armures. Ils portent la casaque blanche et chargent à l'épée. L'armée royale, dans Paris, est forte de 10 000 hommes et Montmorency attend des renforts espagnols. Le roi et la reine, furieux d'avoir été surpris, apprennent que les troubles ensanglantent de nouveau les provinces. Les protestants prennent leur revanche sur l'édit qui les humiliait. A Nîmes, le jour de la Saint-Michel, les catholiques sont massacrés, c'est la « Michelade » où les prêtres et les religieux sont égorgés. Aux ordres de Condé, les villes du Midi se sont levées : en Dauphiné Montbrun a « dressé » Valence, Montélimar, Gap, Die, Romans, Crest. Vienne est occupée par Mauvans et l'ancien cardinal d'Aix, Saint-Romain, qui a jeté son chapeau aux orties. Montpellier et Uzès, Alès et Castres sont prêtes au combat, à l'appel de Crussol. Montauban, de nouveau, a chassé les prêtres.

A l'annonce de l'échec des princes, les protestants de Provence se sont de nouveau réfugiés dans Sisteron, poursuivis par les royaux qui ont reçu de Paris des ordres très durs : ceux du Dauphiné s'enferment dans les villes, comme en Languedoc. « Vous les taillerez et ferez mettre en pièces sans en épargner un seul, écrit Catherine à Gordes, lieutenant du roi en Dauphiné, car tant plus de morts, moins d'ennemis. »

Ceux qui ne sont pas occupés à la défense des villes se regroupent dans « l'armée des vicomtes », dirigée par les vicomtes de Bruniquel, de Paulin de Montclar et de Caumont. Ils reçoivent des contingents de tout le Midi, particulièrement des Gascons du comté de Foix. Réunie dans le Rouergue, cette armée se propose de marcher sur la Loire pour rejoindre Condé.

Le prince sait qu'il peut de nouveau se replier sur Orléans, où les religionnaires ont repris le pouvoir. Mais avant de tenter l'épreuve de force, il a engagé, avec Coligny et d'Andelot, des pourparlers avec la cour. Ils ont fait rédiger leurs doléances : ils demandent au roi de licencier les Suisses, d'éloigner les Guise, d'autoriser le culte.

Pour tenter de rallier le pays à leur cause, ils exigent plus : il faut, disent-ils, expulser les banquiers italiens, diminuer les impôts, et réunir les Etats généraux. Coligny refuse que la «prise d'armes», dont il sait fort bien qu'elle a déjà échoué, apparaisse comme une tentative maladroite de factieux pour s'emparer, au profit de la caste des princes, des commandes de l'Etat.

Le roi fait appel à un vieil usage du Moyen Age pour répondre aux protestants. Les hérauts royaux se rendent au camp de Saint-Denis, où se tenaient les pourparlers. Après un appel des trompettes, ils lisent une sommation en règle : les princes doivent se rendre seuls et sans armes à la merci du roi, s'ils ne veulent être déclarés rebelles. L'usage ancien les surprend. Comment refuser ainsi publiquement, solennellement, de répondre au «ban» du roi? Ils tentent au moins d'obtenir que l'on respecte l'édit de Longjumeau. Montmorency refuse avec hauteur. Il n'a pas, dit-il, à préjuger des décisions du roi.

Une fois de plus, les chefs huguenots n'ont d'autre voie que celle du désespoir. Ils ne peuvent maintenir la fiction d'un combat «au nom du roi». C'est le roi lui-même, par la bouche des hérauts de France, qui vient de les mettre en demeure. Ils réunissent leurs bandes, s'emparent des sorties de Paris, des moulins, des hameaux et villages susceptibles de ravitailler la capitale. Ils barrent la Seine en amont, vident les granges. La population, commençant à souffrir de la disette, accuse Montmorency d'inaction.

Le 10 novembre, le connétable donne enfin l'ordre à son armée de sortir de Paris. Elle se déploie de part et d'autre de la route de Saint-Denis. Les arquebusiers de Condé s'enterrent. Les cavaliers, qui, dans la nuit, ont fait ferrer des gaules, faute d'avoir des lances, attendent l'assaut, chemise blanche au vent. Les arquebusiers arrêtent, par leur feu, les volontaires de la milice parisienne que Coligny taille en pièce. Condé attaque les compagnies du connétable. Celui-ci, bousculé, se défend comme un diable, mais tombe finalement, tué par-derrière d'un coup de pistolet.

Cette nouvelle casse net l'offensive des royaux. Les protestants peuvent faire retraite sur Saint-Denis, d'où ils gagnent Montereau. On fait au connétable des funérailles somptueuses, puis la reine donne le commandement de l'armée au jeune Henri d'Anjou, sous la tutelle du maréchal de Cossé, vieil ennemi de d'Andelot, de Montpensier, le bourreau d'Angers, et du duc de Nemours.

Des secours de l'étranger viennent renforcer les deux partis : le prince calviniste Frédéric III, Electeur Palatin, charge son fils Jean Casimir de conduire en France 6 500 reîtres et 3 000 lansquenets, en passant par la Lorraine. L'inaction des royaux permet à Coligny de rejoindre cette armée sur la Meuse, le 16 janvier 1568. L'armée des vicomtes, commandée désormais par Jacques de Crussol, le baron d'Acier, s'est mise en route d'Alès vers le nord. Forte de 4 000 hommes, elle traverse le Forez, l'Auvergne. Le 4 janvier, elle campe à Vichy. Les royaux, qui viennent de Gannat, ne peuvent l'empêcher de gagner le Berry et de rejoindre les troupes de Condé, qui assiègent Chartres, le grenier beauceron de Paris.

Les protestants sont menaçants. Le renfort des troupes italiennes et suisses du duc de Nevers permet à l'armée royale d'envisager la bataille, mais elle n'est plus assurée de l'emporter : les protestants sont désormais plus de 30 000.

Catherine s'inquiète. Comment résister, sans Montmorency, sans chef de valeur, dans une ville assiégée où les vivres vont rapidement manquer ? Mais les chefs protestants ne sont pas plus confiants : il faut nourrir et payer tous les mercenaires. Où trouver l'argent ? Où trouver les vivres dans les campagnes affectées par un hiver très froid, et déjà battues en tous sens par les troupes ?

De nouveau les gentilshommes protestants, inquiets de la situation dans leurs régions, menacent de se débander. Il faut traiter. Catherine fait savoir à Condé qu'elle est prête à négocier. Ils se rencontrent à Longjumeau.

La «paix» signée le 23 mars est une trêve. Elle rétablit l'édit d'Amboise. Le roi s'engage à payer les reîtres de Condé et les Suisses. A condition que tous quittent le royaume sur-le-champ. Il est temps de débarrasser les campagnes de ces pillards. Condé n'a pas d'autres garanties que la parole du roi. Mais il n'a pas le choix. La «paix boiteuse» (ainsi appelée parce qu'elle avait été négociée par deux boiteux : Biron et Mesmes) apparaissait plutôt comme favorable aux protestants. Mais on leur refusa les places de sûreté qu'ils demandaient. Ils étaient à la merci des royaux.

La deuxième guerre de Religion avait ses vaincus : les modérés. Montmorency était mort, Michel de L'Hospital discrédité. Spontanément, des ligues catholiques s'étaient constituées en province, avec des chefs, de l'argent, des mots d'ordre. Les Etats de Guyenne et de Languedoc, où les protestants étaient si nombreux, voyaient se développer la réaction catholique autour du cardinal d'Armagnac, du cardinal Strozzi, évêque d'Albi, et de Monluc. A Angers, en Champagne, d'autres ligues s'étaient déclarées. On accusait les protestants de vouloir ruiner le royaume en attaquant la tradition monarchique. Tavannes, en Bourgogne, avait armé une confrérie dite «du Saint-Esprit» qui contribuait au maintien de l'ordre, facilitait les arrestations, pratiquait la dénonciation. D'autres se manifestaient à Châlons, à Autun, à Bourges. Le but des confréries était de «maintenir la foi ancienne et le roi, souverain naturel et très chrétien seigneur».

Comment le roi pouvait-il les désavouer, alors qu'il avait échappé miraculeusement à l'attentat huguenot, et qu'il était rentré, en cachette, dans sa capitale? Humilié, il rêvait assurément de se venger des comploteurs, qui tenaient encore leurs villes et ne mettaient pas bas les armes. Les «confrères» constituaient des sociétés secrètes, se jurant fidélité et assistance. On opposait, disait Tavannes, «ligue contre ligue». Pourquoi s'en inquiéter? Les confrères ne prêtaient-ils pas serment au roi?

Les catholiques, à la cour, étaient de nouveau les maîtres: le cardinal de Lorraine reprenait la première place au Conseil royal. L'Hospital, qui avait garanti jusqu'au bout la fidélité des chefs huguenots, s'était retiré dans son domaine du Vignay. Lorraine, pour flatter la reine qui portait à son fils Henri une affection immodérée, lui avait fait verser une grasse pension par le clergé. Henri, duc d'Anjou, faisait ainsi figure, malgré son jeune âge, de chef du parti catholique.

La violence allait bon train, encouragée par le silence officiel. A Toulouse, on tuait l'envoyé du roi, Rapin, qui apportait au Parlement l'édit de pacification. Il fut jugé et condamné à mort pour avoir pris part, en 1562, à la guerre civile dans les rues de la ville. Les vengeances s'assouvissaient sans contrôle. Coligny avait réuni une somme importante de 50 000 écus pour faire évacuer le territoire par les soldats allemands qu'il avait engagés. La garnison d'Auxerre saisissait l'argent au passage, tuant l'envoyé de Coligny, qui venait réclamer. Amanzay, officier de d'Andelot, était assassiné chez lui par des hommes masqués, probablement des «confrères».

En Provence un des chefs huguenots, le baron de Cipières, est allé à Nice pour recruter des soldats, ainsi que dans les fiefs du duc de Savoie son parent: Vence, Grasse, Antibes. Il traverse l'Esterel avec 35 cavaliers, s'arrête dans une hôtellerie de Fréjus. Dès que son arrivée est connue, la foule se rassemble dans la rue aux cris de «à la mort les huguenots!». On appelle les citoyens aux armes. On dit que «le chef des luthériens» vient à Fréjus «établir le prêche». Des fanatiques enfoncent les portes de l'établissement. Les consuls arrivent à temps pour éviter le drame. On négocie. Cipières promet de sortir désarmé si on lui laisse la route libre. On accepte. A peine sorti, il est assassiné, ainsi que ses compagnons. Leurs cadavres sont lardés de coups d'épée, on les traîne dans les rues. «Comment racontera-t-on à Votre Majesté, écrit Condé au roi, cette triste et lamentable mort du sieur de Cipières, lequel inhumainement et de guet-apens a été meurtri et massacré avec trente-six gentilshommes par le baron des Arcas, accompagné d'un grand nombre de brigands et de voleurs?»

Mais le parti catholique domine à Paris. Les deux adversaires ne désarment pas: le roi n'a renvoyé ni les Suisses, ni les Italiens. Il vend des biens d'Eglise pour se procurer l'argent nécessaire à la reprise des combats. Les villes évacuées par les protestants sont aussitôt garnies de soldats. De leur côté, les huguenots fourbissent leurs armes: à Montauban, Albi, Castres, Millau, à Sancerre aussi, les garnisons royales ne peuvent pénétrer. La Rochelle reçoit l'envoyé du roi, mais laisse ses troupes à la porte. Les religionnaires savent que dans les Flandres, le duc d'Albe a fait décapiter les comptes d'Egmont et de Horn, et qu'une épuration sanglante répand la terreur dans les villes. Le prince d'Orange, Guillaume de Nassau, a trouvé refuge en Allemagne. L'idée d'un plan catholique international de répression de l'hérésie s'accrédite. Un chef de bande français, ancien conjuré d'Amboise, Cocqueville, conduit ses soldats en Picardie pour prêter main-forte aux huguenots flamands. Catherine de Médicis donne l'ordre au maréchal de Cossé d'attaquer la bande picarde: Cocqueville est pris et décapité.

Condé et Coligny s'alarment. Ne sont-ils pas des victimes désignées? Ils se sont retirés dans le Morvan, à Noyers et à Tanlay. Des agents de la reine les surveillent nuit et jour. Tavannes, gouverneur de Bourgogne, attend l'ordre de les arrêter.

Ils envoient des émissaires dans toutes les provinces pour ordonner de nouveau la prise d'armes, sortent par surprise, avec femmes et enfants (la seconde femme de Condé était enceinte), évitent soigneusement les villes à garnisons et passent la Loire à gué près de Sancerre. Partis le 23 août, ils arrivent à La Rochelle le 19 septembre 1567, accompagnés d'une foule de partisans qui se sont joints à la troupe sur son passage.

Ils retrouvent là les Gascons conduits par Jeanne d'Albret et son jeune fils Henri de Navarre. Elle aussi songeait, comme Catherine de Médicis, à sa descendance. Elle savait que la cour de France ferait bon marché, désormais, de la Navarre. Elle avait pris la décision de placer son fils, premier prince du sang, à la tête du combat pour la Réforme. Partie le 6 septembre 1567, elle avait gagné Casteljaloux, où l'attendaient les gentilshommes gascons, puis Tonneins, où elle franchissait la Garonne. Elle avait retrouvé, à la barbe de Monluc surpris et déconcerté, les cavaliers du sénéchal du Poitou, Fonteraille. Dans Bergerac, le sieur de Piles lui amenait les nobles du Périgord. Elle écrivait au roi, à Henri d'Anjou et à la reine mère qu'elle leur restait fidèle mais qu'elle prenait les armes contre le cardinal de Lorraine. A Cognac, le prince de Condé, Coligny et La Rochefoucauld étaient allés à sa rencontre, en grand appareil guerrier. Elle fit son entrée dans La Rochelle, plus que jamais en reine de la Réforme, poussant au premier rang son fils Henri, âgé de quinze ans.

Renfort décisif, pour le prince de Condé, que ces six mille Gascons. Il recevait aussi les troupes de d'Andelot, qui avait recruté en Bretagne, il savait que dans le Midi, d'Acier, Maubrun et Mauvans disposaient de plus 20 000 hommes, fort indisciplinés, il est vrai, et peu combatifs. Cette armée se rassemblait à Millau, en Rouergue.

Les royaux ne demeurent pas inactifs. Ils assemblent une armée sur la Loire, commandée par Montpensier.

Elle marche au-devant des Languedociens, surprend et tue Mauvans. Mais d'Acier réussit à gagner La Rochelle, d'où les chefs protestants ont étendu leur domination sur la Saintonge et le Poitou. Le duc d'Anjou, qui commande l'armée royale, a récupéré les forces de Montpensier.

En mars 1569, les deux armées se trouvent face à face sur les bords de la Charente. Les protestants, attendant des renforts du Quercy, n'engagent pas le combat. Mais Tavannes les bouscule, après avoir franchi la Charente. A Jarnac, le 13 mars 1569, Condé est attaqué par des centaines de reîtres et de cavaliers royaux. Il tombe de cheval au cours de la charge. Il a la jambe cassée, et ne peut se relever. Il se rend à deux gentilshommes qui lui promettent la vie sauve. Deux gardes d'Anjou arrivent au galop. Montesquiou, leur capitaine, reconnaît Condé et lui tire un coup de pistolet dans le crâne. L'ordre est donné d'égorger tous les chefs huguenots.

Coligny réussit à s'enfuir. Au milieu des piques de ses fantassins, il rejoint Cognac en bon ordre. Jeanne d'Albret présente aussitôt aux troupes leurs nouveaux chefs : son fils Henri, et le fils de Louis de Condé, qui a quinze ans. Les soldats les acclament. L'armée huguenote a deux nouveaux princes du sang.

Coligny regagne La Rochelle ; il sait que le prince d'Orange, Guillaume de Nassau, a levé des soldats en Allemagne et qu'il peut venir à son secours. Il ferme les portes de la forteresse. Les protestants prient, et attendent. Mais le prince a dû licencier ses troupes gagnées par les agents de Catherine.

Les secours vinrent des princes protestants d'Allemagne, qui, jusqu'alors, ne s'étaient pas engagés dans le combat. Wolfgang de Bavière, duc des Deux-Ponts, commandait cette armée et sut tromper, en passant par la Franche-Comté et la Bourgogne, la vigilance des royaux, qui l'attendaient sur la Meuse. Le duc entra dans Beaune, la pilla, fonça par le Berry et la Marche à la rencontre des chefs huguenots qui se tenaient à Saint-Yriex et mourut à la veille de la jonction.

Grâce à ce renfort de mercenaires, Coligny bouscula

le duc d'Anjou à La Roche-l'Abeille, tuant tous les prisonniers. Des centaines de paysans du Périgord furent massacrés, pour venger la mort du chef provençal Mauvans et de ses compagnons. La guerre était une vendetta.

Coligny n'avait pas de quoi payer ses reîtres. Pour avoir du butin, ils voulaient piller Poitiers. L'armée huguenote perdit un temps précieux avant de se mesurer aux royaux à Moncontour, le 3 octobre. Rendus furieux par le massacre des paysans et des prisonniers, les royaux vainqueurs passèrent au fil de l'épée tous les huguenots captifs. Coligny, blessé au visage, put faire retraite.

Les royaux à leur tour perdirent du temps devant Saint-Jean-d'Angély que leurs mercenaires voulaient enlever à tout prix. Niort tomba mais il fallut un mois et demi de siège et de lourdes pertes, pour prendre Saint-Jean. On n'avait pas osé tenter le siège de La Rochelle, où les protestants pratiquaient la guerre de course, fructueuse, contre les navires marchands du roi d'Espagne.

Il restait à Coligny une troupe isolée, commandée par les «vicomtes» du Quercy. Il la rejoignit à Montauban. Tous ensemble foncèrent sur le plat pays toulousain, qu'ils mirent au pillage. Monluc et Montmorency-Damville, le gouverneur du Languedoc, qui ne s'entendaient pas, les laissèrent passer. Le vieux chef protestant, d'un immense prestige, levait dans toutes les villes huguenotes des troupes pour porter de nouveau la guerre au Nord. Pour la première fois, les gens de Languedoc voyaient de près un des chefs du parti. Son armée pillait les villages catholiques et recrutait, dans l'enthousiasme, de Toulouse à Montpellier, puis en Vivarais. Brûlant les étapes, Coligny, exténué, malade, prenait Saint-Etienne et repartait presque aussitôt vers le Nord, pillant au passage l'abbaye de Cluny.

Le maréchal de Cossé prétendait l'arrêter à Arnay-le-Duc. Le 27 juin 1570, Coligny le chargeait de toutes ses forces, se dérobant de nuit pour s'enfermer dans La Charité. Ses avant-gardes menaçaient Montargis. Il était près de toucher au but : investir Paris, démuni par les troupes royales. Ainsi, malgré les batailles perdues, la folle chevauchée de l'amiral contraignait Catherine à demander une nouvelle suspension des combats. Il semblait disposer de forces inépuisables. La reine mère accordait à son parti, par l'édit de Saint-Germain, ce qu'elle avait jusque-là refusé : les huguenots obtenaient la liberté de conscience et l'exercice public du culte partout où il était pratiqué avant la guerre, dans les faubourgs de deux villes par gouvernement, et dans les demeures des nobles hauts justiciers. Pour deux ans, quatre villes fortes étaient abandonnées aux protestants : Montauban, La Charité, La Rochelle et Cognac. Le parti protestant pouvait attendre de pied ferme le signal d'une nouvelle guerre. L'Etat lui reconnaissait sa part.

Table des matières

Introduction : Trois siècles de violence   9

LIVRE PREMIER

LA HAINE ET LA PEUR

Chapitre 1. — L'évêque et les cardeurs de laine   39
Chapitre 2. — Les jardiniers de Strasbourg   83
Chapitre 3. — Les imprimeurs de Lyon   115
Chapitre 4. — Le massacre de Mérindol   153
Chapitre 5. — Huguenots de langue d'oc   175
Chapitre 6. — Paris-Genève-Paris   215

LIVRE DEUXIEME

LA RAGE DE TUER

Chapitre 7. — Le tumulte et la guerre des Guise   261
Chapitre 8. — Les guerres de Condé   305

marabout université

Les grandes disciplines du Savoir

Biographies

CASTELOT, A. **Marie-Antoinette**	MU 337 [10]
CASTELOT, A. **Joséphine**	MU 335 [06]
MALLET-JORIS, F. **Marie Mancini**	MU 353 [06]
MAUROIS, A. **George Sand (Lelia)**	MU 334 [10]
MAUROIS, A. **Victor Hugo (Olympio)**	MU 333 [10]
PERRUCHOT, H. **Toulouse-Lautrec**	MU 365 [06]
PERRUCHOT, H. **Van Gogh**	MU 364 [06]

Histoire

Austerlitz, C. MANCERON	MU 359 [07]
La guerre des **Camisards**, A. DUCASSE	MU 340 [04]
Les **Cathares**, R. NELLY	MU 326 [04]
Catherine de Médicis, H.R. WILLIAMSON	MU 306 [05]
César, G. WALTER	MU 49 [09]
Charlemagne, G. TEISSIER	MU 305 [07]
Charles Martel, J. DEVIOSSE	MU 316 [07]
Charles-Quint, J. LUCAS-DUBRETON	MU 304 [08]
Charles le Téméraire, M. BRION	MU 315 [07]
Histoire de la **Chine**, R. GROUSSET	MU 358 [07]
L'**épopée des croisades**, R. GROUSSET	MU 320 [08]
L'**Egypte éternelle**, P. MONTET	MU 302 [08]
Les **Étrusques**, W. KELLER	MU 296 [10]
La **Gaule**, F. LOT	MU 294 [09]
Héros d'aventures, G. LENOTRE	MU 327 [07]
L'**Histoire**, MALET & ISAAC :	
T.1. Rome et le Moyen-Age	MU 354 [06]
T.2. L'Age classique	MU 355 [06]
T.3. Les Révolutions	MU 356 [06]
T.4. Naissance du Monde moderne	MU 357 [06]
Histoire de la Chine, R. GROUSSET	MU 358 [07]
Histoire de la France, P. MIQUEL T.1.	MU 290 [06]
Histoire de la France, P. MIQUEL T.2.	MU 291 [06]
Dictionnaire de l'Histoire de France, T. 1	MU 367 (N)
Dictionnaire de l'Histoire de France, T. 2	MU 368 (N)
Nouvelle Histoire Romaine, L. HOMO	MU 293 [09]

Histoire de la seconde guerre mondiale
L'agression tome 1 — MU 32 N
Le siège tome 2 — MU 33 N
La riposte tome 3 — MU 34 N
La victoire tome 4 — MU 35 N
La guerre de cent ans, D. DE LEVIS-DE-MIREPOIX — MU 363 [07]
Les guerres de religion, P. MIQUEL, T. 1 — MU 372 (N)
Les guerres de religion, P. MIQUEL, T. 2 — MU 373 (N)
Hitler, A. BULLOCK, T.1. — MU 27 [08]
Hitler, A. BULLOCK, T.2. — MU 28 [08]
L'Islam, R. KALISKY — MU 160 [08]
L'Italie de Mussolini, M. GALLO — MU 109 [09]
Louis XIII, P. CHEVALLIER, T.1. — MU 322 [06]
Louis XIII, P. CHEVALLIER, T.2. — MU 323 [06]
Louis XIV, P. ERLANGER, T.1. — MU 317 [06]
Louis XIV, P. ERLANGER, T.2. — MU 318 [06]
Les Momies, A.P. LECA — MU 298 [07]
La mythologie, E. HAMILTON — MU 20 [08]
Dictionnaire de la mythologie, M. GRANT & J. HAZEL — MU 366 [07]
Napoléon et l'Empire, J. MISTLER T.1. — MU 307 [10]
Napoléon et l'Empire, J. MISTLER T.2. — MU 308 [10]
La **Raison du Prince** (l'Europe absolutiste), R. MANDROU — MU 325 [08]
Dictionnaire des religions, M. THIOLLIER — MU 375 (N)
La **Révolution anglaise**, G. WALTER — MU 376 (N)
La **Révolution française**, F. FURET & D. RICHET — MU 299 [10]
La **Révolution par ceux qui l'ont vue**, G. LENOTRE — MU 329 [07]
Les **Royaumes Celtiques**, M. DILLON & N.K. CHADWICK — MU 295 [10]
Saint Bernard, Z. OLDENBOURG — MU 362 [07]
La naissance du Saint Empire, R. FOLZ — MU 377 N
Le **Siècle de Louis XV**, P. GAXOTTE — MU 297 [10]
Les **Templiers**, G. BORDONOVE — MU 292 [06]
La **Tombe de Toutankhamon**, H. CARTER — MU 319 [05]
Vercingétorix, C. JULLIAN — MU 309 [07]
Versailles au temps des rois, G. LENOTRE — MU 328 [07]
Les **Vikings**, P. BRENT — MU 300 [06]

Sciences

L'**Esprit, cet inconnu**, J.E. CHARON — MU 343 [06]
Le Nouvel **Esprit biologique**, R. DAWKINS — MU 351 [06]
L'**Homme et l'Univers**, J.E. CHARON — MU 342 [07]
Les **insectes**, peuple extraordinaire, J.H. FABRE — MU 347 [04]
Les merveilles de l'instinct chez les **insectes**, J.H. FABRE — MU 346 [04]
Mœurs des **insectes**, J.H. FABRE — MU 344 [04]

La vie des **insectes**, J.H. FABRE	MU 345	[04]
L'**Univers** et ses métamorphoses, R. OMNES	MU 349	[04]
Voyage aux confins de la science, RENUCCI & MARTIN	MU 350	[05]

Sciences Humaines

Le nouveau dossier **Afrique**	MU 210	[09]
La grande leçon sexuelle des **animaux**, D.E. CARR	MU 283	[09]
L'**Archéologie** moderne - recherche fascinante, J. REHORK	MU 277	[08]
Ce que Marx a vraiment dit, H. B. ACTON	MU 243	[03]
Les **Civilisations** noires, J. MAQUET	MU 120	[07]
La **mythologie**, E. HAMILTON	MU 20	[08]
Dictionnaire de la **mythologie**, M. GRANT & HAZEL	MU 366	[07]
Les **Idéologies**, F. CHATELET		
T.1 : Des Pharaons à Charlemagne	MU 369	[09]
T. 2 : De l'Eglise à l'Etat	MU 370	[09]
T. 3 : De Rousseau à Mao	MU 371	[09]
La **Philosophie**, F. CHATELET		
T.1 : De Platon à St. Thomas	MU 311	[09]
T.2 : De Galilée à J.J. Rousseau	MU 312	[09]
T.3. : De Kant à Husserl	MU 313	[09]
T.4. : Au XXe siècle	MU 314	[09]
Le **Zen**, R. LINSSEN	MU 182	[09]

Sexologie et psychologie

(voir aussi à Marabout Service : Psychologie, Education et Sexualité)

Dictionnaire de Psychanalyse, Ch. RIJCROFT	MU 374	(N)
La **Sexualité féminine**, Dr. R. CHARTHAM	MU 221	[05]
La **Sexualité masculine**, Dr. R. CHARTHAM	MU 222	[05]
La **Vie sexuelle de la femme**, Dr. P. VELLAY	MU 200	[06]

Arts - Littérature - Communications

Dictionnaire des Cinéastes contemporains, Ch. FORD	MU 255	[09]

Encyclopédies

Histoire mondiale de l'art :

Les **Arts des Etrusques à la fin du Moyen Age**	MU 87	[08]
Les **Arts de l'Orient et de l'Extrême-Orient**	MU 108	[08]
Les **Arts primitifs — L'Art moderne**	MU 116	[08]

Histoire universelle :

La **Bourgeoisie libérale et l'éveil des nationalités**	MU 71	[09]
La **Grèce et les origines de la puissance romaine**	MU 29	[09]
Des **Guerres de religion au siècle de Louis XIV**	MU 55	[09]
L'**Hégémonie anglaise et la fin de l'Ancien Régime**	MU 58	[09]

Anthologies

Anthologie négro-africaine, L. KESTELOOT	MU 129	[09]
Histoire de la **Littérature française**, A. THIBAUDET	MU 360	[09]
Le livre d'or de la **Poésie française, des origines à 1940,** P. SEGHERS	MU 3	[09]
Le livre d'or de la **Poésie française contemporaine, de 1940 à 1960,** P. SEGHERS T.1	MU 174	[09]
Le livre d'or de la **Poésie française contemporaine, de 1940 à 1960,** P. SEGHERS T.2	MU 175	[09]
La **Résistance et ses poètes**, P. SEGHERS T.1	MU 288	[07]
La **Résistance et ses poètes**, P. SEGHERS T.2	MU 289	[07]

IMPRESSION : BUSSIÈRE S.A., SAINT-AMAND (CHER). — N° 144.
D.L. FÉVRIER 1982/0099/49.

ISBN 2-501-00201-6

Imprimé en France